电视节目主持人
|话|语|探|析|

◎ 邹雨舟　著

◆ 湖南师范大学出版社

·长沙·

图书在版编目（CIP）数据

电视节目主持人话语探析／邹雨舟著. --长沙：湖南师范大学出版社，
2024.6. --ISBN 978－7－5648－5477－5

Ⅰ. G222.2

中国国家版本馆 CIP 数据核字第 2024MD9902 号

电视节目主持人话语探析

Dianshi Jiemu Zhuchiren Huayu Tanxi

邹雨舟　著

◇出　版　人：吴真文
◇责任编辑：赵婧男
◇责任校对：谢兰梅
◇出版发行：湖南师范大学出版社
　　　　　　地址／长沙市岳麓区　邮编/410081
　　　　　　电话/0731－88873071　88873070
　　　　　　网址/https：//press. hunnu. edu. cn
◇经销：新华书店
◇印刷：长沙雅佳印刷有限公司
◇开本：710 mm×1000 mm　1/16
◇印张：16
◇字数：280 千字
◇版次：2024 年 6 月第 1 版
◇印次：2024 年 6 月第 1 次印刷
◇书号：ISBN 978－7－5648－5477－5
◇定价：65.00 元

凡购本书，如有缺页、倒页、脱页，由本社发行部调换。

序

随着科学技术的飞速发展，信息网络已经逐步渗透到了各个行业中。当前的媒介生态环境正发生着不可预知的变革，电视节目主持人的发展也面临着转型升级。目前和网络新媒体相关的职业越来越多，提供给电视节目主持人发展的方向也越发多样，但与此同时带来的挑战和冲击也不容忽视。此外，AI 主播、网络主播的诞生，也对传统电视节目主持人的专业素养提出了更高的要求。但总体来说，不论行业背景如何变化，电视节目主持人的专业能力仍旧有很大的提升空间。只有具备了优良的专业素养，才能在未来的发展过程中保持较强的竞争力，进而保证广播电视媒体能够在融媒体环境下充分发挥其应有的优势。

电视节目主持人的工作，并非只是简单地"说话"，也并不是"会说话"就能在行业中获得长久的生命力。作为传播领域中占据重要一环的角色，从其口中说出的每个字、每句话都具备十足的分量，它不仅代表着电视节目主持人个人的价值观和人格魅力，同时还代表了其所在媒体的立场和态度。面对不同的节目内容，除了要具备足够的文稿理解能力以外，电视节目主持人还应当努力贴近生活、感受生活，在日常生活中修炼，这样的所感所悟凝练成简洁的话语方能在节目中引发受众更多的情感共鸣，进而提升节目的传播效果。

很多人都认为，电视节目主持人的外在形象更容易给受众留下深刻的印象。实际上，脱离了外在，电视节目主持人的内在修养才是真正支撑其脱颖而出的秘诀。就好比新闻主播除了要能灵活运用专业技巧把新闻稿件中的重点、要点传达给受众，让受众以轻松的方式接收信息外，还要具备一定的评论能力。一个没有态度的电视节目主持人，始终无法合理地传达媒体的官方立场，这样很有可能会误导受众的判断。因此，一名合格且足够优秀的电视节目主持人，要根据节目性质对自己的角色有清晰、精准的定位，并能较好地转变自己的话语样态，让受众看到更为全面、立体的形象。

本书的研究对象为电视节目主持人话语，书稿立足于电视节目本身，从电视节目特有的语言传播形态与效应出发，结合典型电视节目主持人话语样态（电视新闻节目、电视谈话节目、电视综艺节目、电视社教节目），重点探讨电视节目主持人的话语规律及艺术。吸纳新兴的话语分析理论及综合性研究方法，以当下部分优秀电视节目会话文本为实证，解析电视节目主持人的话语结构，解读主持人的话语角色，具体探讨了主持人是如何在节目现场的组织引领中，去实施对整体语篇建构和对局部话轮操控的。电视节目主持人是电视节目语篇建构的第一责任人，具有多重话语角色，既是"媒体机构代言人"、谈话场上的"组织者、主导者"，又是话题交流中的"参与者"。在节目现场中，主持人既要定位且持续秉承这三种常规话语角色，又要伴随语境适时转换去担当其他诸种局部话语角色。电视谈话节目语篇具有五级话语结构单位，即话篇、话章、话段、话组和话轮。五级话语单位所表现出的完整性、层级性和开头、主体、结尾三话章模式，正是电视谈话节目语篇在话语结构形式上的独特点。话轮是谈话节目语篇中最基础也最重要的一级结构单位；电视节目的会话就是在主持人引领下所有会话参与者们话轮交替的过程，也是完成整个语篇建构的过程。

从全局视角看，电视节目主持人必须遵从语篇建构的两大话语规律，即"话题制约律"与"语篇结构律"，从内容与形式双层面去引领完成语篇的整体建构。而"多维一体互动有序"是贯穿电视节目语篇会话的核心规则，也是电视节目语言传播的特色所在。从局部视角看，电视节目主持人要艺术操控各种类型的话轮，要妥恰地实施话轮的转换与修补，以此去引领会话的顺利展开与完成，这也是电视节目主持人成功实现其语言传播的基础保障。主持人通过操控各种类型话轮，使会话场中的话题交流得以开启、推进、转换与深入、完善。为了成功实现节目中的话轮交替，节目主持人要运用三种"常规话轮转换方式"，也要运用到"打断"等非常规的转换方式。为了保障谈话顺利进行，主持人也要实施"话语修正"行为。主持人的话轮修补，是主持人对自我话语的监控；主持人偏好选择"自我修补"的方式，尤其是实施"非信息修补"，均表现着主持人的话语艺术。

本书还从融媒体时代的大背景出发，对比网络节目主持人话语，探讨未来电视节目主持人话语能力的提升路径。每种话语样态背后，始终围绕着文化涵养，这就要求电视节目主持人除了能够自如地完成日常工作外，还应利用业余时间，有效地丰富自己的知识储备和文化涵养。这样才能保证自己输出更多有意义、有价值的信息和内容。未来，随着不同行业的融合发展，电视节目主持人的专业要求只会越来越高，唯有深刻地认识到这一点，我们才能朝着更为立体、多元的职业方向努力前进。

目 录

上篇 电视节目主持人话语概论

下篇　典型电视节目主持人话语分析

上篇　电视节目主持人话语概论

第一章
电视节目主持人话语概说

第一节　电视节目主持人缘起

一、主持人的起源

"主持人"这一概念在我国起源于 20 世纪 80 年代，其作为新事物的产生充分借鉴了西方，尤其是美国的广播电视发展经验。早在 20 世纪 20 年代，西方广播界便出现了"准主持"和"前主持"。首个主持人形式的节目是荷兰对外广播于 1928 年开播的《快乐的电台》。该节目内容丰富，主要介绍荷兰各方面的情况，由若干个小专题组成，专题之间以音乐串联。主持人艾迪·乐达兹以其生动、亲切且富有独特个人风格的讲述方式，呈现出日后所界定的"主持人"特点。艾迪·乐达兹与该节目相伴近四十年，仅在二战期间停播。许多研究者将其视为最早的"节目主持人"。

1948 年 6 月 8 日，美国最早的电视娱乐节目诞生。NBC（全国广播公司）推出的《得克萨斯明星剧院》将百老汇剧院搬到电视屏幕前。与观众直接见面的"界面人物"是弥尔顿·伯利（Milton Berle）。同期，CBS（哥伦比亚广播公司）创办了杂耍节目《城市中大受欢迎的人》（又名《城市干杯》），"主持人"是埃德·沙利文（Ed Sullivan），后更名为《埃德·沙利文节目》。他们被视为"主持人"的早期实践者。尽管从镜头前的状态来看，他们更像是富有个性特色和创意的报幕员，但从其参与节目选题、制作的角度考量，已超出单纯报幕员的范畴。

自《天才展现》开始，"Host"这一角色在美国电视界得到广泛关注。《天才展现》由 CBS 于 1948 年 12 月推出，主持人是阿瑟·戈弗雷（Arthur Godfrey）。该节目将演播室布置成家庭会客室，主持人以"主人"身份出现，与演艺界名流等嘉宾谈笑风生，嘉宾有时展示绝活或表演节目。20 世纪 40 年代的《你的节目之节目》《64000 美元之问题》等节目，使 Moderator 成为游戏、竞技类节目主持人的称谓。

我国学界普遍认为，西方有多个称呼与我国语境中的"主持人"相对应：① Host，一般指谈话节目主持人；Emcee，一般指娱乐节目主持人；Showman/Presenter，一般指演出主持人；Moderator/Question-master，一般指游戏竞技类、益智类节目主持人。然而，直到 1952 年，为学界普遍接受的、能从广泛意义上指称"主持人"的 Anchor 才出现。

1952 年，美国哥伦比亚广播公司新闻节目负责人在策划第 34 届总统大选报道时，决定选用沃尔特·克朗凯特作为核心报道者，负责整合并高度概括各项报道内容。这一角色被形象地比喻为接力赛跑的最后一棒，即"主持人"（Anchorman）。克朗凯特因此成为世界上首位电视节目主持人。

我国主持人的发展历程可追溯至 1981 年元旦开播的《空中之友》。作为中央人民广播电台的对台宣传节目，主持人徐曼采用交谈式的语体，显著提高了宣传效果。同年，广东广播改革的"珠江模式"中也涌现了主持人李一萍，广播界因此形成了"北徐南李"的格局。此外，电视节目播报人员也逐步纳入广播电视主持人的范畴。例如，1981 年 1 月至 7 月每周一场的《北京中学生智力竞赛》（共十三场）由赵忠祥主持；1983 年元旦，中央电视台《为您服务》改版，沈力成为我国首位固定电视栏目的专职主持人。

本书参考了中国播音学学科体系创立者张颂教授所撰写的《中国播音学》（北京广播学院出版社）中第十四章关于播音的共鸣控制、第十五章关于声音弹性和第二十一章关于情感的引发与聚集方面的论述，为课题的播音专业分析，打下理论基础。在这个批判与解释的过程中，课题逐步凸显节目和主持人的联系，逐步明确主持人的职责，客观上划分出主持人话语

---

① 俞虹.节目主持人通论（修订版）[M].北京：中国广播电视出版社，2004：36.

研究的空间。① 就"主持人"本身概念来说，不管是播音员还是主持人，在中国播音主持业界和学界并没有一个得到各方认可的成熟概念。现在，学界普遍认为在 1980 年《观察与思考》节目中打出"主持人"的字幕时，就已经标志着我国节目主持人的诞生。但是严格意义上讲，从学理层面看，此时的节目主持人与播音员的差别并不明显，并不具备独立概念自身的严密内涵和外延，实际上主持人庞啸本身就是播音员。这种定义的模糊性始终贯穿在主持人职业的发展中，随着各种新兴媒介形式不断出现，关于主持人的定义更加复杂，但仍旧有一些专家学者在不断努力，从各个方面对主持人这一概念进行界定，例如：廖声武在《节目主持人教程》中提出，主持人是"负责或参与节目策划，掌握节目播出进程，以个体行为和个人名义从事大众传播活动的人"；俞虹在《节目主持人通论》中认为，主持人是"在广播电视中，以个体行为出现，代表着群体观念，用有声语言、形态来操作和把握节目进程，直接、平等地进行大众传播活动的人"。

二、我国主持人的发展

"主持人"在我国的出现是历史发展的必然结果，它充分体现了上层建筑与经济基础之间相互作用的基本规律。伴随着传播技术的提升和环境的变化，我国的主持人行业持续发展。1981 年 1 月 1 日，《空中之友》正式开播；1986 年，广东珠江经济电台成立；1993 年 5 月 1 日，《东方时空》亮相荧屏。这三个重要事件分别标志着主持人的诞生、广播领域主持人节目的普及以及电视新闻节目主持人的成熟。以此为界，我国主持人的发展历程可以划分为以下四个阶段（主要参考陆锡初的三段式划分和高贵武的观点）：

第一阶段：1979 年至 1986 年 11 月，"初创探索"时期。

1979 年标志着该阶段的起点，这一年，中国电视报道小组随同邓小平同志访问了美国，目睹了美国三大电视网所产生的巨大影响力。这一经历为我国开设主持人节目提供了直接的推动力。

在这一时期，以中央人民广播电台的《空中之友》和广东电台的《大

---

① 张颂. 中国播音学 [M]. 北京：北京广播学院出版社，2003：42.

众信箱》为典范，全国各地的省级广播台逐渐开始设立主持人节目。这两个节目因其深远的影响力，在广播界被赞誉为"北徐南李"，其中《大众信箱》的主持人为李一萍和李东。

此外，值得一提的是，这一时期，"谈话体"被正式确立为与"主持"等同的播报语态，这一理念甚至被正式写入中央文件。1983 年 3 月，广播电视部召开了第十一次全国广播电视工作会议，会议结束后，中共中央以第 37 号文件批转了广电部党组的《关于广播电视工作的汇报提纲》。该提纲在提及"以新闻改革为突破口，推动广播电视宣传的改革"时，特别指出要"尽可能采用谈心和对话的形式以及节目主持人的形式，以增强新闻报道的吸引力和说服力"。

第二阶段：1986 年 12 月至 1991 年，"普及发展"时期。

这一阶段以广东珠江经济电台的开播为起点。突出特点是："珠江模式"影响全国的广播节目设计，各广播台纷纷采用大版块栏目加主持人的模式；同时，电视节目也开始普遍设置主持人，如上海电视台陈燕华主持的《燕子信箱》、1987 年 6 月上海电视台推出的杂志型新闻栏目《新闻透视》，以及中央电视台于 1990 年开播的《综艺大观》和《正大综艺》等。

第三阶段：1992 年至二十世纪末，"飞跃发展"时期。

这一时期以上海东方电台的开播为肇始，全国广播界掀起了听众电话参与的热潮。电视方面，1993 年 5 月 1 日新闻杂志型栏目《东方时空》开播，1994 年 4 月 1 日《焦点访谈》问世，1996 年 4 月 28 日《实话实说》与观众见面，1996 年 5 月 11 日《新闻调查》诞生；同时，《幸运 52》《非常 6 + 1》《开心辞典》《艺术人生》等名牌栏目走进千家万户。这些新闻、娱乐和综艺性节目的成功把电视节目主持人的知名度和影响力也推向了极致。除了上述新事物的诞生外，广播电视界也出现了诸多新现象：广播电台开始施行"窄播化"，按照频率设置专业台，而音乐节目则占有重要席位；1998 年春，凤凰卫视《凤凰早班车》开了"说新闻"的先河。这一时期，学科建设方面也取得了长足进步：主持人节目研究会着手创立广播电视学的一个新兴分支学科——节目主持学。

第四阶段：二十世纪末至今，"大发展、大繁荣"时期。

进入新世纪后，主持人发展异常繁荣，阶段性特征并不明显，因此没有学者对近十年的主持人发展进行细致的总结。这一缺失对于认识"主持人"以及"广播电视节目"是有一定缺憾的。因为节目主持人的每一次细微变化，并不只是节目组或者电台、电视台一时的突发奇想，而是社会环境变化积累的结果。它反映的不仅是媒体从业者对传播环境体察入微的把握与适应，还是广大受众在社会传播接受心理上的异动，折射出政治、经济等社会机制酝酿出的社会文化心理的暗流涌动。虽然这一时期内部的阶段性特征不够明了，但整体态势却较为显著：队伍人数激增，几乎所有的栏目都设置了"主持人"；主持人来源多元化，既保持着科班出身为主力的传统，又广泛地从社会各领域吸纳人才，渠道包括主持人大赛、演艺明星跨界，由专家、学者客串主持等，同时体制外主持人也开始在广播电视流通播出市场上谋得一席之地；主持人风格更具个人特色，主持人"说"的能力被推向更高的地位——但在追求"风格"的同时，又不自觉地向某个方向靠拢，从而导致了追求特色却失去特色的千篇一律。

这一时期主持人发展的成绩突出地集中在两个领域，一是新闻节目主持人的权威影响力向纵深推进，二是综艺节目主持人的明星化倾向显现。前者以中央电视台和凤凰卫视的新闻节目主持人为表率，后者则由湖南卫视开风气之先。然而，针对主持人发展的概述也有略微不同的观点。

中国人民大学教师高贵武认为《空中之友》和《大众信箱》的播报方式并不是完全意义上的"主持"形态，而是处于由"播音员向主持人过渡的阶段"，待到"珠江模式"的确立才标志着"我国的主持人节目完成了从播音到主持的过渡。'节目主持人'作为一个新的工种愈来愈显示出自己的特色"。在"珠江模式"中，主持人需要完成各版块之间的串联，需要参与节目的创意和策划，这对节目的"界面人物"提出了更高的素质要求。①

---

① 高贵武，邓燕玲．三十年来广播电视节目主持人研究发展分析：以《中国广播电视学刊》和《现代传播》为样本来源［J］．国际新闻界，2010（12）：7．

第二节　电视节目主持人定义

一、节目主持人定义的相关研究

"主持人"一词，以及其特定含义"节目主持人"，对其诞生地并无明确定义，大多仅对其角色、功能和作用等进行描述。在我国，关于主持人这一概念的讨论历史悠久，但至今仍无普遍认可且具有高度权威性的定义。研究应从界定概念开始，尽管不同研究者对同一概念的定义各异，但对"定义"进行严谨深入的探讨，应是学术研究的首要步骤。

中国电视节目主持人出现和发展壮大以来，学术研究思想十分活跃，充满生机和活力，通过自由平等的讨论、争鸣，寻找理论真谛，探索出具有中国特色的节目主持理论。学术成果喜人，无不凝聚着理论工作者的智慧和勇气。目前有关主持人的专著已有上百本，20世纪80年代末至90年代初出版的可以称为前期著作，20世纪90年代至21世纪初也就是到现在出版的可以称为中期著作。

前期著作有《时代的明星——漫谈节目主持人》，作者为徐德仁、施天权，主要内容有：节目主持人概述、节目主持人面面观、节目主持人小传（介绍美国六位节目主持人）；《论节目主持人》作者壮春丽，北京广播学院出版社1991年4月出版，全书主要阐述了节目主持人的基本理论、应用理论及节目主持人的选拔、修养和基本功的训练；陆锡初的《节目主持人概论》对节目主持人的产生与发展，主持人的含义、优势、类型、修养，主持人的采访、编稿、议论，主持人节目的基本特征和编排艺术等一系列问题，从理论上做出深入探讨和论述。此外还有两本论文集《话说电视节目主持人》和《怎样当好节目主持人》。前期这几本奠基之作开了我国电视节目主持人理论研究的先河，在当时资料匮乏，实践尚少的情况下其完成是下了一番功夫的。正如有的学者所说，他们的功绩在于初步构建了这个学科的理论框架，勾画出主持人节目与节目主持人演化、发展的轨迹，为后期的理论打下基础，提供了重要的参考。

同时前期著作存在着一些缺陷和错误，诚如有的学者指出的，在有些关键问题上，立论尚不够严谨、扎实，甚至存在明显的表象认识的错误，如我国主持人节目积累经验不丰，使得论者往往是观点预设在先，或从国外的有些论述里发现一点依据，找到一个分析角度或者立论的支点，以此做出一番论述。此外，前期大部分论著大都还停留在对主持人工作经验的总结和初步提升的层面，尚未上升到应有的理论高度，有一些理论还是初步的、肤浅的，还有待实践进一步检验。

20 世纪 90 年代中后期，伴随着主持人节目改革的升温，理论研究出现了一个热潮，多种论著相继面世，学术研究整体水平上了一个新台阶。其中不乏经典之作。应天常在《CCTV 节目主持人的艺术和风采》中对中央电视台著名电视节目主持人逐个进行深层分析，他从一个个具体人物着笔，精而不杂，详而不赘，展示了主持人们的人品、追求和底蕴，而且直言不讳地道出了某些不足。陆锡初的《主持人节目学教程》抓住"节目"这个内核，从节目入手，分门别类探讨各类节目主持人节目的策划和定位、结构特征、主持风格及主持人素质构成问题。① 俞虹的《节目主持人通论》是总结近几年的实践经验，汲取新鲜理论研究成果及作者自身优势而成的一本完整性、学术性、创新性、可读性的著作。曹可凡、王群《节目主持人语言艺术》是选题精当、框架完整、材料丰富的一本力作，书中引用了三十多位节目主持人的语言精彩片段进行透彻分析，对每一个材料的分析深入而到位，镶上了理论的光环。② 此外，还有一些名家和学者也纷纷对主持人教育和整体素质等问题表示关注。

我们发现这一阶段学术管理凸显的趋势、展示水平与理性的提升。可以概括为：理论性得到加强，提升到理论层面探索节目主持中的若干规律性；系统完整性，每部著作均自成体系，初步构建了学科理论的体系，具有创造性，不少著作中不乏精辟见地、独特的研究思路；学术性提升，论述有一定深度，对实际工作有指导意义。

论文更是呈现一派繁荣的景象，这从历届论文的评选上就可见一斑。

---

① 陆锡初. 主持人节目学教程［M］. 北京：中国广播电视出版社，2001：108.
② 曹可凡，王群. 节目主持人语言艺术［M］. 上海：上海人民出版社，2000：54.

中国广播电视主持人节目研究会从 1992 年起每两年举办一次节目优秀论文评选，首届参评论文 49 篇，第二届参评论文 123 篇，第三届参评论文 145 篇，第四届参评论文 207 篇，纵观近 30 年来的优秀论文，其中最有代表性的为于礼厚的《主持人节目特征——开办"空中之友"栏目以来的心得》，发表在 1983 年的广播学院报，论文首次就主持人定义、主持人形象、语调及节目构成四个方面具有规律性的内涵做出初步的探讨。文中提出不少观点对后来我国主持人的研究有启发和参考价值。此外还有路虹的《关于节目主持人的一些思考》着重阐述了主持人与节目、个性与模式化、素质与前景等。李东《走出"魔圈"——主持人与播音员语言特征辨析兼与张颂教授商榷》论证了主持人与播音员在语言方面的共同基础及各自特征，回答了"主持人与播音员在语言方面究竟有何异同"这一长期困扰人们的问题，指出"播音员涵盖主持人"这一命题在理论上的失误，提出了"重新构思我们的理论，建立广播语言学"的构想。白谦诚《节目主持人：历史的昭示·现状的扫描·未来的走向》提出不少精辟观点，给人启迪。比如列举了几个方面的事实，论证了节目主持人的出现带动了广播电视一系列的改革。① 还有几篇论文社会效应甚好，如白岩松的《我们能走多远：关于主持人话题的胡思乱想》是一篇被广泛转载的文章，文中提出渴望年老的观点和由此引出的忧患意识，得到社会大众的认同，说明中国主持人尚待成熟。②

二、节目主持人定义的明确

然而，在研究"主持人"这一概念的起点时，便存在着界定模糊的问题：一方面，只有少数文献在讨论之初对"节目主持人"进行了明确界定，大部分文章将"节目主持人"视为一个通俗易懂的概念，将其置于广为人知的背景之中；另一方面，在少数进行了界定的文章中，将"描述"当作"定义"，缺乏严谨的逻辑思辨，未以规范且严谨的词汇揭示该概念的本质特征。可以说，在众多文献中，对"主持人"和"节目主持人"给出严格

---

① 白谦诚. 节目主持人：历史的昭示·现状的扫描·未来的走向 [J]. 中国广播电视学刊，1994（5）：6.

② 白岩松. 我们能走多远：关于主持人话题的胡思乱想 [J]. 现代传播：北京广播学院学报，1996（1）：39–45.

定义的寥寥无几。

本书将按照时间顺序，摘录符合一般意义上"定义"特征的界定如下：

（1）广播节目主持人：广播中直接面对听众的节目主持者、播讲者。

电视节目主持人：在电视节目中，出场为观众主持各种节目的人。主持人不是表演者，也有别于稿件的播报者。主持人是以他自己的身份、自己的语言借助屏幕面向观众直接进行传播活动。

——摘自《广播电视简明词典》，中国广播电视出版社，1989 年 8 月

（2）广播节目主持人：广播电台（站）中以某一个人的身份在话筒前主持某个固定节目的播讲者，是一台节目中的相关人，处于节目的主导地位，是某个节目制作群体的中心人物。

电视节目主持人：电视台中以某一个人的身份站在摄像机前主持某个固定节目的播讲者，一般特征与"广播节目主持人"相同，但荧屏上的形象表现是其独具的特点。

——摘自《新闻学大词典》，河南人民出版社，1993 年 5 月

（3）主持人作为电视节目直接面向观众进行传情达意的特定角色，总括一点就是节目的支撑人物。主持人在节目中所处的支撑地位，决定主持人在节目中起着主导作用，主导作用是：组织、串联、引导、沟通、交流、传达、吸引。

——摘自朱羽君、王纪言、钟大年《中国应用电视学》，北京师范大学出版社，1993 年 6 月

（4）节目主持人：在广播电视中，出场为听众或观众主持各种节目的人，叫节目主持人。主持人不是表演者，也有别于新闻通讯和文章的播报者。主持人是以他自己的身份、自己的个性，直接面对听众或观众的人。主持人在节目中处于主导地位，他的主要职责是组织串联一个节目的各个部分，也可以直接向观众和听众传播信息或解答问题或介绍知识，或提供娱乐，总是以第一人称"我"的口气，与听众或观众交谈。

——摘自《新闻工作手册》，新华出版社，1995 年 2 月

（5）在广播电视新闻节目中，用自己的语言直接为听众服务的专业人员。他们在节目中以个人的身份向听众介绍新闻节目的内容，主导节目进展，给听众以节目主持人的同感。如新闻节目主持人最主要的工作是播音，

因此中国目前节目主持人的专业职务归播音员序列。主持人以口语播音为主要传播形式。

——摘自《中国新闻实用大词典》，新华出版社，1996年3月

（6）节目主持人是在广播电视中，以个体行为出现，代表着群体观念，用有声语言、形态来操作和把握节目进程，直接进行大众传播活动的人。

——摘自俞虹《节目主持人通论》，杭州大学出版社，1996年3月

（7）在广播电视节目中，以个体行为出现，代表群体观念，以有声语言为主干或主线驾驭节目进程，直接面对观众，平等地进行传播的人。

——摘自赵玉明、王福顺《广播电视辞典》，北京广播学院出版社，1999年10月

（8）节目主持人是指以"我"的身份在广播电视中组织、驾驭、掌握节目过程，与受众平等交流的大众传播者。节目主持人是广播电视中，以真实个人身份出现，通过交谈性语言主导节目进程，直接与受众平等交流的大众传播者。

——摘自陆锡初《节目主持人概论（修订本）》，中国广播电视出版社，2006年8月

（9）节目主持人是在大众传播活动的特定节目情境中，以真实的个人身份和交谈性言语行为，通过直接、平等的人际交流方式主导、推动并完成节目进程、体现节目意图的人。

——摘自应天常《试论"节目主持人"概念的界定》，载于《广州大学学报（社会科学版）》，2005年8月

上述定义反映了人们对"主持人"认识的变迁。在1996年俞虹的定义之前，相关界定中的高频关键词是："自己的身份""自己的语言""直接传播""主导地位"。这几个关键词反映出"主持人"工作中的主要形态、主要工具、具有人际交流的特点以及以语言为主要手段；同时反映出主持人在节目中的地位——主导节目进程。

1996年，俞虹在《节目主持人通论》一书中，首次将"主持人"概念纳入"大众传播"范畴，将其定义为"从事大众传播活动的人员"。后续的定义中，均体现了"代表群体观念"或"体现节目意图"的特点。这一微妙的变化，反映出主持人研究领域令人欣慰的进展：已逐步摆脱仅限于经

验总结的定义方式，开始与大众传播学产生交集。在审视"主持人"这一角色时，人们不再仅仅关注其行为表现，而是将其置于更宽广的背景和空间之中，从大众传播的视角进行考察。

此外，从定义的形式层面来看，也能观察到研究水平的不断提升。

1. 定义日趋简洁严谨。1996 年之前的定义，对"主持人"的工作状态进行了比较详细的描述，甚至具体到"出面"这一细节，同时措辞稍显繁复（如"是节目的'相关人'和'主导者'"），在一些表述上也较为含混（如对"主导"没有明确的界定——既可以是台前主导，也可以是台下的主导），在逻辑上还存在"同语反复"、用否定形式下定义和内涵外延不对称等问题。

2. 更注重抓住质量的规定性。定义，要揭示一个概念的质的规定性，一般情况下均采用"种 + 属"的界定方法。而早期的定义，基本上是对"主持人"突出特点的直接描述，是对其区别于以往形态的特点总括，从逻辑学上并不符合严格的"定义"的范式。那时，由于大众传播学还没被引入，所以对"主持人"的归宿认识仅停留于广播台或电视台的一个工种或角色分工，而不像日后，把他界定为"大众传播者"。仅这一个"属"的廓清，就给主持人研究开拓了无限的疆域，也把对"主持人"的认识向纵深推进。

3. 用一般囊括特殊。在"主持人"定义的问题上还有一个细微的问题，它暴露了学界在对概念进行定义时不同的认知路径：有的强调"台前"，以荧幕和话筒前的表现做界定；有的则将"台前"和"幕后"兼顾。有文章（著述中几乎没有）在定义主持人时，明确说明其是采、编、播合一的媒体角色，结合现实，笔者认为这是用主持人的高级状态或理想状态来进行界定。然而，这样的界定能否被判定为"不合适"或者"谬误"呢？社会理论建构中存在一种"理想类型"的研究路径。它的倡导者是著名的社会学家马克思·韦伯。韦伯认为社会现象是多样和可变的，学者应根据特征最极端的形式来对其进行分析。在此框架下，以"主持人"的理想形态定义"主持人"是具有价值的（即将"节目主持人"与"采、编、播合一的节目主持人"对等，用主持人的高级状态或理想状态界定概念），然而不能拿对理想形态的追求来苛责现实状态，对于"主持人"的研究应当立足于中国的具体国情，在尊重现实的基础上向未然的领域触探。

第三节　电视节目主持人话语界定

一、语言学中的话语概念

1952 年，美国语言学家哈里斯首次提出"话语分析"的概念，脱离了文本，研究文本与社会情境的互动关系，揭开了现代化与分析的序幕。此后三十年间，不同学科的研究者涌入这一领域，带来了不同的研究视角和研究思路，以及不同学科的研究方法，使得话语分析理论蓬勃发展。话语分析的理论及方法，是本书思考的出发点，更是本书研究的主要借鉴与依据。

话语分析于 20 世纪 60 年代中期起源于欧美，作为一门学科成熟于 20 世纪 80 年代初期。学界认为，1981 年梵·迪克主编的《语篇》和弗理德尔主编的《话语过程》两本专业学术杂志的出版，标志着话语分析已成为一门独立的学科。话语分析学科的诞生标志着人类对语言的研究已发展到了一个崭新阶段，实现了一个转型过渡，即从形式到功能，从静态到动态，从词句到话语篇章，从语言内部到语言外部，从单一领域到跨学科领域的过渡。话语分析创建起了一种新的研究范式，这种范式所带来的发现语言应用规律的价值是学界所公认的。它所表现出的对特定交际领域下特定话语类型的解释力也是令人称道的。①

话语分析的特点是：关注语境中的语言（即话语）是如何用于交际并实现交际目的的，研究动态的语言，研究超句的语言单位。本书设想：探讨电视谈话节目主持人是运用什么样的话语结构与话语规则等怎么样地去实现传播工作（即主持）的，就是要描写揭示出主持人通过艺术操控电视

---

① 胡春阳. 话语分析［M］. 上海：上海人民出版社，2007：6.

谈话语篇的五级话语单位（特别是语篇和话轮），从而实现了对该种节目的主持引领，完成了传媒人的工作。

话语分析中，"语篇"是最基本而常用的术语。语篇所指称的就是话语的文本实体。语篇是整个言语行为过程的全部话语，因具体言语行为过程长短不同而语篇也长短不一。话语分析是多学科所涉足的研究领域，尤其被扩展到许多语言应用的研究领域。近几年来，我国已相继出现对广告语篇、法律语篇、新闻语篇、政治语篇等话语类型的研究成果，这些研究成果为我们使用话语分析这种新的研究范式去进行电视谈话语篇的研究提供了可借鉴的实证。

采用话语分析的理论与方法，并不排除其他理论与方法。它与其他之间不是替代，而是互补，并且可以交融。本书正是在这个思考下吸纳话语分析的理论与方法的。而且我们认为：话语分析的路径尤其切合电视节目主持人语篇的研究。话语分析方法目前已发展成一种综合的研究方法，它是从话语结构与语境、表达意义三者关系的角度对话语进行动态研究，它是一种重综观分析、重跨学科研究的理论及方法。具体细节内容有：

（一）话语结构学的语篇基础理论

电视节目是一种以"会话"为主体构造而成的节目样态。新兴的话语分析理论及方法为认知与阐释电视谈话节目语篇的会话艺术开通了理想的新路径。而且，话语结构学的语篇论内容就是我们认知电视谈话节目语篇话语结构的理论基础。话语是指语言交际中相互关联的句子所构成的一段话。话语分析方法就是对交际中使用语言（即话语）的动态分析，它不仅探索话语的形式特征，更强调揭示话语的运用功能。其中交际者的话语角色、话语的结构形式、话语的规则、话语模式等均是话语分析的不同研究侧面。

话语分析创建了新的研究范式。对研究对象做话语结构形式分析——语篇分析，就是这种研究范式的最基本内容之一，也是最基础的研究环节。在话语分析学中，语篇与话语是很重要的一组相关概念，它们有时可以互称。不过通常情况下，语篇是指成品，可以是书面的，也可以是口头的。而话语是个泛称谓，它既可以指称成品，又常常指称过程；既指口语，也可指书面语。就指称成品这个范畴内，语篇与话语两称呼是有不同分工的：

使用语篇指称整个谈话行为的全部言语，是宏观整体层面上的言语；而用话语指称谈话行为的局部言语，如，话段以及组成话段的更小的言语单位话轮等，是微观层面上的。所以，人们对不同类型话语的整体文本均称之为语篇，如"法律语篇、新闻语篇、广告语篇"，以及"电视谈话语篇"等。

话语分析学在话语结构方面的最基础理论建设，提出并论证了"话轮""相邻对""话轮转换机制"。其主要研究者是美国的社会学家萨克斯等人，他们在1968年至1974年陆续发表了系列的会话分析论著，被学界称为"美国会话分析学派"。简言之，"话轮"就是在会话过程中说话者所一次连续说出的具有某种交际功能的一番话语，而"相邻对"就是会话的交替互动中前面引发语和后面应接语两个相邻话轮的一对组合，最常见的相邻对是二人的一问一答式。"话轮转换机制"所概括的就是会话中话轮分配的原则，就是话轮在引发或接应中得以不断交替持续的一套规律。话语分析认为，话轮是人们会话中的最基本结构单位，人们会话的过程，就是话轮在交际者之间的交替转换过程。并且，会话中话轮的交替转换又是有着一定规则的。

（二）伯明翰学派的话语等级结构模式

带给我们特别启示的是伯明翰学派的话语等级结构模式。以辛克莱和库萨德为代表的英国伯明翰学派学者，对课堂教学的师生会话进行了系统的研究，他们按照韩礼德的系统语法阶层观，提出了一套课堂话语的等级结构模式，共由上下梯次五个层级构成，即"课、课段、回合、话步、话目"。他们认为话语单位是分层级的：高一级的单位由低一级单位组成。在课堂话语中，话目组成话步，话步组成回合，回合组成课段，课段组成课。他们认为回合是交谈者之间围绕话题进行交谈的基本单位，课堂话语中的回合可概括为起始——应答——反馈/跟踪的三话步组合形态。

伯明翰学派的"话步"基本相当于萨克斯等人的"话轮"，"回合"大致与萨克斯等人的"相邻对"对应。在伯明翰学派的分析模式中共提取22个"话目"，"话目"是构成"话步"的表义项，有时多项构成话步，有时独立成为话步。比方，一位教师的反馈话步可由评价话目和告知话目两个话目共同组成，也可能由其中之一而成。

伯明翰学派的课堂话语结构五级模式提出于 1975 年，与此前的萨克斯为代表的美国会话分析学派所提出的"相邻对"两话步相比，萨克斯等人的两话步所提取概括的是日常会话中通常运用的起始应答毗邻相对的话语结构；而伯明翰学派追加一步到三话步，揭示的是教师教学中对学生的反馈跟踪这步实际结构。可见，二话步、三话步都是交际者之间相对完成。

一次交际，构成话语交流中的一个"回合"。而二话步与三话步它们是分属不同话语类型中的"回合"，也可以说，"回合"这级话语单位在不同话语类型中存在各自不同的典型结构模式。伯明翰学派的课堂话语分析成果对学界影响是巨大的。特别是这个话语等级结构模式的建立，开创了深入分析话语构成及其规则的新局面，它有利于从宏观到微观完整分析话语全过程，有利于深入各级话语单位去进一步了解话语构成及其规律、规则。

本书正是设想：从电视节目主持语篇的话语结构切入，特别是着重语篇和话轮两级重点单位，去分析主持人在宏观建构语篇和微观操控话轮上的规律与规则，从而去认知电视节目主持人的语言传播规律及艺术。

（三）多模态话语分析理论框架

随着话语分析理论被学界逐渐认可，人们的研究范围更加广泛，研究更加细化。直到 20 世纪 90 年代，话语分析的方法被引入新闻业，研究对象也扩大到实践领域中新闻文本、文学作品等同社会情境的交互和话语权力。但直到 20 世纪 70 年代，我国在话语分析领域的研究才刚刚起步，发展水平极其不均衡。20 世纪末，部分学者主攻这一领域的研究。

2005 年，胡春阳首次将话语分析的理论引入新闻传播学领域，试图为我国的新闻传播学研究带来崭新的研究。其中系统功能语言学"多模态话语分析框架"的话语意义对于研究电视法制节目主持话语创新研究颇有作用。多模态话语是指应用听觉、视觉、触觉等多种感觉，通过语言、声音、图像等多种手段和符号资源进行交际的现象（张德禄，2009）。[①] 理论框架由四个层面构成，即文化层面，语境层面，内容层面和表达层面。

文化层面主要由意识形态和体裁构成。意识形态指人的思维模式、处世哲学、生活习惯及一切的社会潜规则组成；体裁是指具体可以实现这种

---

① 张德禄. 多模态话语分析综合理论框架探索［J］. 中国外语，2009（1）：7.

意识形态的结构潜势或交际程序。文化层面是使多模态交际成为可能的关键层面。语境层面主要涉及话语范围、话语基调、话语方式等同时实现所选择的体裁。在具体的交际环境中，交际要受到语境因素的制约，其中包括由话语范围、话语基调和话语方式决定的语境因素；除此之外，在交际过程中还要实现所选择的体裁，而这个过程要以一定的交际模式进行。

在语言学话语分析的实践中，主要秉持三个基本观念：第一，说话者会受到特定语境的影响；第二，说话者会有策略地运用语言以达到自身的目的；第三，有策略地生成或理解语言活动，受到特定文化的一定影响与之相形。话语分析的着力点包括：话语与语境之间的关系，句子之间的语义联系，语篇的衔接与连贯，话语的语义结构与意识形态之间的关系，话语的体裁结构与社会文化传统之间的关系，话语活动与思维模式之间的关系。

本书中运用话语意义概念作为话语分析的主要依据：话语意义层面涉及概念意义、人际意义和谋篇意义，其中概念意义是由话语范围、话语基调和话语方式所决定的。在形式层面上，每种模态都有自己的形式系统，比如我们所熟悉的视觉语法、听觉语法、触觉语法等。

（四）"关联—顺应模式"理论模型

最早提出关联理论的是斯珀伯与威尔逊，他们从认知的角度提出关联理论的解释性定义，认为话语的产生是一个明示的过程，说话人的关联假设决定话语方式的选择。而维索尔伦在《语用学新解》中提出"语境关系顺应"的观点。"语境关系顺应"指语言使用过程中的语言选择必须与语境顺应，使用语言不仅是语言成分和语言因素相互适应的双向、动态过程，而且也是语言使用者策略性的选择过程。

杨平基于这两种理论的优势，提出了一种新的语用理论模型"关联—顺应模式"。[①] 该模型在强调语言认知的相关性的同时，使得认知和语境更加丰富。具体而言，该模型使关联理论解释的充分性和顺应性理论描述的充分性和谐统一，这比以前的任何话语构建模型更令人信服。在杨平的"关联—顺应模式"之后，冉永平基于斯珀伯、威尔逊和维索尔伦的话语理

---

① 杨平. 关联—顺应模式 [J]. 上海外国语大学学报，2001（6）：22–29.

论从话语生成和理解层面提出了"话语生成和理解的关联—顺应模式"。该理论认为，为了实现交际的成功，交际双方都需要不断地进行语言选择，不断地选择语言。这种选择发生在语言的产生和理解的两个过程中，语言选择和语境的选择是相互顺应的。

本书在建构电视节目主持人话语体系的生成模型时，借鉴杨平提出的理论模型，同时也吸收冉永平的观点，认为电视节目主持人话语在表达时也会顺应语境的选择。综合上述观点，电视节目主持人话语体系的"关联—顺应模式"，在建构过程中，三个语境因素起着非常重要的影响作用，它们构成了电视节目主持人话语体系关联假设的基础。这三类语境分别是：宏观层面上的电视媒体的国情传播语境，中观层面的融媒体的传播语境，微观层面的电视类型节目的情景语境。这三类语境影响甚至决定了电视节目主持人话语的选择和生成。也就是说，电视节目主持人话语在生成和表达的过程中，自始至终受节目定位情景语境的影响。

需要指出的是，这三类主要语境并非单向作用于电视主持人话语体系的生成过程，而是作为语境综合体共同作用于主持人话语体系形成过程。当然，在节目生产制作的不同环节，三类语境的作用有轻重、强弱之分。以《中国舆论场》节目的第二个版块"热点全网罗"环节为例，该部分基于热点话题，引入嘉宾评论，引导海内外华人树立遵纪守法、爱国爱家的意识。比如第20191103期节目的"热点全网罗"的关键词是"国家安全，人人有责"，通过播放视频短片讲述了《中华人民共和国反间谍法》实施五周年以来取得的成就。随后，主持人说：

"在这里我们也提醒大家，如果您身边有任何危害国家安全的行为，请拨打电话12339，或者是登录……"

在这条新闻中，主持人在视频介绍完反间谍法以及违法犯罪事实的内容之后，向海内外的观众提醒了国家安全的重要性，同时也为举报危害国家行为提供了渠道。与这条热点新闻相契合的国情传播语境是我国颁布的《中华人民共和国反间谍法》，法治传播的宗旨和目标十分明确，就是向全世界展示我国在反间谍工作中的国家意志，建构了我国有法可依、依法治国的大国法治的话语权。

二、播音学中的话语理论

当下，新闻传播学界对话语样式的研究已颇有成效，却并没有形成一个完整的理论体系，留给后来学者很大的研究空间。正是在这样的理论基础和时代背景下，本书选择研究"电视节目主持人话语探析"这一课题，以期丰富新闻传播学和播音学的理论基础，指导播音主体的创作实践活动。

（一）话语样式

话语样式，是指话语的基本态势和主要形式。在 1994 年出版的《中国播音学》一书中就明确提出了包括宣读式、朗诵式、讲解式、谈话式在内的几种主要语言表达样式。2002 年，播音界泰斗张颂在语体研究的基础上，提出了"话语样式"的概念，定调了播音学话语相关理论，至此播音界掀起研究这一课题的高潮。

张颂教授强调，人类语言的核心目的在于传达情感、表达意志。在各种语境下，语言总是能找到最精确、最适宜的表达方式，其中，话语样式的选择就显得尤为关键。从写作的角度看，我们可以探讨"文体"，也就是文章的表达形式，如叙述、议论、抒情、描写等，或是新闻、评论、通讯、诗歌、杂文、相声等不同类型。在口头表达中，我们需要关注"语体"，即话语的类型，例如对话、独白、朗诵、讲解、宣读等。然而，当前存在对"体裁"概念的滥用，甚至将"语体"与"文体"混为一谈。为了明确区分这两者，我们引入了"话语样式"这一概念，以便更准确地界定属于话语范畴的表达方式。

值得一提的是，中国传媒大学的播音导师陈晓鸥在其著作《广播电视语言传播风格多样化研究》中，从语境的角度出发，提出了"语言传播样式"的概念。① 同时，2012 年第五期的《现代传播》期刊也专题探讨了广播电视新闻播报的语态问题。中央电视台著名节目主持人鲁健在其文章《播报式语态解读》中指出，新闻播音的语言样态可分为播报式和对话式。由此可见，对话语样式的研究一直是播音界学者关注的焦点之一。

---

① 陈晓鸥. 广播电视语言传播风格多样化研究［M］. 北京：中国广播电视出版社，2007：62.

（二）话语体式

经过多年的发展历程，我国的电视播音理论建设经历了从无到有，从简单的实践经验总结到系统的理论研究的华丽蜕变。话语体式作为播音学中重要概念之一，总体上来说表现为这四种形式：一是高雅庄重，在十分庄严肃穆的场合，无论热烈还是沉痛，都要求话语和仪态特别讲究，端正大方。二是平实正规，在相当正式的场合，无论热情洋溢还是平静安详，都要求话语和神态实实在在，平易妥帖。三是通俗灵动，在比较宽松亲切的场合，无论家人团圆还是亲友相聚，都要求话语和心态自如放开，随和自然。四是消闲自在，在亲密场合中，无论挚友戏谑还是家人交流，都要求话语和姿态自由自在，无拘无束。

这四种体式只是笼统概括，它们相互补充，互相渗入，彼此依赖，各自作用。在生活中真正的话语体式不是一成不变的，电视节目主持人要使自己的话语情状完全纳入具体语境、主体感受之中，由内而外，有感而发，真正做到话语的多样表达。

三、电视节目中的话语表征

除了新闻报道的话语分析，电视节目中的话语也颇受学者关注。电视语篇不局限于纯文本的话语形式，而是涉及声音、画面、节奏等多个模态的话语。话语形态多元是我国电视节目的典型特征，从文化折射的话语属性来看，一般可将话语分为代表主流文化的官方话语、代表精英文化的精英话语和代表商业文化的大众话语。在不同电视节目中，三种话语形态的包容程度各有不同，官方话语居于电视话语空间的主导地位，具有鲜明的价值导向，精英话语和大众话语作为话语系统的重要组成部分，是在官方话语的引导规范下，满足大众的审美认知需要。话语形态的三足鼎立将长久处于竞争共生的局面，共同建构文化的形态共生。

（一）代表主流文化的官方话语

官方话语服从国家利益需要，存在鲜明的民族主义观念，具有强烈的意识形态色彩。在新时代语境下，官方话语一改严肃教化的姿态，在话语表达方面以情感为包装，运用故事讲述的话语策略传达主流思想，对于国内舆论的引导具有积极意义。在大众媒介这个多元价值交汇领域，代表主流文化的官方话语始终占据主导地位，成为意识形态传播的载体，以《见字如面》《国家宝藏》等为代表的一类文化类综艺节目，根植于家国情怀，立足现实，关注道德教化，传承发扬传统文化，成为新时代语境下"主流综艺"的典范。每个时代都有每个时代的精神，社会主义核心价值观是当今主流文化的核心体现。

（二） 代表精英文化的精英话语

电视节目脱胎于精英文化，虽然历经消费文化和大众思潮的裹挟，依旧在社会流变中保持特有的精英气质。在我国，精英文化作为知识分子的表现形态，是"经典"和"主流"的传播者和践行者，是民族精神气质和文化内涵的集中体现，对于国民文化素养和审美旨趣的提升有着不可替代的作用。新世纪以来，市场经济的深入和大众媒介的兴盛，催生了大众文化的崛起，大众文化的娱乐性、消费性特征对精英文化有着天然的解构，精英话语处境日渐逼仄。而教育类等综艺节目的再度走红预示着精英文化以一种更生动灵活的方式重回电视媒介话语中心。同理，精英话语有其自身的责任意识和运作逻辑。公共领域是媒介精英话语得以生存的土壤，是知识分子可以开展社会批判、进行媒介反思的地方。

（三） 代表商业文化的大众话语

大众话语是一类具备快感和潜在消费意义的话语形态，布尔迪厄认为在消费社会中，消费文化与商业逻辑的共谋不断对各种文化生产的场所进行渗透乃至于控制。大多数电视节目中都包含综艺节目的表现形式，在承载社会效益的同时还要接受市场和大众的检验，受到商业话语的左右，商品属性已成为电视话语生产和传播的本质特征。对大众话语的研究最早可追溯至德国学者本雅明，他在著作《机械复制时代的艺术作品》中指出：技术的发展能够促进文化的生产，但文化的大规模生产也是现代工业文明的商品。此时大众文化的概念没有被明确下来，但本雅明一语中的地指出这种文化的本质——商品属性。在我国，伴随着大众传媒的技术优势，商品消费的属性渗透到文化领域，以营利为目的的商业文化应运而生。电视节目遵循了市场经济的流通原则，将知识用一定形式进行宣传营销，采用私人话语讲述迎合观众的审美期待，借助综艺元素寓教于乐，通过对社会热点的精准定位，满足了大众的消费欲望。

第二章
电视节目主持人话语角色建构

　　"节目主持人"作为一种媒体职业，在中国的发展历史仅有数十年。与其他职业有所不同，节目主持人的出现并非与广播电视媒体的诞生同步。在国外，真正意义上的新闻节目主持人通常与总统大选紧密相连。而在中国，节目主持人的兴起则与改革开放的深入和社会民主化进程的推进紧密相关。自其诞生之日起，节目主持人便与几乎同时诞生的播音员产生了错综复杂的关系，成为学界持续争论的焦点，至今尚未形成统一的认识。

　　之所以产生这样的局面，笔者认为主要是由职业角色的特殊性造成的。首先，从延安新华广播电台开始，中国的播音在党和国家的喉舌机关——广播电视媒体中所处的地位就非常特殊。作为党的"喉舌"——播音员具有政治角色的特殊性，所代表的不是个人而往往是党和国家的形象。所以其受到全国人民的极大关注同时也受到了党和国家领导人的重视，地位的重要性不容置疑。再有节目主持人的工作实践是一个从萌芽开始、不断推进、不断发展、不断完善的过程，播音员也是广播电视媒体的重要工种之一，它并不会因为主持人的出现而消失。

　　在工作中，二者存在"交集"，尤其在"主持"与"播音"之间，界限往往模糊不清。主持人工作内容的广泛性及复杂性，使得主持人的内涵丰富且多样，导致职业角色的形象趋于模糊和不清晰。在新闻与娱乐等不同类型的节目中，对主持人的素质、能力要求各异，其工作对象、内容、要求及效果亦存在巨大的差异，甚至截然不同，从而为争论留下了广阔的空间。

　　主持人的角色功能历经从"单一"至"多元"的变革，持续优化和完善。在 20 世纪 90 年代，我国电视节目内容和形式相对简约，主持人的角色亦相对单一，主要负责承前启后、串联节目。然而，随着电视节目多元化的发展，各类电视节目孕育出了不同类型的节目主持人，他们开始在自己擅长的领域展开主持工作，形象日益专业化、个性化。媒体融合的到来使得主持人风格更加亲和，形象更加立体，交互性更强，更加贴近民生。

面对复杂的媒体环境，主持人的角色身份经历了从"单一"到"多元"的变化。主持人既可以是节目的编导、演职人员，还可以是意见领袖、文化建设者，在节目的制作和播出过程中承担着重要角色，其身份更加多元化。例如李思思在《衣尚中国》中不仅是节目主持人，还是制作人、把关人，实现了从主持到参与的角色突破。

话语角色是成就话语主体的特定话语构成及其规律的重要支撑点。电视节目主持人的话语及规律首先就受到其在电视节目这种特定语境下所担当的话语角色的制约。所以，认知电视节目主持人的话语角色是理解电视节目主持人话语建构及其规律的前提。于是，在进入具体分析主持人的话语结构及规律之前，首先在本章探讨主持人的话语角色。

第一节　主持人话语角色的基本认知

"角色"一词最先用于舞台艺术，是指戏剧舞台上所扮演的人物及其一系列特点。后来被推广运用，成为社会学、社会心理学、语言学等学科的术语，尤其成为话语分析中的重要术语。话语角色是话语分析研究的重要方面。

一、话语角色与社会角色

社会角色是由一定的社会属性或社会关系决定并体现出的人们所拥有的相应权利和义务的地位与身份。由于人们的社会属性是多方面的，所处社会关系是错综复杂的，所以人们拥有的社会角色应该是一个"角色丛"。比方，职场上一位校长角色的人，他同时还有着"同事、上级、下级"等角色；而在家庭里他又会具有"儿子、丈夫、父亲"或"女儿、妻子、母亲"的角色；外出旅行时他又会有"乘客、顾客、行人"甚至"目击者"等角色。不过，在人们的多种社会角色聚合之中，有些属于长期稳固的"经常性角色"（因职务、年龄、性别、籍贯、家庭、血缘等社会属性或关系而产生的角色，如校长、老人、女人、东北人等）；而有些是属于阶段或偶发的"临时性角色"（比方，因出现某事发现场而成为的"目击者、证人"角色）。

话语角色是话语主体在进行交际行为中由具体语境所赋予其的定位的现实的面目，它是交际者所处话语地位，所执行话语行为的权力、责任和义务的体现。交际中的话语主体，都应该按照自身的话语角色去规范自身的话语行为。

话语角色与社会角色有较密切的关联。有研究者就讲道："每个社会成员都有与其社会角色相应的言语行为规范以及责任和义务……我们把在言语行为方面具有社会规范等特征的社会角色，叫作话语角色或言语行为角色。话语角色是建立在言语行为角色基础上的，是社会角色的一个方面，是社会角色在言语交际领域中的具体化。"应该承认，某些稳固的社会角色与话语角色的关系的确密切。比方，某些因职业而决定的社会角色，同其人在职场工作中的话语角色就是一致的，诸如，展览馆解说员的社会角色与"解说者"的话语角色、教师的社会角色与"讲授者"的话语角色、广电节目主持人的社会角色与"主持者"的话语角色。不仅如此，某些稳固的社会角色甚至能导致一种相应的话语风格类型，成为构成某风格的重要因素之一。如，领导者社会角色导致"官腔"，女性的社会角色导致话语风格上的女性语体特征等。

二、话语角色是语境的规约

话语角色与社会角色的关联，较多地得到了研究者的关注。在语言学的分支学科"现代修辞学"及"言语交际学"两学科领域，研究者十分看重社会属性与社会关系所带给社会角色和话语角色的一致性制约，所以提出"话语角色是社会角色在言语交际领域中的具体化"的命题。

立足传媒话语研究角度，本书引入"语境"概念更利于解读传媒话语中的话语角色，所以，我们提出"话语角色是由话语主体进行交际行为中的具体语境所赋予的"。"语境"是语用学、修辞学及言语交际学等多学科的基本术语。"语境"含义较宽,既指上下文语境,也指情境语境,还指民族文化传统语境。我们引借的"语境"主要是指"情境语境"。简言之,"语境"就是言语环境。著名修辞学家陈望道先生当年在他的《修辞学发凡》(1932)提出的"六何",大致概括了语境的主体构成要素:何故(指写说目的),何事(指写说的事项),何人(指谁对谁说),何地(指写说的地点),何时(指写说的时间、时代),何如(指怎样写说)。就是这种由"六何"构成的语境,赋予了话语主体的话语角色,决定了话语主体在该具体交际中所处的话语地位、所应执行话语行为的权力、责任和义务。一句话,是语境决定了说话人的话语角色。话语角色是语境规约的结果。

引入"语境"说,强调话语角色的当下现实性,看重当下现实言语行为及动态过程对话语角色的规约,也特别重视话语交际目的以及话语交际对象等对话语角色的规约。而且,因为语境是多要素的复合体,所以语境中某一话语主体会被赋予多重话语角色。因为语境是动态的,是发展变化的,所以话语主体在言语行为过程中的话语角色,会既有持续也有转换。可见,"语境"说更有利于解释现实交际中丰富复杂的话语角色及其变化。

第二节 主持人话语角色的多重性

一、传媒话语研究中的话语角色分析

依据传统,在传媒话语研究中,最基础的话语角色分析,是将交际中人们所承担的话语角色区分为两大类:一类是话语生产方,即传者;另一类是话语接收方,即受者。而多数的交际传播过程并非简单的单向传受,人们交际过程中的常态是双向循环互动。所以交际者通常在交际中既为传者又为受者。尤其是,传媒话语研究特别关注语境下话语主体在执行传受信息行为方面的责任与义务。于是,就出现了目前传媒话语分析中对话语角色的相对细致入微。比方,在言语交际学中,可能只讨论到"主持人、采访人、受访人"角色;而在传媒话语分析中对其话语角色要细化,细致

分析到语境下话语主体在言语行为中所执行权力责任、所处的地位等，会细致分为"提问者、解说者、总结者"等。

特别是，在电视谈话节目这种人际化了的大众传播活动中，交际者的话语角色尤其是主持人的话语角色形成了复杂的聚合群——"角色丛"。这是因为，电视节目主持人的话语角色，是电视节目这种特殊语境规约的结果。语境本是多要素的复合体，电视节目的语境尤其存在着传播上的多向度等，所以，电视节目主持人的话语角色是可以从多向度多层面上解读的。而研究者着眼点不同，也就会提取出电视节目主持人话语角色的不同系统。比如，有的系统提出的是"讲述者、引导者、求教者、聆听者、统帅者"等；有的系统提出的是"介绍者、引导者、评价者、引入者、受话者、解说者、总结者"等。

很多学者比较关注主持人在交流过程具体环节所受到的规范、所应执行的话语职责。与其相对区别的是陈虹等人的研究。陈虹的《节目主持人传播》一书，研究对象不只是谈话节目主持人，而是全部主持人，作者又是将主持人传播放在一个大的社会文化系统考察的。所以作者侧重关注主持人在整体传播行为中所受到的规范、所应执行的社会责任。于是，该书提出主持人的角色定位是："媒体意志的体现者、公众代言人、先进文化的传播者、节目的主导者。"①

二、主持人的常规话语角色

无可否认，在电视节目中，主持人演绎着多重话语角色，而本书这里侧重讨论主持人的如下三种常规话语角色。

（一）媒体机构代言人

电视节目绝不是纯粹的人际交流的"谈话"，它首先是"节目"。说到底，它是媒体通过电视媒介所进行的一种大众传播活动。它是由主持人邀请嘉宾或连带现场观众，以谈话的方式共同讨论对相关新闻事件或社会问题的看法。所以电视节目主持人是代表媒体出现在现场的，电视节目主持人的话语隶属媒体机构的职业性宣传话语。同媒体工作人员的社会角色一

---

① 陈虹. 节目主持人传播［M］. 上海：复旦大学出版社，2007：72.

致，电视节目主持人在电视节目语境中首先就秉承了媒体代言人的话语角色。

在任何广电节目中，主持人的出现都绝不仅仅是代表个体自身，主持人总是代表着整个节目、栏目乃至所在媒体而进入节目从事传播，去完成节目、栏目乃至媒体所赋予的传播任务。"全国百佳节目主持人"之一的新闻传播学博士后陈虹在她的《节目主持人传播》一书中明确讲道："作为个人，主持人不可能逃避传媒对他的强制，每个主持人都必须无条件地服从于其传播规则和传播活动……他在传媒中的言行必须遵照传媒的意图，体现传媒的意见与价值标准。"

我们的党和国家一贯十分重视宣传战线的舆论导向。电视节目作为大众传播媒介的一部分，它应该坚持反映主流价值观，弘扬主旋律，呼唤真善美。电视节目的主持人必须具有坚定的职业意识，坚持党性原则。一些特殊语境节目要求主持人必须有更高的思想理论及政策水平，要求主持人能更审慎地发挥好舆论导向作用。整个谈话场上，什么该说与不该说，要明确。主持人一定要把好关，做好谈话中的引路人，做好媒体代言人。

（二）谈话场上的组织者、主导者

电视节目主持人在交流场上的"组织者、主导者"话语角色，是由他的"主持人"的本色身份地位所决定的，是这类节目特质所赋予的，也是所有节目制作者、所有会话参与者都共同认可的。电视节目主持人的这种"组织者、主导者"话语角色，较鲜明地贯穿于整个谈话场的始终。主持人是媒体节目制作者中唯一出现在谈话现场的人，是前期策划内容的唯一执行者，是场上唯一明确整个节目流程和最终走向的人，所以主持人必须履行他的"组织"谈话与"主导"谈话的职责。

在谈话场上，主持人为实践其"组织者""主导者"的身份，就要提出话题并组织谈话者展开话题讨论，驾驭谈话场、掌控话题走向，实现节目预期构想；就要穿针引线，沟通谈话参与者，调动场上和谐而热烈的氛围，激励嘉宾及现场观众踊跃发言充分交流；就要分配话语权，控制谈话节奏，引领谈话过程的起承转合；就要在谈话场诸多不可预知的语境变化中，善于捕捉稍纵即逝的契机，能够正确处理突发事宜，因势利导，使谈话顺利进行并收到理想效果。不少研究者将主持人比作是控制器，是调度、操盘手、协调者、管理者等，这些喻体都形象地说明了主持人"组织者、主导者"的话语角色。

电视节目主持人的话语"组织者、主导者"角色，是无可替代的。无论具备怎样理想的前期策划，无论邀请到了怎样恰妥适宜的嘉宾及现场观众，如果没有主持人在谈话现场很好地组织与主导，那么，节目最终也不可能获得成功。

（三）话题交流中的"参与者"

电视节目是以会话交流成就其节目的内容与形式，所以电视节目主持人的工作既不是可以独角展示的"播报""播讲"类，更不是"报幕员"。电视节目主持人需要与其他参与者（嘉宾或现场观众）在会话交流中共同完成节目。而电视谈话节目主持人正是这会话交流中的"参与者"之一。可以说，主持人"参与者"的话语角色也正是由电视谈话节目本身这种人际化了的大众传播形态特质所赋予的。或者说，是由这种特定节目类型所生成的特定语境所赋予的。

主持人作为节目的"参与者"应真正参与到会话之中，而非游离其外。电视节目的主持人不能仅限于担任"组织者"和"协调者"的角色，只在谈话现场起到"穿针引线、采访提问"的作用，进而"掌控节目进程"和"协调沟通"。相反，主持人应深度参与到话题的实质性会话之中。例如，在论辩争鸣的谈话现场，尤其是在各种观点交锋、僵持不下的情况下，主持人不能一味保持"中立"而置身事外，而应直接介入并表达立场，阐述正确观点。

在此时，主持人应成为"公众的代言人"，代表着场内外的观众，传达他们内心深处的想法；主持人还应充当"意见领袖"，呼应公众的呼声，维护公共利益。通过履行这种"参与者"的角色，主持人实际上在表达媒体意志，发挥舆论引导的作用，进而实现了电视节目制作"以人为本"的核心宗旨。

与上面相对，会话"参与者"的另一层含义，是认同嘉宾即被采访对象们的话语主体地位，去实现平等互动的人际交流。对于话题讨论来说，主持人只是"参与"，真正的谈话主体是嘉宾，是访谈对象。双方这种话语角色分配关系也是源于谈话节目的节目类型特质。应该说，这种以对话形式呈现的节目，是媒体对当前时代信息传递与接收关系的一种回应，体现了媒体对"以受众为中心"传播理念的实践。让嘉宾成为焦点，主持人则扮演辅助角色，以他人之口传达信息，这是谈话节目成功创新的一种传播形态。诸多论述中都强调主持人的"倾听"能力，实际上，"倾听"是主持人对参与者话语角色行为表现的一种自我解读。

在这种情况下，主持人应认识到自身仅为话语参与者，在谈话场合中，避免主导话语权，也不抢嘉宾的风头。相反，应尊重所有参与者的发言权，积极调动嘉宾和现场观众的主体意识，努力营造有利于谈话的传播环境，实现场上的平等互动，促进人际交流，达到场内外受众的最佳接收状态。从而，力求实现电视节目作为一种人际化大众传播形态的传播功能，提升其传播效果，这也正是我国传媒界致力于创新电视节目形式的核心理念。

第三节　主持人话语角色的呈现样态

一、社会角色：文明践行与文化建设

主持人的社会角色是指在社会生活中主持人特定的社会地位和公众身份，无论是在"镜头前"还是"镜头后"，主持人所扮演的角色始终是在社会的监督之下完成的，电视节目主持人扮演着"文明践行者""文化建设者"的社会角色。

主持人的社会角色受其社会地位和职业特性的影响，具有一定的公众性、文化价值和社会责任感。广播电视是社会意志的集中体现，主持人在媒体意志的支配下构建出属于自己的道德标准和行为准则，以此来适应受众的文化需求和审美需求。主持人的社会角色包含一定的社会行为和个人行为，在以媒体意志为传播内核的前提下，发散自己独有的个性魅力。主持人既要有目的有意识地对自己的言行进行调控，向节目标准和节目意志靠拢，满足受众的需求，又要形成自己独特的风格更好地融入节目。

电视节目主持人作为公众人物，是社会文明的践行者，其社会角色与

社会地位密不可分。电视节目主持人从诞生之日起就是媒体的"代言人"，观众的"知心人"，他们在传播活动中抛头露面把控节目进程，具有一定的群众基础，甚至有人把主持人比作"公众道德形象的楷模"。正因如此，主持人往往具有较高的影响力和社会威望，会自然而然地成为观众心中的道德标杆、效仿对象。所以在日常工作中，主持人要时刻保持谦虚谨慎的作风，明确社会文化建设者、先进文化传播者的角色定位，把握好作为公众人物的规范效应和影响力，与所有受众共享道德秩序。

电视节目主持人依附于特定的传播环境，是社会文化的建设者，其社会角色受职业特性影响。大众传播是一个过程，在这个过程中职业传播者利用机械媒介广泛、迅速、连续不断地发出讯息，目的是使人数众多、成分复杂的受众分享传播者要表达的含义，并试图以各种方式影响他们。在传播活动中，主持人作为直接的参与者和传播者，是维系媒介和受众关系的纽带，他们以"职业传播者"的身份向观众传递文化信息，进而形成精神指引。"形之于声，及于受众"的过程中，主持人应当秉持着严格的态度，对所传递的信息进行去伪存真的理性分析和公正严明的平衡把握。

主持人的社会角色对传播行为和传播态度提出了具体要求，主持人要通过有声语言和副语言的表达将良好的道德品质、精神风貌、社会文化传递给观众，通过以下两种方式在文明社会的建设中发挥积极作用。

（一）树立公众角色，进行精神引领

公众性是主持人社会角色的重要体现，由于主持人面对的是万千观众，大众传播的方式使得主持人成为社会瞩目的焦点，因此公众对其社会角色的要求较为严苛。2007 年发布的《中国广播电视从业人员自律公约》明确提出广播电视从业人员要增强社会责任感，坚持"以科学的理论武装人，以正确的舆论引导人，以高尚的精神塑造人，以优秀的作品鼓舞人"，自觉地为党和国家的中心工作服务。

电视媒介承载着公众期待和社会监督，主持人应当遵守职业规范和道德规范，树立正确的公众性角色、引导和传播正确的社会导向。例如主持人康辉、朱迅、撒贝宁等，知名度越高其社会关注度就越高，他们始终对自己的言语、行为严格把关。所以无论台前幕后，主持人都应该始终保持

外在形象、树立正确的价值观，做好社会道德秩序的维护者和精神文明的先行者。不同的社会形态具有不同的道德准则，主持人作为形象标杆，节目中他们的行为规范不仅会给参与节目的嘉宾带来影响，还会影响到屏幕前的观众，进而影响到整个社会的精神氛围。同时主持人还具有较高的公信力和传播力，可以跨越时间、空间，甚至是民族、文化，将精神文明传递给整个社会。

《典籍里的中国》每一期节目里，"现代读书人"撒贝宁都会向舞台上出现的古代先贤弯腰叩拜，对观众而言这不是一个简单行为动作，而是一个"晚生"对"前辈"的尊重，在古代文化和现代文化的碰撞中对观众进行精神引领，营造出全民文明的社会氛围。

（二）展现文化价值，促进文化传播

电视节目是文化传播的重要载体，播音员主持人是传播活动的"最后一环"，他们不仅是节目内容的载体，也是节目内容的重要组成部分。在文化类节目中，播音主持是一种社会性的文化工作，主持人自身的角色形象对整个国家的文明建设和整个民族的素质提高至关重要。

例如，电视文化类节目以传播知识为目标，主持人发挥着展现文化价值、促进文化传播的功能。主持人既是信息传播者又是文化建设者，其言语行为与他的生活阅历、知识积累、生活感悟密切相关，这种崇高的文化精神是主持人的内在核心。在电视节目中，主持人对社情民意的表达、公众情绪的引导梳理以及先进文化的传播，会直接传递给受众，这种不容忽视的影响力则是主持人文化价值的外在表现。《典籍里的中国》两位主持人分别与专家交流、同圣贤对话，探讨典籍故事、解读历史渊源，用通俗易懂的现代之音传播隐晦的哲理，充分发挥主持人的社会功能。

主持人的社会角色通常以符号化的方式表现出来，语言、服饰、形象这些都是重要的传播方式。撒贝宁在其他节目中努力塑造搞笑幽默的个人形象，而在《典籍里的中国》中则是一个穿着中山装庄重严肃的主持人形象。节目中他仔细地聆听先贤故事，在和"古人"对话时，不慌不忙、沉着冷静，大家对"读书人"撒贝宁赞不绝口，对节目的关注度也越来越高。在传播过程中，抽象的文化信念被主持人转化成了易于接受的言语行动，潜移默化影响着观众，对整个社会的文化建设、文化传播有着重要的推动作用。

二、媒介角色：节目组织与话题引导

主持人的公众人物身份使得其媒介角色和社会角色在传播的过程中呈现出重合甚至错位的复杂关系，二者相依并存。主持人的媒介角色是指在电视节目中主持人对所要传递的信息充分理解与把握，然后通过多种表达方式将内容传递给观众，充分发挥媒介功能。因此主持人应当将个人表达与媒介的需求、观众的期待相结合，在传播活动中扮演好"节目组织者""话题引导者"的媒介角色。

主持人的媒介角色受媒体主流意识和受众期待的影响。新媒体时代万物皆媒介，作为自然人的主持人是电视节目和受众之间产生关联的基础媒介，也是进行信息传递的重要媒介。麦克卢汉曾说任何"媒介"的内容都是另一种媒介，广播电视是信息传播的载体，它为信息传播提供了物理环境和基础条件，主持人作为电视媒体的重要组成部分，是向受众传播信息的重要媒介，所以主持人直接受到媒体主流意识的影响。同时，受众是信息接收者，他们的审美习惯、道德准则又为主持人的言行举止提供规范。所以，主持人在媒体主流意识和受众期待的规范下发挥其媒介功能。

主持人作为节目组织者和话题引导者，承担着掌控节目、引导话题、挖掘信息、调节气氛的主要任务。随着广播电视事业的发展，我国第一位广播节目主持人、第一位电视节目主持人随之诞生，徐曼老师和沈力老师开创了我国主持行业的先河，主持人这一概念有了初步界定。于厚礼在《新闻工作手册》中说道：在广播电视中，为听众或观众主持各种节目和传播信息的人叫节目主持人，他们处于主导地位，主要职责是组织和串联一次节目的各个部分。从主持人诞生的那天起，其角色无论如何发展，主持人最基本的媒介职责和功能是不变的，即在传播活动中对信息进行深入挖掘、展现和传递。例如在文化访谈节目中，面对访谈嘉宾，主持人要善于发现有用信息，在合理的范围内"打破砂锅问到底"，充分挖掘信息。同时又要避免冷场，抛出话题，及时跟进。

主持人的媒介角色是建立在"与人打交道"的基础之上，通过以下两种方式，主持人要把自己当作观众的朋友，充分发挥人际交往能力。美国著名制片人唐·休伊特曾给主持人下过这样的定义，在电视新闻传播中，主持人如同接力赛跑负责最后一段赛程的运动员，他负责将不同地点不同角度的新闻报道组织到一起，形成一个整体。《典籍里的中国》中王嘉宁和撒贝宁分别负责整合、串联多角度来源的信息，承担着话题引导、把控节目进程的职责，两人共同发挥主持人的媒介作用。

（一）汇聚关键信息，进行话题引导

随着电视节目的不断进步，主持人的称谓经历了从"Moderator""Host"到"Anchor"的演变。"Moderator"一词生动地概括了主持人角色的初始定位，即具备裁判员、仲裁人特质，能够起到调解和仲裁作用的职能。"Host"则代表主持人以主人身份出现，犹如东道主邀请友宾莅临家中共度良辰。而"Anchor"则类比于接力赛中实力最强的运动员，担任传播者与受众之间的沟通桥梁。这三个称谓虽有异同，却都能精确地体现出对主持人的基本要求：整合、协调、串联、引领节目进程。

《典籍里的中国》中王嘉宁负责文化访谈环节的主持工作，充分发挥了主持人的媒介角功能。节目中，王嘉宁在直播间和专家学者进行文化访谈，引导嘉宾从专业角度分析文本内涵，解读古书典籍中不足为外人道也的故事。

王嘉宁：《永乐大典》，永乐就是明成祖朱棣的年号，那么也就意味着这部书是成书于明代的永乐年间。

陈时龙：永乐年间，明代国力强盛，明成祖朱棣下令修建了现代的北京故宫、疏通了大运河，还曾经派郑和下西洋，开创了永乐盛世的局面。正是这样的一个盛世才推出了这样的一部《永乐大典》。

王嘉宁：《永乐大典》全书共二万二千八百七十七卷……全书约三亿七千万字，这么大的一部书怎么用、从哪开始下手呢？这就要说到它非常有趣的编纂方式。

张志清：《永乐大典》它的编排方法就是用韵以统字，用字以系事。下边写着"一东"指的是"东"韵，它就用"东"韵来统"颂"字，然后来解释"颂"的读音、意义；接着就有"事目"就是我们现在所说的"词条"……

在《永乐大典》节目中，王嘉宁作为引导者，巧妙地引出了《永乐大典》的创作背景这一核心议题。随后，她进一步引导国家图书馆副馆长张志清对这部大典的内容及编纂方式进行了详尽的解读。这一过程不仅传递了丰富的文学知识，更弘扬了深厚的民族精神。观众们通过收看节目，实现了从不了解到有了解的飞跃，对《永乐大典》及其背后的文化内涵有了更为深刻的理解。

在节目中，王嘉宁的主持人角色与其他文化类节目主持人存在一定的差异，同时也有共同之处。就共同点而言，王嘉宁作为主持人的职责和功能并未改变，仍负责与嘉宾互动、调控氛围、引领话题，并推动节目进程。然而，不同之处在于，《典籍里的中国》中的文化访谈环节在整期节目中所占时长相对较少，传统意义上的主持人角色因而有所削弱。这种角色削弱的一个重要原因是，节目引入了一个新的角色型主持人——"当代读书人"，以下将对此进行详细阐述。伴随着新媒体技术的持续进步，主持人面临的问题日益增多，角色多元化发展成为一种有益的发展策略。

（二）激发创作热情，参与节目制作

主持人作为传播活动的主导者，是节目制作中不可或缺的环节。通常，观众所见到的主持人和嘉宾在节目中的表现均经过精心准备，呈现出的是已经完备的状态。然而，《典籍里的中国》节目独设"典读会"环节，将传统意义上的演员与主持人之间的交流准备过程呈现在镜头前，使原本的"后台"空间得以"前台化"展示。在此情境下，主持人不仅担任"主持"的角色，更是深入"参与"其中。

通过角色化的身份设定，主持人的职责和能力有所拓宽，不仅负责节目的录制，同时还要参与到节目的策划、创作过程中。为了使节目能够更加完美地呈现出来，主持人和编剧、演员围坐在圆桌前进行头脑风暴，大家就表演主题深入讨论、交换意见。

撒贝宁：欢迎来到典读会，这是给大家准备的一个非常特别的空间，我管它叫"候机厅"，候的不是飞机，是时光机器。在这个节目当中我擅长的是穿越时空和各种典籍的先贤去对话，去感受他们和典籍之间的渊源，几位也向大家介绍一下自己……

在《永乐大典》节目的典读环节中，撒贝宁以幽默诙谐的方式开场，巧妙地运用"候机厅"这一说法，营造出轻松愉快的氛围，减轻了演员们的紧张情绪，为众人提供了一个畅所欲言的环境。在这一舒适的环境中，主持人的调侃使得演员们纷纷放松心防，开始展现真实的一面。

撒贝宁：所以您（段奕宏）的角色就相当于我们主持人当中的康辉。我们但凡有字不认识就问他，不带有任何迟滞地马上告诉你这个字念什么。您现在和陈济熟识了吗？

段奕宏：接到这个角色，其实我还是非常紧张和忐忑的。陈济他对我来说陌生、遥远，我觉得就是要去找到这种根上的东西。我熟读剧本，一个四十岁不求功名、不想赚钱，就想修书的人，这一点是特别感动我的。

典读会中的撒贝宁是一个求学的"当代读书人"角色，他以角色化的身份同演员和编剧交流，顺理成章地进行提问，引导演员说出自己对角色的理解和困惑，提炼出本期节目想要重点阐释的文化内涵，充分发挥组织者、引导者的功能。

撒贝宁：成就这样一部《永乐大典》当然不是陈济一个人的功劳，但是陈济作为一介布衣能够在这个修纂的过程当中担任如此重要的角色，相当了不起。《永乐大典》它的用意和它在历史上的地位，其实从凡例当中你就能看得出来，我们请奕宏老师给我们诵读一下。

段奕宏：庶几因韵以考字，因字以求事，开卷而古今之事一览可见。

合诵：庶几因韵以考字，因字以求事，开卷而古今之事一览可见。

此时的撒贝宁又以一个统筹者的身份参与节目的编排，呼吁集体诵读，既强调了节目的内涵，又能鼓舞士气、激发大家的创作热情，增强了凝聚力，为接下来的节目彩排、表演环节做铺垫。在这一声声的合诵中，语言的感染力能够穿越时间和空间，充分调动现场观众以及屏幕前观众对传统文化的深厚情感。

三、表演角色：剧情演绎与节目串联

壮春雨认为"主持人的表演是一种无角色表演"，他们通过有目的、有选择地显示真实的自我来传达信息，主持人不是扮演角色，而是塑造真实的自己。主持人的表演行为与演员不同，他真实地存在于人际传播和大众传播活动中。因此，一直以来对主持人角色的研究都是基于社会表演学领域，但是新媒体时代我们要以发展的眼光看待问题，不妨从社会表演和戏剧表演的两个角度来看待主持人的表演行为。今天的主持人不再是单纯的信息传播者，而是以多个角色、多种身份出现在电视节目中，他们承担着"戏剧表演者""节目串联者"的角色，厘清"表演"的概念可以帮助主持人正确认识其表演角色。

所谓狭义的表演是一种具有艺术形态的表演。戏剧表演艺术是演员在剧作家所创造出来的文学形象的基础上，再创造出有血有肉的、活生生的舞台人物形象的艺术。而这个舞台人物形象，是由演员在扮演角色时创造出舞台行动的过程来完成的。在进行舞台表演时，演员和所扮演的角色是分离的，演员的任务是按照剧本要求塑造出一个全新的人物形象。艺术表演理论学派有以斯坦尼斯拉夫斯基为代表的"体验派"和以布莱希特为代表的"表现派"，"体验派"认为艺术表演的核心在于体验角色，演员要沉浸在角色的情感之中，对角色有信念和真实感，做到演谁像谁；"表现派"主张间离效果，演员要高于角色、驾驭角色，能够随时进入角色、跳出角色。

广义的表演要从人类的社会行为说起。远古时期，人类社会刚刚诞生还没有形成语言系统，人们之间的交流只能通过比画、模仿、喊叫等方式来实现，这种与生俱来的行为方式具有一定的表演性质，为社会表演学的研究奠定了基础。戈曼夫认为，人生是一场戏，社会是一个大舞台，每个人都在进行表演，因此社会表演便属于广义表演的范畴，人们在舞台上通过真诚的表演呈现出一个符合角色身份的、经过调整之后的完美"自我"。教师在讲台上滔滔不绝地"授课"，医生在医院认认真真地"看诊"，警察在马路上恪尽职守地"站岗"，人们在特定的环境中不是在扮演某一个角色，而是受主观意识的支配展现真实的"自我"，这些都是广义的表演。

主持人是社会中的一员，主持人这一角色是存在于人际传播和大众传播形态下的特殊社会角色，所以主持人是在进行社会表演。但是在今天的电视文化类节目中，主持人的表演角色综合了戏剧表演和社会表演两种表演元素，既没有离开社会表演的本质，又充分运用了戏剧表演的技巧，同时满足了节目的表达需求、受众的审美需求以及主持人自身的突破需求。"主持人既是记者又是演员"是高武贵对主持人角色的界定。赵忠祥也曾说过："表演并不等于虚假，表演不好才是虚假。"

　　为了提高节目效果、适应观众需求，主持人学习一些表演知识、运用一些表演技巧，使得自己的语言更加幽默风趣、角色更加生动立体是有必要的。《典籍里的中国》撒贝宁的"现代读书人"这一角色展现出不同以往的主持人表演模式，既没有脱离现实生活，也不完全等同于撒贝宁本人。首先，节目中，舞台上的演员是撒贝宁，他所扮演的角色还是撒贝宁，只不过被冠以了"现代读书人"的名号。其次，撒贝宁的表演有舞台剧本，他需要根据节目的设定完成主持工作。所以，在《典籍里的中国》中的撒贝宁既是剧情演绎者，也是节目串联者，是社会表演和戏剧表演共同作用的结果。

　　那么，表演角色的实现方式是什么呢？一直以来，主持人的表演行为都属于广义表演的范畴，《典籍里的中国》中"现代读书人"的角色则为我们提供了一个新的研究视角。节目中，撒贝宁是具有社会表演任务的"主持人"，也是具有戏剧表演任务的"读书人"，徐树华把他的表演行为看作是融合了社会表演和戏剧表演的"第三种表演"。这一角色不仅是新媒体背景下节目创新的产物，也是主持人对自身角色的新突破。

（一）求知视角演绎，融入舞台表演

　　《典籍里的中国》中戏剧表演环节的主持工作由撒贝宁来完成，"懂电视、有文化、爱读书、会演戏"这是节目导演和编剧对他的高度认可。撒贝宁的第一个任务便是扮演"读书人"角色，做好演绎者，全面融入舞台表演。求知视角演绎，穿越时空。撒贝宁从现代人视角出发探索典籍背后的经典故事和核心思想，穿梭在不同的时空完成意义共造，进行主流价值观的传播。

　　《汉书》一期节目中，撒贝宁带领观众目睹了班家两代人编纂《汉书》跌宕起伏的命运故事，亲眼看着班昭从一个懵懂少女成长为一代大家。跟随撒贝宁的脚步，我们先看到班昭小时候和父亲、哥哥们一起立下续写《太史公书》的雄心壮志。画面一转，大哥班固被人诬告私修国史，史书被缴，班家兄妹一夜之间蒙受不白之冤，二哥班超冒死进言，才挽救了一家的性命。随后皇帝欣赏大哥班固的才华被授予官职，这为日后修史提供了极大的便利。二哥也被授予官职，平定西域扎根边疆。聆听着班昭的讲述，撒贝宁的眼神从惋惜到欣慰再到钦佩，一个后世读者对先辈们的尊重、敬仰被他演绎得淋漓尽致。一路追寻，观众跟随撒贝宁的目光将历史、现在和未来串联起来，探访典籍的成书和流传、走进修书者的生命，体会他们对书籍的深厚感情。

融入舞台表演，对话先贤。撒贝宁以现代读书人的角色与古人对话，向古人询问现代人的不解，同古人解答他们对未知世界的迷惑，跨越历史空间和现实空间向观众讲述具体内容，领略中华传统文化的魅力。《天工开物》一期节目中，撒贝宁先是回到了1961年，在湖南安江农业学校的一片试验田里遇到了"想让每个人都可以在稻穗下乘凉"的袁隆平，然后穿越到三百多年前拜访希望"天下衣食富足"的宋应星。

戏剧刚开始，一群孩子在舞台上嬉戏打闹，其中一个不小心撞到了穿越而来的撒贝宁身上。撒贝宁看到他们是因为争抢兽糖互相追逐，立刻说道"别生气，叔叔这有糖"，在说说笑笑中他从一个旁观者成为表演者，迅速融入了舞台表演。随后，故事的主人公宋应星出场了。

撒贝宁：宋先生，打扰了。

宋应星：您是？

撒贝宁：我是撒贝宁，是从三百多年后（穿越）到这儿的一个后生晚辈。

宋应星：我还是特别想知道，三百多年之后，真的有人在看我的书吗？

撒贝宁：当然有，我们后世几乎人人知晓宋先生的这本《天工开物》。这是后世公认的图文并茂的、重要的科学技术典籍。

此时的撒贝宁已经身处"历史空间"，他不再是主持人，而是一位来自三百多年后自称"晚辈"的现代读书人。撒贝宁以现代人的身份和宋应星对话，问答间把本期节目的主旨要义表达了出来，同时也为观众营造出一个自然和谐的氛围。跟随撒贝宁的目光，我们看到宋应星六次科考不中，从青年跨越到了中年。大家在唏嘘命运不公的同时，也为他坚持不懈的精神所感动。在近二十年的时间里，宋应星四处走访，把全国各地先进的生产方式和耕作技术都记载下来，最后在好友和哥哥的支持下创作出"此书于功名进取毫不相关也"的《天工开物》。舞台上的撒贝宁，会因听到宋应星的亲人和好友相继离世流下伤心的泪水，也会因看到宋应星想要回归家乡、造福邻里露出钦佩骄傲的笑容，此时的他已经完全成为舞台上的一分子，和主人公同喜同悲。

撒贝宁：宋先生，您愿不愿意跟我一块儿去看一看三百年后的"天工开物"？

宋应星：带路。

撒贝宁带领宋应星来到了三百年后，看一看中国的高铁、中国"上天入海"的火箭和深潜器，向他介绍被誉为"杂交水稻之父"的农业科学专家袁隆平院士。稻田里，宋应星和袁隆平上演了一场跨越三百多年的"握手"，也让我们看到了中华民族刻在骨子里的科学精神、创新基因。古代先贤秉承着一颗赤子之心和对文化的热爱，一生都在作书、护书、传书，为了典籍付出了太多太多，撒贝宁带领他们穿越到现代，看到后世人对书籍是如此的保护和重视，也算是一丝慰藉。不难看出，节目中撒贝宁对"现代读书人"的演绎入木三分，读书人的求知视角正是现代生活中人们求学视角的舞台化呈现。伴随古人跌宕起伏的命运，撒贝宁或欢笑或流泪，在感动中成功出色地完成了"表演"任务，创新的表现形式引发了观众的观看兴趣，增强了节目的可看性。

（二）多重空间叙述，推进剧情发展

"典籍，是华夏儿女的精神温床，是历史进程中时刻提醒着中华民族进行精神反刍的范本。"然而，鉴于古书典籍以文字为传播载体，使其呈现出"精英化"和"专业化"特质，从而限制了其传播效能。因此，《典籍里的中国》对节目形式进行了创新，采用"戏剧化"和"多时空"的手法展现典籍内容。在这种情况下，串联多个时空并讲解剧情的重要性不言而喻，主持人的角色自然承担起了这一重任。撒贝宁在扮演"读书人"的同时，还需担任"主持人"，确保节目整体流程的把控。

《典籍里的中国》节目在多重时空中贯穿主人公的少年、青年、中年和老年等不同阶段，时间跨度较大。在此背景下，"现代读书人"的角色应运而生，成为连接各个时空的纽带，构成节目不可或缺的组成部分。在戏剧的开场环节，主持人肩负引导之责，引领演员们逐渐亮相，并以第一人称讲述他们与典籍的深厚渊源。在戏剧表演过程中，主持人则担任故事旁白的职责，阐释时间流转和剧情转折，揭示未上演但至关重要的情节，弥补表演的空白。戏剧落幕之际，撒贝宁精准地进行总结，以恰当的方式将庄重严肃或轻松幽默的节目内容串联起来，助力观众梳理剧情发展和故事脉络。

　　例如在《水经注》一期节目中，郦道元为父亲创作的《水经》一书作注释，撒贝宁和郦道元在主舞台一起交流《水经》作注的缘由。撒贝宁提出问题："先生，晚辈有一事不明，先生所注的内容之丰富，已超《水经》数十倍，为何不另成一书？"郦道元解答道："我的父亲一生为国奔走，身边总是带着《水经》，我自幼就读此书。"随后画面镜头一转，新的一幕开始，转场完成。撒贝宁通过剧中人的身份，和演员在交流沟通中把控着不同时空戏剧的开始和终结，不会出现传统角色主持人突然插入节目进行串联的生硬感。

　　拥有"现代读书人"身份的撒贝宁是一个连接古今时空、连接典籍与观众、连接历史和现在的"传递者"，他运用表演元素灵活地进行提问，自如地在节目中转换身份，衔接多个时空场景，协调戏剧中的起承转合，出色地完成了"主持"任务。

第三章
电视节目主持人的话语结构分析

　　电视节目主持人的话语不等于电视节目语篇话语。但是，电视节目主持人是构建语篇的主导与核心，其话语既建构着语篇又运行于语篇。所以，梳理把握整体语篇话语结构，就成为探究主持人话语建构与运行的前提，也是理解主持人话语规律及艺术的基础。

第一节　电视节目主持人的话轮特点

　　电视节目的五级话语单位分别是：电视节目中的话篇、话章、话段、话组和话轮。立足话语分析角度考量，每期电视节目都是由主持人引领受访嘉宾等参与者们而共同完成的一个会话语篇。借鉴伯明翰学派的话语等级结构模式，同时参考近年我国学者的研究，我们将电视节目语篇结构也划分为大小五个层级的建构单位，并依次将它们定名为：话篇、话章、话段、话组和话轮。

　　话篇对应于话语分析学中通称的语篇，是专指节目的会话全过程中所有会话参与者围绕一定话题而进行的完整谈话；电视谈话节目的话篇是一档谈话节目全过程中所有会话者在主持人引领下的无脚本却有序的所有言说。

　　话篇是电视节目话语最大层级上的单位，最终的构成单位。电视节目的话篇具有话题明确稳固、结构框架鲜明的特点。顺带说明，这里命名弃"语"用"话"，主要是考虑突显它本身源自谈话节目的"谈话"特质；另外也考虑五级单位称呼上均为"话"的照应与一致。话章是电视节目话篇的组成部分，是话篇下一层级的结构单位。电视节目话篇通常有三个话章，三个话章在结构模式与话语功能上各不相同。即，开端话章（建构语境场），主体话章（话题展开、推进），结尾话章（总结告别）。电视节目的三话章模式，是它在语篇结构上的突出特点。

话段是构成话章的单位，是一个个意义相对独立的话语片段。电视节目话篇中的话段常常就是那些完成分话题的话语段落。分话题是个相对概念。分话题也可以叫次话题，是统指话篇各结构层级上支撑话篇总话题的那些具体的、局部的小话题，它可以指属于不同层级的话段甚至话组的话题。话段同样也作为一个相对概念，它自身是可以区别层级的，一个大的话段可由几个小的话段组成，而其中小的话段甚至也可能是由更小的几个话段组成的。为着区别，我们可以将处于最低层级上的最小话段称为基础话段。话段的这种层级性基本反映于主体话章内；而在开端话章和结尾话章中反而可能出现独立话段构成话章的情形。

我们命名为"话组"的话语单位，对应于伯明翰学派五级单位中的"回合"，也大致对应于美国会话分析学派中的"相邻对"。研究者们用"相邻对"的概念指称对话交替互动中前面引发语和后面接应语两个毗邻话轮的一对组合。相邻对概念的提出，揭示了引发语对应答语的制约力，一定程度地解释着会话互动有序的规律。但是，相邻对并不能涵盖全部互动的对应结构，人际会话互动的对应结构类型较多。

应该看到，话轮交替两部相邻对应只是对话中的一种最简单也最基本的对应结构类型。辛克莱和库萨德对课堂师生互动交流进行系统研究后提出，"I（启动）＋R（回应）＋F（后续）"是典型的对应结构。他们发现的这种毗邻三部式结构的确是许多类型会话交流中的常用模式；而双部式的相邻对除了常应用于日常会话外，一般只是在机构会话里如法庭审问、医患问诊中才会持续使用的对话模式。总之，"话组"是本书对电视谈话节目话篇中介于话段与话轮之间的一级结构单位的命名。我们用"话组"统指电视谈话节目的会话互动中引发与接应前后对应所构成的各种形态的一组话轮。所以，我们指称下的"话组"，既包括毗邻双部式的"相邻对"，也包括其他毗邻多部式的各种对应结构。也就是说，话组就是话轮交替中所构成的前后意义制约关联的一组话轮，它是对话交流中一组对应着的话轮组合，是最小的互动交流单位；并且量化对比告诉我们，毗邻三部式也是电视节目中话组的典型结构模式。

话轮名称引自并对应话语分析学的通称话轮。电视节目话篇中的话轮是构成话组的成分，是作为对应结构的话组的一部分。

通过对诸多名牌电视节目语篇的分析，我们看到它们均在整体语篇上具有内容与形式双层面上的如下两大特点：一是话题明确稳固，话语内容具有较强制约性；二是语篇框架鲜明，话语结构具有一定的程式性，并且会话交流多维有序。而这两大特点，也正是各位电视节目主持人在谈话场上话语行为的重要取向。

一、内容上：主持人要遵从话题制约律

（一）日常会话话题的灵动与随意

这里，我们首先要了解一组概念——日常会话话语与职业话语（或称机构话语）。它们是人们在话语研究中区分出的两大基本话语类型。不同话语类型具有不同的话语特点。研究话语当然要找出各话语类型的特点。职业话语（或称机构话语）是发生于职业语境，具有明确的交流目标取向的话语，诸如法庭调查、医患问诊、课堂教学等话语。日常会话话语是日常生活中无拘束或非正式的谈话话语。话题稳固与否是两大类型话语重要区别之一。

简言之，话题就是说话的中心。应该说，话题是任何会话中所必须存在的。但是作为日常会话中的话题，不但常常只是即时即景而定，而且又常常会随着会话语流出现话题的游走扩散迁移，具有很强的灵动性、随意性。刘虹的《会话结构分析》（2004）一书中有段日常会话录音转写，恰好可展现日常会话语篇的话题灵动性、随意性。因语篇较长不便援引，这里概括转述。会话初起有参与者甲、乙、丙三人，丙在短暂时间后退出，整篇会话共有八十四个话轮，其中甲话轮四十二个，乙话轮四十个，丙话轮两个。我们从话题角度对其分析可以看到：最先是甲拿出自己儿子的手工制品让乙、丙看"做得怎样"而开启话轮。接下去丙、乙肯定"做得不错"，并引发谈及甲儿子的"学校开设了手工课"。接下去由乙转谈自己当

年上学时学校没手工课，有劳动课和爬山，甲回应当年也带学生"爬山采摘木梓"。接下去甲、乙互动共用二十多个话轮谈木梓的颜色、形状、用途等。接下去转谈摘木梓时学生各班级间的竞争，引发谈及那批农村学生们现在的成长状况。最后谈到农村学生的高考录取率情形。这段日常会话，从一件手工制品谈起，而最后谈到农村高考生的入学率，其中日常会话的话题游走迁移可见一斑。

（二）节目话题的稳固性与制约力

与日常会话语篇相反，电视语篇的话题明确而稳固。电视话语是职业话语、机构话语。谈话具有确定的目标取向，是职业话语的共同性，也是它们均具有稳固话题的根源。

电视谈话本来就是以人际交流的形式而实现大众传播的实质，作为一种传播，电视谈话的业界当然是有一定取向的。这里我们且不论其舆论导向功能和主流文化为本的作业原则，仅就其个案节目制作而言，应该说，所有的电视语篇都是电视媒体机构工作人员遵从一定的栏目宗旨而精心制作后的产物，节目语篇的话题历经制片人、策划人、编导等选择及策划，全体智慧打造，最后由主持人在现场引领并调动嘉宾及观众的会话而完成。所以，主持人必须在节目确定的时间内，引导组织谈话场的各位会话参与者有序而和谐地进行话语交流，按照设定的话题去讲述故事、评论事件、表达情感、传播思想。就是说，谈话语篇从宏观到微观对每位会话者的话语内容都具有强力的制约性。为了保证话题的展开及深入，主持人要时时掌控话题走向，比方适时地调度话轮拉回话题等。

下面是中央电视台《夕阳红》的子栏目《相约夕阳红》中的几个语例：

片段一：

主持人：刚才提了一段让您伤感的话题，现在我们不谈这些了，我们还是说说现在高兴的事。

宋书如：是的。

（《相约夕阳红·花儿为什么这么红》）

片段二：

主持人：今天一位80岁高龄的老人讲了她的故事，在座的观众一定有很多感慨，我们一起来听听好吗？

观众一：宋大姐以她清晰的思路，灵活的动作，敏锐的反应，以及她对生活的豁达和潇洒，感染了我们众多的人……

（《相约夕阳红·花儿为什么这么红》）

片段三：

主持人：欢迎！欢迎！请坐！谁先给我们介绍一下樊村的地理概况？

李民英：我先说一下吧，嗓子不太好。

主持人：我们先给您倒点水。（端起茶壶倒水）

李民英：更多的原因还是有点紧张。（笑声）

主持人：别紧张，咱们就好像今天开您的全村大会，好不好？我们都是您的村民，这样咱们来谈一谈尊老敬老的问题可能就不紧张了。

李民英：你是这样说的，老曹（编导）也是这样说的，就是控制不了自己（笑声、掌声），我是河南省内黄县樊村人。我们内黄县在河南省的最北部，相传是因为黄河从我们内黄境内流过，所以就叫"内黄"，内外的内，黄河的黄。我们那儿有一个特产，红枣。内黄大枣还是比较有名的，如果在座的有谁不知道，那是你知道得太少。（笑声）

主持人：我以为如果谁不知道您给寄二斤来呢。（笑声）

李民英：我们内黄的枣啊，一个是个大，另外一个是肉厚。像这个时候是又酸又甜，甜中发酸，酸中发甜，反正这个劲。

主持人：您说得这么好，这回带来了吗？

李民英：没有。（笑声，掌声）

主持人：大家想尝尝吗？（笑声）开个玩笑，我是看您比较紧张，比较严肃，所以咱们就先说说大枣的事，说完大枣的事，咱们还是说村子里的事。这"弃老不养敬老院"是个什么意思呢？

（《相约夕阳红·村有村规》）

片段一、二两例中主持人的话轮都是为推进话题而作出的直言引导。其中片段一里是调度嘉宾继续讲述话题故事新内容，片段二里是将下面的话轮权交给观众，调动现场观众参与评论，以强化话题思想。而片段三是一期弘扬尊老敬老美德的节目，嘉宾初上场紧张而谈话跑题，主持人插科打诨并适时巧妙地拉回话题。虽然其中几个话轮看似与话题无关，但也仍是为着缓解嘉宾紧张与尴尬情绪，调节现场气氛，服务于话题的展开。

电视作为媒体传播的一种机构话语、职业话语，决定了电视节目的"谈话"，当然具有确定目标取向，具有明确稳固话题。而且，电视节目语篇话语内容的强力制约性，不但是源于电视节目语篇的机构性话语性质，也是受特定节目样态所决定的。会话就是电视节目从内容到形式的价值体现，因此它必然要在限定的会话时间内完成明确而稳固的话题，实现节目制作宗旨。它必然要"戴着脚镣跳舞"，不可能出现信马由缰、节外生枝等情况。

（三）电视节目主持人话题驾驭的概括分析

话题对于成就电视节目及其谈话语篇的意义是重大的。话题存在着"选择"与"讨论"两方面问题。电视节目的话题经前期策划预设，属谈话前的选择。正如人们所讲，选择好的话题是节目成功的第一步。但是，毋庸置疑，话题是必须纳入谈话场讨论方能得到意义实现的。那么，话题怎样在充满变数的谈话场得以引入、展开讨论以至圆满完成？这便依赖主持人的话题驾驭了。

第一，在预设与非预设中掌控话题，在收与放之间把握话语权。

话题是分层次的，是可以分解的。尤其作为节目的话题，整个中心话题下面会有诸多的分话题，甚至次分话题。虽然前期策划会为主持人提供大致的话题线索和谈话框架。但是，如何具体操作，将预设的话题乃至各分话题一步步地带入现实谈话进程，运用什么样的具体话语方式去切入话题，选择什么样的话语手段去接续推进以至完成话题，这些就检验主持人的话题驾驭能力了。

特别是电视节目的"谈话"，是处于一个复杂的动态语境之中，话题进程会受到各位参与者不同话语内容的多重影响，诸多的不可预知更考验主持人的临场应变力。而主持人必须面对这种预设与非预设的谈话场，对话题讨论的全过程作出正确的掌控。正确掌控话题，就要保证谈话场上的"谈话"是始终围绕话题内容的"讨论"。不能偏题、跑题，也不能浅层次、走过场、跑进度。应该是，与话题无关不说，关系不大少说；对话题重心要多说、深说。也就是，该收则收，该放则放，在收与放中，充分发挥话题价值的话语权。

"话题价值"与"话语价值"是王群、曹可凡二位研究者所提出的一组概念。他们更进一步提出"用具体话语展现话题价值"的主张。他们强调：有话题价值的话语就是能说到"点子"上的话语，能准确恰当表达话题内容的话语；而主持人在驾驭话题中就要给予这种有话题价值的话语更多的话语空间，给予其更充分的话语权。哪些话语是能够展现话题价值的话语、是具有话语价值的话语呢？这就需要主持人在特定节目语境中即时当机做出具体判断了。

第二，主持人驾驭话题的话语——形式多样、手段灵动。

那么，在驾驭话题中，主持人又如何给予并保证价值话语的话语权？或者说，主持人如何运用自身话语去驾驭话题，主持人掌控话题的话语自身是怎样的呢？王群、曹可凡二位在阐述主持人"统率者"定位时有一段话，恰可借用暂作初步解答。他们说："对于谈话节目的主持人来讲，必须时刻作好说话、接话、插话、问话、拦话的准备，在最合适的时机表达出最具分寸的话语内容。"应该承认，"说话、接话、插话、问话、拦话"这五话并非能够详尽概括主持人驾驭话题时的话语形式与手段。但是，有一点是肯定的，仅此五话也足以说明：主持人掌控话题时话语形式多样、话语手段灵活。而这恰又是从另一具体侧面让我们看到了主持人的话语特征。

考察分析主持人掌控话题的话语形式与话语手段，认识其掌控话题上的话语特征，其实也就是在解读主持人的话语特征。从驾驭话题的层面去分析主持人的话语特征，了解主持人的话语规律及艺术，可以成为主持人话语研究课题的独立分支。

二、形式上：主持人要遵从语篇结构律

电视节目主持人要遵从语篇结构律，即三话章的语篇结构模式及多维一体互动有序的话语规则。电视节目中的语篇结构律仍主要源于其话语的机构性，同前述话题明确稳固话语内容具有制约性是统一并相辅相成的。就是说，理性控制的话语内容和程式化结构形式二者共现而生成了电视语篇。所以，主持人还必须遵从"语篇结构律"，重视结构形式方面对语篇的构建。所谓程式化的结构框架，主要表现在电视节目语篇具有特定的开端、有序的会话主体过程和完整的话语结尾这种三话章结构模式上。

（一）开端——构建语境场

大部分电视节目是以互动交流的会话为表现形态，从传播学角度说，整个谈话的现场和过程就是一个特定"信息场"的流动，因此主持人在节目开端就需要建构一个"场"，从话语分析角度说，这个场可以称为语境场。语境场的构成因素包括谈话的具体地点场合等，但更重要的因素是谈话的参与者、参与者之间的关系和谈话的话题内容。语境场是动态的，伴随会话而不断发展变化，但语境场具有上述谈及的相对稳定因素，这些相对稳定的构成因素正是会话双方或多方在开始进入会话就应该建立并把握的。在电视节目中，主持人的开场白通常就是构建语境场的语段。

片段一：

主持人：观众朋友们，大家好！每周一期的《周末夜话》又同您见面了。在现代社会，人们的效率意识越来越强，这集中表现在了现代时间意识上。所以，在选择交通工具时，飞机已经成为现代大众性交通工具，人们同航空的关系也越来越近了。我们今天请了中共云南航空公司党委副书记刘江波同志和云南航空公司总经理罗朝庚同志，来同我们一起谈谈云南航空业的昨天、今天和明天。

（《周末夜话·航空大通道》）

片段二：

主持人：观众朋友，大家好！欢迎各位走进我们的《对话》。如今在商海当中，从商的女性越来越多了，……今天的节目当中，……好，现在我们就掌声请出我们今天对话的嘉宾靳羽西女士、叶莺女士。欢迎她们！

（《对话·女人从商》）

两例可见，主持人都是以问好亮相开启全篇的话轮。作为媒体和大众的双重代言人，主持人正是借助简练一句便明确了自身的角色，建立起与观众的会话关系。而在接下去的话语中，两例里主持人又都是介绍话题、介绍到场嘉宾。介绍交代话题，是让嘉宾、现场观众以及电视机前观众首先就明确本期节目的会话内容，建立起场内场外说者听众各方的语境期待；介绍嘉宾是使观众明确会话主体参与者，而且也建立了嘉宾与观众、与主持人的会话关系。

总之，在电视节目开端，主持人便站位于"组织者"的地位，突显其具体语言行为上的"介绍者"的话语角色，而目的在于建立会话参与者之间的话语关系、确定话题内容期待，构建整个节目的会话基础语境。

对比来看，随意性的日常会话语篇是不可能出现电视节目语篇这种中规中矩的话语开端（包括下文将谈到的结尾）的。而且，许多目的性的机构会话语篇也不具有这种程式化的结构样态。比方，医患问诊会话、买卖交易会话，都会直言破题而入，不会出现这种刻意建构的话语结构框架。

（二）主体——组织多维一体互动有序的会话场

这里所谓会话的主体有序，不是指浅表层辞面上的不杂乱，而是指节目语篇是生成于主持人引导下的依循话题多方协作信息流动的一个有序的语境场，是衔接而连贯的结构体，就是说，这里的"有序"，一方面是指它有合乎会话互动交流的范式，另一方面是指它有话轮接续的连贯话段。

节目会话语篇中的多维互动式最可印证谈话节目主体的会话有序规则，最能显现其节目会话的组织特点。语篇中的多维互动具体可以表现在：主持人与嘉宾的互动，主持人与观众的互动，嘉宾与观众的互动，嘉宾与嘉宾的互动。下面我们摘引了《实话实说·谁来保护消费者》中的三个话段。除主持人崔永元外，参与这三个话段的会话者有：嘉宾五（特别嘉宾王海）、嘉宾二樊刚（某经济所研究员）、嘉宾三肖灼基（某经济学院教授）、嘉宾四高明（某律师事务所律师）、观众一和观众二。

片段一：

崔永元：刚才大家在争论，你是不是也听到了？

王海：听到一些。

崔永元：听到一些，其中有一个说法就是王海不是消费者。

王海：这个不是消费者，现在就说，就说消法保护的消费者，并不是要保护最终的消费者。那么作为购买来讲，购买也是一种消费行为。就说消费分三种方式，就说购买、使用和接受服务。三种方式都是消费方式。那么说我买这个东西，我是为了购买，那么也是，购买本身就是消费。那么我也是为了消费，我为了购买，就是为了消费。我这个人为了满足我自己的购买欲，我买了以后，我去扔掉，我去收藏，我去送人，这都是我个人的财产权的问题。这是个人自由。

崔永元：那么你本人是不是消费者的问题，实际上就关系到你是不是违法的问题。那么我们想请高律师给一个说法。

高明：正常的消费者，可能他算不上。但是要从法律的角度去套他的话，没有办法认定他不是消费者。也就是说，在法律的意义上，他是一个消费者。

崔永元：你不是因为他上场才改变说法的吧？

高明：不会的，我本来就是这样看。

崔永元：那么，肖先生怎么看？

肖灼基：我简单说，就是他不违法就是合法。

崔永元：他不违法就是合法？

肖灼基：对，他现在看来，他没有违反哪一条法律，所以他是合法的。

崔永元：我们刚才听了商家代表的发言，听了搞法律的专业人士发言。我们非常想听听最普通的消费者的发言。那么我们很难看清哪个是普通消费者。好像都很……这是一个。您是不是自报家门，证明一下您是普通的消费者。

观众一：我是一个教师，那么我到商店买东西，应该说是消费者。我说话发表一些观点，我认为辩论王海是不是消费者，我认为这些人的目的，不对。他们想把水搅浑。

崔永元：您的意思不是说我想把水搅浑吧？

观众一：为什么呢？因为王海知假买假，它的一个必要的就是商店在卖假，你卖假，我买假，因为王海并没有偷假，也没有抢假，也没有骗假，他是在买假，那么你（王海）买，你（商家）就是卖。那么商家是知假卖假呢，还是不知假卖假呢，我想他都有责任。就是你不知假，你卖得假，你没有资格开商店。你没有资格开商店，你们就取消你这个资格。那么你知假卖假，那当然要受到消法第四十九条惩罚。

崔永元：搅浑的水又被您澄清了……

这是一期问题讨论型的电视节目，节目语篇的中心话题是"谁来保护消费者"。此话段所展开的是服务于中心话题的一个子话题，也可称为次话题、分话题。此话段的子话题是"王海是否属于消费者，行为是否合法"。在这里，主持人全面调动了来自各方的发言。发言者有王海本人、其他嘉宾，还有观众；而正如主持人所说，他们是具有商家、法律专业人员和普通消费者等不同的角色的。这个话段中话轮交替 16 次，共含 17 个话轮。话轮分布非常均衡，是主持人依次分别同三个嘉宾一个观众的交流，同每人的交流都是由主持人的引发语开始到二人对话结束共四个话轮，构成两组相对。

片段二：

崔永元：搅混的水又被您澄清了。我们非常高兴。据我所知，王海是第一次来到我们中央电视台的演播室里。那么应该说这是个难得的机会。我想商家，还有消费者，大家都有问题要问他。

高明：您能不能坦率地当……就是今天是实话实说，您能不能坦率地说，在后来你去商店买商品的时候，究竟是为了消费还是为了别的目的？

王海：这个你让我怎么说，就是……基本上是为了索赔。

高明：好了，我的问题暂时问到这里，大家请问。

崔永元：那么您应该有个结论呀。

高明：我想法律上有一个最基本的原则，就是诚实信用。公平交易，等价有偿。那么在这种原则下，也就是鼓励全体公民的一种善意的，不给他人带来侵害的，或者说就是一种在法律的次序之下的这么一种行为。那么在这种情况下，王海去，就是纯粹是以索赔为目的，去商店里买商品的话，那我想，他已经偏离了作为、作为一个公民，一个正常的，就说行使自己消费者权利的这么一个轨道。只不过是目前法律上对此所谓束手无策，或者无可奈何罢了。这是我的观点，另外还有一个。

崔永元：听上去你是在说，王海在钻法律的空子？

高明：是这个意思，实话实说。

崔永元：有请樊刚先生。

樊刚：我觉得刚才他说那个要做到大公无私，做到诚实信用。我觉得，就说公正，我觉得是对你们法庭、法官执法部门的要求。

高明：不是，每一个公民的……

樊刚：对每一个公民是这样要求的，但是，现在的消费者面对的是不讲实话的假冒伪劣商品，你为什么要求消费者每个人都是圣人。而且从打假的角度来讲，现在我们要利用人们的经济动机，这好像在法上要讲这个，要利用人们的经济动机来打假。那么，现在，你不可能要求人们完全没有个人的利益，经济利益动机就去打假。像做好事一样，要去打假的话，我们这个市场经济就很难维持。我们很难真正健全市场经济。所以我们利用人们的经济动机，不见得是纯粹的很善良的维护什么道德准则的这样动机去打假，我觉得至少在目前我们这个阶段，应该是承认它的积极的作用大于它的消极作用。

片段二这个话段的子话题是"王海这种行为对打假有无积极作用"。参与这个话段讨论的有四人：主持人、王海、嘉宾四、嘉宾二。主持人占据该话段十二个话轮中的1、5、7、9四个话轮，这里主持人话轮的功能主要是穿针引线。话段中子话题的争论主要是在嘉宾四与嘉宾二之间进行的。两位嘉宾不同意见针锋相对构成该话段的"看点"（或说听点）。在"6－10－11－12"的话轮交替间，呈现出"嘉宾四表态←嘉宾二否决←嘉宾四否决←嘉宾二否决"的否定之否定之否定的不同意见交锋。从话语交流对象关系来看，如果说前面的片段一主要表现为主持人与嘉宾和主持人与观众的互动，那么，这里片段二主要表现为嘉宾与嘉宾之间的互动。话段开始是嘉宾四与王海的互动，而话段的后半部分是嘉宾二与嘉宾四的互动。

片段三：

崔永元：我刚才注意到这位女士在听王海发言的时候，不停地摇头。是不同意他哪个观点呢？

观众二：他求商店索赔，到底是为了他个人的利益还是为了社会，还是为社会做了些什么。你刚才说你是为了推动某些东西，进步，我不知道你推动社会哪方面进步了？

王海：最起码，大家对这个消法都有一定的认识。

观众二：有一定的认识，但是这个，你为社会做了些什么呢？你只是扰乱社会秩序，真的，扰乱社会秩序。

王海：最起码，卖假的扰乱社会秩序，还是打假扰乱社会秩序，就跟说，我做贼扰乱秩序，还是说我去抓贼扰乱秩序，这个很容易。

观众二：我想问一下王海，我们众所周知，在农贸市场上，或者在白沟这些地方，假货要多得多，你为什么不到那儿打假？

崔永元：为什么？

王海：我先跟你说，就是说，我在广州买一个假冒计算机，就是零售价在个体户买，零售价是三十块钱，我在商店买是一百五十块钱。您认为这个应该先去打谁？

观众二：那你目的还是为了赚钱嘛。

王海：这个你三十块钱买了一个假计算器，就是说你消费者一般来讲，去个体户买东西是图的是便宜，那么说，你一般肯定会知道，三十块钱怎么会买一个真的计算器呢。这肯定，就说是可以理解的。就是它的欺骗性不是很强。但反过来，你拿一个价值三十块钱的东西，你卖一百五，这个欺骗性是非常强的。

崔永元：刚才这位先生的问题就是，那么像这些小商场，小集贸市场，它的假冒伪劣是非常多的。比如白沟，因为售假出了名。那么你为什么专去打这些国有的大商场？

王海：打一个国有的大商场，等于打了好几万个个体户，那么这种效益是比较快的，比较可观的。

樊刚：这里面有一个问题，我倒觉得可以说一下，就是说，同样一个东西，它不声称它是假的真的，他卖二三十块钱，大家都知道是假的，白沟，那种地方，大家都知道那地方是假货，这也不声称它是真的。这种情况下，它是劣质品，而不是假货。对吧，它质量是次的，没有名牌，大家知道它是假的，它是劣质品，而不是假货。如果放到一个，不管它商店大小，如果声称它是真的，它才成为假货。所以我觉得这个是需要搞清楚的。白沟那个地方，如果打假的话，它没有必要，它卖的就是这个东西，大家都知道。没法去。

片段三话段的子话题是"王海买假索赔是为打假为社会，还是为赚钱而扰乱了社会"。参与这个话段讨论的也有四人：主持人、王海、观众二和嘉宾二。该话段共十三个话轮。主持人话轮1是将话语权授予观众二，搭建起观众二与王海两人交流对话的平台；话轮7、11是直接重复或阐述性重复观众二的话语内容，协助提问王海。整个话段的主体内容就是在观众二和王海之间的四问五答对立交锋中而展开的，最后以嘉宾二的一个很有分量的辨析阐释式话轮结束该话段。从话语交流对象关系来看，此话段凸显的是王海与观众的互动，是嘉宾二与观众的互动；也就是说，此话段会话是以嘉宾与观众的交流互动为主要存在形态。

　　以上三个话段可见，电视节目的会话过程其实就是在主持人引导下参与者们多维互动的交流过程。也正是在话轮不断交替转换的多维互动中，谈话步步推进地展开语篇的中心话题。许多电视节目语篇文本显示：电视节目开端后，主持人便带动谈话参与者们进入实质性的交流会话主体部分。在这一部分，主持人不仅与嘉宾、观众各方参与者交流，而且尤其是打开了嘉宾与嘉宾、嘉宾与观众各方之间的交流渠道，组织调控形成一种多维一体的互动交流，从而在一种热烈而有序的话语环境中圆满完成话题会话。

　　互动是会话交流的本质，互动有序是保证所有会话顺利进行并获得成功的话语规则。有序的互动更是电视谈话节目的一条重要的会话规则，而多维互动有序是尤为凸显电视谈话节目会话的本质特征的。应该承认，就现实电视节目来说，并不乏主持人与嘉宾一对一的二人专访式谈话，甚至也没有现场观众。但是，这并不影响我们认定"多维一体互动有序"为谈话目的会话规则。因为其一，我们提取及认定的依据不是谈话节目的个体，是就整体而言，是相对于日常会话及其他类型机构会话而言；其二，即便是没有现场观众的一对一专访，也仍要遵循多维有序互动的会话规则，因为作为一种大众传播，其本质上并不是个人交际的二人对话，不论主持人还是嘉宾，他们都有一个与电视机前观众与广大受众交流的问题，所以交流的根本性质还是多维的。

　　同时，从语表形态上看，三个话段的共同特点是话轮交替衔接紧密，话轮之间语意贯通语形顺畅，话段内多个话轮环环相扣构成有机关联而浑然一体。这便在语表形态的层面又造就了谈话语篇衔接与连贯的一个特质。

　　上述三例可见，促成电视节目谈话语篇衔接与连贯的重要因素是主持人对谈话场的驾驭能力，是主持人成功的话语行为，是主持人在建构语篇中需要遵从的话语规律之一。主持人不但掌控话题走向妥恰地分布话轮所有权，使话段连贯有语意上的贯通作为基础支撑，而且主持人在话语组织语形上也注重连贯的效果，运用衔接的标记。比方，主持人接应交流对象话轮时，往往重复对方话语中的某些词语，这种重复或前呼后应或前后对照，成就了语形衔接语表通畅的言说效果。在上述片段一中主持人便多次运用了重复的话语组织手段，话轮 3 重复特殊嘉宾王海前面话轮的"听到一些"，话轮 11 重复嘉宾三前面话轮的"他不违法就是合法"，话轮 15、17

都重复前面观众一的"把水搅浑"。

总之，多维一体互动有序是电视节目的谈话主体部分突出的话语特征、会话规则。这个结论来自两个层面事实的观察：一是话语交流形态上的多维互动有序；二是语表形态上的话语衔接连贯。

是否遵守多维一体互动有序这条会话规则对谈话语篇成功与否关系重大。可以说，公众评价度较高的电视节目语篇都不乏此规则的遵守。就是说，主持人在谈话主体部分，必须组织促成多维一体互动有序的会话场。同时，为了贯彻这条会话规则，主持人还要调动全体会话人在会话中坚持另外两条普遍性的语用原则：第一，全体参与者要坚持语用学上的言语交际"合作原则"。简言之，就是在整个会话过程中每个参与者所说的话语都要符合本会话的目标和方向。这点同我们上文所分析的电视语篇"话题稳固，话语内容具有强力制约性"恰相观照。参与者们遵循话题方向的会话正是遵守了合作原则。

第二，各位参与者都要坚持"角色定位原则"。嘉宾是会话的主体，是会话中主体角色，因为电视节目的会话其实主要就是嘉宾述说故事、评论事件、展示观点，从而使观众获得期待的信息。所以上述语料已让我们看到，尽管嘉宾话轮次数不是很多，但话轮长度一般较长。而主持人虽然话轮次数多，但话轮长度一般较短，因为主持人的话语功能主要在于穿针引线，在于组织引导。而现场观众在会话中主要起配合的作用，所以通常话轮少且短。但主持人在会话中是主导地位，是最重要的角色。

作为电视媒体传播机构和大众双重代言人，主持人是会话中的第一责任者。电视节目的会话全过程，嘉宾的会话主体作用和现场观众的配合作用等，都需要在主持人的主持引导下得以实施、得到实现。

(三) 结尾——三步骤的收场式

观察诸多电视节目语篇我们看到，节目语篇的结尾一般形成总结、致谢、告别三个步骤。电视节目主持人在结尾话章要促成这种谈话的收场式，从而达成语篇的完整建构。总结，通常是由主持人对本期节目状况尤其是话题讨论做以简洁的归纳，有时也有嘉宾的最后概括陈述。而这一步骤里所谓的总结是灵动的，内容也可能是谈与话题相关的建议、希望等。致谢，主要是主持人代表电视栏目对嘉宾及现场观众的参与致谢，也包含对电视机前观众收看的致谢。有时，主持人会代表电视栏目赠送嘉宾纪念礼物。告别的语言常常是简单的一句"下周同一时间再见"等，但这简洁的告别也兼起了邀约作用。而且，有时也可能附带预报下期的话题（谈话内容）。

下面是来自两个不同栏目的电视节目语篇结尾，很好地佐证了上述研究。

片段一：

方宏进：感谢两位在演播室给我们做了这个分析。观众朋友们，我们今天的这个节目呢，从一个具体的事例，其实呢，讨论了一些中国企业发展的路径，在这样的一个背景下，中国企业如果面对国际合作当中产生一些纠纷和矛盾的时候，最好的解决方式是什么？我们呢，虽然不能够直接帮上忙，去让这个纠纷得以化解，但是我们也希望通过我们的节目，让更多的中国企业和中国的老百姓从这件事上得到有益的经验和教训。好，感谢大家收看本期的节目，我们下个星期再见。

（《中国经营者·娃哈哈事件深度解读》）

片段二：

杨澜：好，非常感谢您接受我们的访问。谢谢。这房子啊，具有双重属性，一方面它是消费品，另外一方面它也是投资品，当政府为了照顾大多数居民的住房需求，而采用各种手段抑制房价的过快上涨的时候，在房地产领域的投资回报也就相应降低了，这么多资金将流向何处呢？在下一集的杨澜访谈录中，我们就一起来关注股市。

（《杨澜访谈录·民生智慧住房篇》）

片段一、片段二两例话语结构相同，构成步骤都是致谢—归纳总结—告别。不过片段一中插加希望、建议，片段二中附带了下期预报。

第二节　电视节目主持人的话轮操控

话轮是最基础也是最重要的一级话语结构单位。电视节目的会话就是在主持人引领下所有会话参与者们的话轮交替过程；而主持人对各种类型话轮的艺术操控，也正是电视节目获得成功的关键。

作为会话，一定是以每位交际者的轮番说话作为根本；没有话轮就无所谓话组，以及话段、话章和话篇。话轮是以会话为形态的电视节目的根基，尤其节目主持人的话轮意义更为至关重要。在电视节目中，主持人是整个话篇的设计者，也是具体实施建构的第一人。主持人既是话语的言说者，更是话语的组织者。主持人既要引导嘉宾等参与者踊跃讲话，调动起现场的热烈气氛，更要掌握节目话题走向，控制节目，把持节奏，真正做到主持节目主导节目。而主持人要实现这一切主持主导作用的重要凭借便是他对话轮的艺术操控。

下面，我们就先从话轮类型角度切入，结合功能评价，来探讨电视节目主持人在最基础话语单位上所表现出的话语规律及艺术。

一、主持人的话轮类型

分析众多电视节目语篇文本可见，主持人在交流场上所运用的话轮类型多样，而也正是各种类型话轮的转换运用，使主持人能够实现多侧面的话语取向（指与组织谈话、掌控话题、调动气氛等意愿），达成多维度的话语交流（指同场上谈话参与者及现场外受众等各方的沟通），并保障主持人能履行其话语角色的职责及权力。

那么，对主持人的话轮类型，我们可以从内容与发生源两大不同角度去梳理。从话轮所表达的内容（也可以说所实现的功能）角度看，主持人所运用的话轮类型可区别为程序性话轮和实体性话轮。

（一）主持人的程序性话轮与实体性话轮

1. 程序性话轮是主持人的专用话轮

程序是事情进行的先后次序，任何事情在动态进行中都需要程序控制。电视谈话节目的谈话是一种目的性及程式性、时间性等都很强的会话活动，因此它更需要程序控制。所谓程序性话轮就是谈话节目主持人组织谈话、掌控节目的话轮。程序性话轮的话语不表达话篇中话题的具体内容，但是它却是话篇中话题得以提出并能够深入展开以至完成的保障，是不可缺少的一种话轮类型。我们来看下面几个具体语例：

①崔永元：各位朋友，大家好，欢迎大家收看我们的《实话实说》节目。

②崔永元：……希望大家经常收看我们的节目，谢谢大家的参加，再见。

③崔永元：他们的观点百花齐放，关于为什么吸烟，吸烟有没有害处，很难达成统一的意见。现在轮到我们在座的现场观众来发表意见了。

④崔永元：两位嘉宾争执不下，我们让陈先生坐在中间，就断一下。

以上四例均取自《实话实说·为什么吸烟》一期节目，均属主持人的程序性话轮语例。例①是该期节目整个话篇开端话章的第一个开启话轮，例②是该期节目话篇结尾话章的最后一个终结话轮。可以说，作为规律，电视谈话节目整个话篇的第一个话轮均是由主持人开启；结束整个话篇的最终话轮也基本上是由主持人完成。一般只是偶尔因受访嘉宾对主持人致谢做回应，或者因录播剪辑处理等才出现相反的状况。而例③例④两例选自节目话篇的主体话章。

从这两例可以看到在进入话题实质性会话后主持人运用程序性话轮对节目的掌控，或者说是对成就话篇所做出的程序上的具体实施。例③是在场上嘉宾已有热烈讨论后，主持人崔永元使用一个程序性的话轮，将下面的话轮所有权转换给现场观众。从传播学视角分析，这有利于谈话场的多种声音多向流动。例④是当上面两位嘉宾侯耀文、周孝正二人往返循环四个话轮，对吸烟态度意见针锋相对而相持不下时，主持人运用程序性话轮，点名把话语权交给另一沉默许久的嘉宾陈汉元。那么，③④两例中主持人运用程序性话轮对节目程序的控制，不仅保障谈话过程中话题的顺利展开与推进，同时也兼顾了场上参与者的会话概率与节目话语的多声部。可见，四例中主持人运用程序性话轮主持节目，组织谈话并分配话语权（或说授予话轮权）。

而在下面两例中，主持人是运用程序性话轮实施话题掌控。实现了交流过程中的分话题的转换，开启了话章内的新话段。

⑤主持人：刚才提了一段让您伤感的话题，现在我们不谈这些了，我们还是说说现在高兴的事。

（《相约夕阳红·花儿为什么这么红》）

⑥主持人：不卖了不卖了。不行了，这会儿非得配字幕，否则人家以为是曲苑杂坛了。张平，你现在跟他们生活中讲天津话吗？

（《实话实说·爱拼才会赢》）

例⑤是调度嘉宾转换讲述话题故事新内容，使谈话进入新的分话题，开启新的话段。例⑥是当嘉宾李珊用天津话背诵民谣"卖狗不理包子"，太长且听不懂时，主持人调侃中巧妙适时打断嘉宾话轮，转而提出新话题开启新话段。可见，⑤⑥两例更直接凸显的是主持人运用程序性话轮而控制话题走向，调度次话题间的转换，掌握着总话题推进的节奏。

程序性话轮是属于主持人的话轮，嘉宾等其他会话参与者是不会运用此种类型话轮的。上面六例，共同反映了主持人的程序性话轮对节目话篇所起到的起承转合作用。程序性话轮及其运用规律，也正体现着电视话篇的机构话语本质及其权力性。有另外一种话轮与程序性话轮相通，也不表达话题语义信息，通常是主持人运用来插科打诨调节人际关系，活跃谈话现场气氛，我们姑且命名为"人际性"话轮。这种话轮有助于形成话语幽默风格，崔永元使用此种话轮十分自如。看下面语例：

观众：其实吸烟也算一种心理疾病的，在美国是这样分的。

崔永元：侯先生自己心理有疾病，还没意识到呢。我能问您是做什么工作的吗？

观众：我是一个研究生。

崔永元：研究尼古丁的？

观众：研究戒烟的。

崔永元：待会儿，我们讨论结束以后，您跟侯先生单独谈……

（《实话实说·为什么吸烟》）

上例中崔永元最后一个话轮就是我们所说的人际性话轮。讲到讨论结束后"跟侯先生单独谈"，这是超话题的，是非话题信息的话轮，是一种纯粹起调动场上氛围调节人际关系之效应的话语。

2. 主持人的实体性话轮的特殊功能和样态

与程序性话轮相对的是实体性话轮。实体性话轮也可以叫信息性话轮，它是进入话题讨论实体内容的话轮，是话篇中表达话题实质信息内容的话轮。在电视节目的话篇中，大多数话轮属于实体性话轮。上文已述，主持人以外的其他会话者基本只运用实体性话轮。

主持人在运用程序性话轮的同时，也要运用实体性话轮。这是由主持人独特的话语角色所决定的。关于电视节目主持人的话语角色，郝朴宁先生有很好的概括："……对话者、组织者和传播者是三位一体的。这三种功能或三种角色怎样才能充分地利用好，而且要没有痕迹、平滑流畅地进行转换，对于主持人来说是十分重要的。"正是郝先生所讲的三位一体角色，决定了主持人话轮类型的多样化。是组织者，所以要运用程序性话轮，负责话篇的起承转合；是对话者，所以要运用实体性话轮直接加入对话进入话题交流；是传播者，所以作为媒体机构的代言人既要运用程序性话轮组织谈话，也要运用实体性话轮，谈出代表主流文化的有分量的话题语义内容，要一方面诱导激发参与者们的话题讨论潜能，另一方面更要自我开掘话题，甚至点石成金语出惊人。

如果说主持人的程序性话轮对话篇主要是起放开收拢等调度的作用、组织的作用，那么，实体性话轮主要就是保证主持人会话交流信息中的引领作用，主导作用。为此，主持人的实体性话轮具有如下两方面特质：其一，短小而凝粹。短小是指话轮短语句形式简练，凝粹是指语义内容精粹，表达厚重，具有张力。主持人实体性话轮过长或缺少力度，就会直接影响受访嘉宾等参与者的话语表达与节目话题交流的深广度。在谈话节目中，受访嘉宾才是交流的主体，受众看点是受访嘉宾。主持人不可抢风头，不能当"话痨"。其二，适时适境。这是指语出得当，在适当时机适当的语境下讲话。

下面几例可以印证主持人对实体性话轮的运用及其特点：

⑦主持人：其实说到高考，我觉得尽管现在对高考各种各样的声音和意见都有，但至少它在目前情况之下，是保证公平的一个手段。那如果说都不考试了的话，那么这种公平性到底从哪里体现出来？

许校长，如果您招研究生，您也不用让我们大家都来考，如果以往的话，我的分数比你少十分，我考不上我心服口服，那是我成绩比你差。但今天取消了考试了，都是教授说他能力强他就强，说他基础扎实他就扎实，那我就会觉得有一些不公平。

（《对话·我的大学》）

⑧崔永元：樊先生，我这儿有一个数据可以提供给你，那就是1993年到1995年我国查获的假冒伪劣商品，共计标值总额是104亿元。那么查处制假售假的案件有三十七万余起。但是，专家们估计，这个数字尚不及假货实际存在量的二十分之一。

（《实话实说·谁来保护消费者》）

⑨李东生：这一块有个问题，就是好的你买不到，好的你买不起。

主持人：好的人家也不卖。

（《对话·李东生的远征心得》）

例⑦是主持人与嘉宾北大校长许智宏对话中的一个话轮。话语中主持人直接针对嘉宾"研究生招生考试要取消"的主张而发表了相左意见。话轮中先后用到话语标记语"我觉得""那我就会觉得"，明显标记了主持人是在直接讲述话题主张，话轮的实体属性鲜明可见。例⑧嘉宾间激烈争辩，在嘉宾樊刚主张"目前打假政府消协力量有限，需要借助社会中个人力量"观点时，主持人崔永元适时提供数据为证，有力地支持了樊刚观点，激励话题讨论走向更深的层次。例⑨中的主嘉宾是TCL公司董事长李东生，讨论的话题是企业国际化中的跨国并购问题。当前面的一位嘉宾谈到"要选择好的并购对象"时，李东生的话轮是陈说选择上的困难：买不到、买不起。而主持人接应提出了更根本意义上的困难：人家也不卖。这里主持人的实体性话轮形式短小而语义内容精粹有力，同时也是适时切境而发。

以上，我们是从话轮所表达内容的角度，分析了主持人在谈话场上所运用的两种类型话轮——程序性话轮和实体性话轮。下面我们转换角度，从生成源的角度再来分析主持人的另外两种话轮类型——自启话轮与他启话轮。

（二）主持人的自启话轮与他启话轮

1. 自启话轮与他启话轮的界定

自启话轮与他启话轮是从话轮生成角度，也可以说是从来源角度对话轮进行区分。根据话轮是由说话者主动始发还是被动接应而划分，本书将前者称作自启话轮，后者称作他启话轮。自启话轮以其话语内容不受其他话轮影响为标志，相对，他启话轮所述话题内容是受其他话轮影响并进入其话题语域的，是源于其他话轮的牵动。

理解自启话论与他启话轮需要注意如下两点：其一，这两类话轮同前面所谈的程序性话轮、实体性话轮相区别但有联系。四种类型话轮是源自两个标准下的两次不同划分所得，因此在具体话轮归属上常常会出现一身二类的交叉现象。比方，主持人的程序性话轮也都属自启话轮，因为程序性话轮的生成均不受其他话轮影响，均是说话者主持人的主动始发；但却不能逆推，并非所有自启话轮都是程序性话轮，有相当一些自启话轮是属于实体性的话轮。而从实体性话轮角度看，实体性话轮又自启他启二者兼有；并且，本书做自启、他启分类及讨论的兴趣点也正在于这部分实体性的自启话轮和他启话轮。其二，自启、他启这两类话轮与前面所说的话组内的引发话轮、接应话轮也是既有联系又相区别。

引发话轮与接应话轮局限在话组内，是对话组内的两个或几个具有前后制约关系的话轮的对称。谈引发与接应重点强调话轮间关系。谈自启与他启注重的是话轮的话语内容来源，即话轮的生成"源"，注重话轮是否为表达者主动说出，内容是否属话题原创。因此，某话组内的引发话轮可能属于前面话轮的他启话轮；而且一个自启话轮不但可能带起其他听话者的他启话轮，也可能带起说话者自身的他启话轮。于是，自启话论常常跨话组，它的功率统辖单位一般是话段。一个自启话轮通常可牵带起一个意义相对独立的基础话段。总之，自启、他启命名不着眼于说话人，而是着眼于话轮对话题的启动性。当话轮中所述话题自本轮开启是本轮原创，那此话轮就是自启话轮；而话轮中所述话题受其他话轮影响，那彼话轮就是他启话轮。

按照这里自启与他启的认知，我们可以对前文所举出的九个语例进行新视角的归类。前六例主持人的程序性话轮均为主动始发的自启话轮。后三例主持人的实体性话轮一分为二，例⑦是自我启动话题的自启话轮，而例⑧、例⑨分别是接应进入前面嘉宾话轮的话题语域，分别是受到影响而生成的他启话轮。

2. 自启话轮与他启话轮的运用

从话轮运用角度分析电视节目话篇可以看到：整个话篇也是在自启话轮与他启话轮的不断替换下而运行并建构起来的；并且，电视节目主持人也是通过不断交替变换的艺术操控自启话轮和他启话轮，去实现其对会话的主导和对节目的主持的。也就是说，区别自启话轮与他启话轮类型上的新视角，为我们透视电视节目主持人的话语艺术展开了又一新的侧面。

第一，自启话轮的运用。

主持人对自启话轮的运用表现出量大且分布广的特点。在电视节目话篇中，自启话轮与他启话轮是主持人及其他参与者一致使用的两种话轮类型。但是相比之下，主持人多用自启话轮，而其他参与者多用他启话轮。主持人在话篇结构各部分全面运用并发挥自启话轮的功能。从前面引例可见，主持人操控自启话轮开启与收束全篇，推出新话章以及引出新话段等，可实现其在话篇结构上的起承转合的程序功能。

下面，我们着重分析主持人是如何在主体话章的具体话段中运用自启话轮的，去体会主持人运用自启话轮对话题的掌控。

⑩a 主持人：好，欢迎各位继续回到我们今天《对话》节目的现场，……接下来我们马上要来揭开第三句话的谜底了，……题板上看到的是非常简单的几个字"研究生招生考试要取消"……为什么会说要改变研究生招生考试的情况？

b 许智宏：前因后果是这样的，我讲研究生是为国家培养高层次人才的，我讲我们的学生已经够苦了，我当然有点半调侃。从小学、高中、大学，一路考过来，研究生还要考试，所以这个意义上来讲，我主张总有一天这个研究生考试（要取消）。

c 主持人：为什么讲这个话？是不是因为您看到了现行研究生的招生制度当中存在着一些什么样的弊端。

d 许智宏：大学如果讲它是打一个基础的话，研究生是培养你某一方面的专才或者研究的能力，这种情况是不能拿考试考出来的，我们更需要对学生一个综合素质的考察，我们高考就没有办法，我们只能根据全国统一考试或者省的考试，根据成绩录取，研究生如果再按这种方式来录取的话，那我觉得真正我们要培养创新人才最后一步都把他扼杀掉了。

a 主持人：那如果说您现在要招一名研究生的话，比如说你会出什么样的题来考察他的这个素质？

b 许智宏：我更多地希望比如他的经历。

c 主持人：看大学经历。

　　d许智宏：他大学比如他做过哪些，……比如动手的能力，思考的能力怎么样，那从他的经历看得出，他做过哪些实验，他有过哪些经历，做过哪些实验，通过一次考核，几个教授大家坐在一起谈一谈，我想就可以基本判断出来。

　　a主持人：其实说到高考，我觉得尽管现在对高考……（从略，见前文例⑦）

　　此例来自《对话·我的大学》，该节目的全部话题讨论就是围绕主嘉宾北大校长许智宏曾说过的五句话而进行的。例中这段会话取自节目间插播广告后的开始。显然，这是话篇主体话章内一个大话段的开始。我们截取的这个片段涉及三个小的基础话段。为方便讨论，我们将每个基础话段内的几个话轮加注了 abcd 的标记；为照顾篇幅，也将两个较长的话轮酌情删缩，并且因第三基础话段的话轮 a 前文引例已有，便从略提示参见。

　　从结构上看，前两个基础话段都由四个话轮组成。但第一基础话段内部区别两个话组，因其中的 ab 与 cd 分别一问一答，是两组问答式相邻对。而第二基础话段是由一个话组独立形成的，因其中的 abcd 只是共处一问之下的毗邻四部式的一个话组。三个基础话段的共同特点是：主持人都运用 a 自启话轮提出该段话题领起讨论。三个基础话段的话题分别为"为什么研究生招生考试要取消""如取消考试那怎样考察招生""不考试的保证公平问题"。

　　在第一话段中，主持人借助题板以自启话轮 a 提问开启话题。嘉宾以他启话轮 b 接应回答，但答语浅层次，仅答到说过此话的过程，并未答"为什么"。于是主持人用他启话轮 c 继续重申问题，将话题更具体化明确化。从 a "为什么会说要改变研究生招生考试"到 c "是不是看到了现行研究生招生中的弊端"，这仍是同一个话题内容；而 a 是话题的源起，c 是 a 的再续，是受 a 影响牵动产生的（当然也有 b 的影响，如 b 回答到位，也不需并不会有 c）。所以 c 是他启话轮。最后，此话段以嘉宾他启话轮 d 的圆满答语结束。

　　在第二话段中，主持人以自启话轮 a 提出与第一话段相关的新话题。嘉宾以他启话轮 b 回答。主持人的他启话轮 c，是通过重复嘉宾 b 的方式给予回应反馈，这不但起到礼貌作用，也从而激励引导嘉宾的继续谈话。最后，以嘉宾他启话轮 d 的清晰透彻答语结束此话段。

在第三话段中，主持人以自启话轮 a 又提出与第二话段相关的新话题。而且在这个话轮中主持人自身的论题观点表述十分鲜明，所以无需采用疑问方式，下面便出现嘉宾的主动接应回答，以表述相对立的论题观点（此话段引文从略）。

三个话段分析可见，主持人借助自启话轮而适时切境出语，使讨论的问题环环相扣步步深入，实现了话题的层层推进。而在电视节目话篇主体话章这个谈话实质过程的重要阶段，主持人运用自启话轮操控话题具有普遍意义。经过广泛分析，各类电视节目的优秀篇章中，主持人巧妙运用自启话轮，实现话题提出或转换的艺术语用现象屡见不鲜。

第二，他启话轮的运用。

作为话轮类型，他启话轮与自启话轮相对，二者相辅相成；在电视节目的会话过程中，二者这种关联作用凸显。特别是在话篇的主体话章中，二者互动配合运用更是相得益彰。其从作用话题效果看，如果说自启话轮能够开启话题提出新话题，能够不断更新话题内容，使话题延伸推进；那么他启话轮则主要是对所提出的话题内容给予持续、完善，能够保障话题圆满完成。

为此，电视节目主持人在较多运用自启话轮的同时，也不乏他启话轮的使用。而且，他启话轮的话语功能在主持人的运用中往往得到多层面的发挥。例⑧是接应前面嘉宾樊刚所述"打假政府消协力量有限，需要借助社会中个人力量"的话轮。于是，主持人崔永元运用他启话轮为樊刚的话语内容提供事实上的数据支撑，这无疑起到了进一步明确论点完善话题的作用。例⑨亦然，主持人运用他启话轮有力增援嘉宾，话轮功用与例⑧同。例⑩中第一基础话段的话轮 c，这是一个在功用上尤具特点的主持人他启话轮。在这里，针对嘉宾话轮 b 回答不到位，主持人运用他启话轮 c 重申话题再续提问，将问题更具体化明确化，于是引导出嘉宾话轮 d 的圆满回答，这里主持人他启话轮对话题的掌控效应十分明显。

比较而言，如果说例⑧例⑨对话题是顺势援助起增补作用的话，那么例⑩这里对话题是力挽坚持，是起持续话题的作用。总之，例⑩更突显出主持人通过他启话轮而继续把握话题掌控话题的语用艺术。试想，在话篇中，假如主持人不能运用他启话轮参与话题讨论与坚持掌控话题，那么就会导致会话的两种不良景况：或是蜻蜓点水浅尝辄止，或是信马由缰不得要领。进一步设想，如果主持人一味不断使用自启话轮频繁更新话题，那便会造成一种单调问答式的冷漠交流，从氛围上就与电视节目制作理念相违。

第三节　电视节目主持人的话轮转换和修补

本章第一节，我们是从静态角度运用类型描写法，观察展示了电视节目主持人的话轮话语特征。这一节，我们将从动态分析的角度进一步揭示主持人的话轮运用及规律，侧重分析主持人话轮操控中的两种重要行为——话轮的转换和修补。两节配合从静态动态双层面共同解读电视节目主持人在最基础话语单位话轮上的运行规律及艺术。

一、主持人的话轮转换

话轮转换是言语交流中的普遍现象，因为只要是正常的言语交流，就应该在交流者之间轮番交替地转换讲话。电视节目的"会话"，其实也就是一个由主持人主持下的交流者们围绕既定话题而有序轮番谈话的过程。即，是一个话轮转换直至完成既定话题的过程。那么，主持人如何主持谈话场上的话轮转换呢？或者说，主持人怎样去实施话轮转换呢？

话语分析中的"会话分析派"萨克斯等人最早研究话轮与话轮转换现象。他们通过研究大量日常会话总结出"话轮转换机制"学说，其中，我国学者特别注重引进吸收了他们的"正在谈话人对下个话轮的三种控制"说。这就是我们常见论著中称为的"话轮转换规则"。

第一，一个正在说话的人可以通过提名来选定下一个谈话人。在选定下一个谈话人的同时，他往往同时也指定了下一个谈话人的话语类型。

第二，谈话人可以限制下面一位谈话人将要说的话的类型，但不指定下一个谈话人。

第三，谈话人既不指定下一个谈话人，也不指定下一步的会话活动，而是完全由参加会话的其他人自选，并决定说什么。

这三点，便是萨克斯等所提出的"正在谈话人对下个话轮的三种控制"，我们在下文简称为"三种控制说"。

在进入具体讨论主持人的话轮转换之前，我们需要陈述学习"三种控制说"的两点认知收获。

第一，作为对日常会话中的话轮转换规律之说，"三种控制说"是值得肯定的。因为，在日常会话中，正在谈话人具有第一，第二两种话轮转让权，比如，日常会话中存在下面实施话轮转让行为的话语事实——"你说呢？""小李说说看""你们来评评这个理"等。并且，日常会话语境中存在着大量正在说话人的第三种出让话轮行为——让其他人自选。也可以说，第三种方式是通常语境中谈话人转让话轮的首选方式。顺带说一句，"三种控制说"是以"控制程度"为序排列的。如以"选择次序"而言，也许三点应倒序排列。

第二，"三种控制说"概括的是日常会话中的话轮转换现象及规律，它可以作为我们讨论电视节目中话轮转换的重要借鉴与参照，但绝不能完全替代。首先，日常会话中各位说话人角色地位均等，所以"正在谈话人"都具有三种话轮转换的充分可行性。而在电视会话中，第一，第二两种话轮转让方式基本归属主持人所有，其他人一般是不用的（或说，其他人不具有这两种话轮分配权）。这是由电视谈话节目话语的机构性和主持人承担的话语角色所决定的。特定语境赋予了主持人话语特权，而其他谈话人不具有等同的地位、责任及义务。其次，第三种话轮出让方式却是主持人不可用而其他人均可用的方式。在电视节目中，主持人必须时时掌握谈话场，绝不会既不指定下一个谈话人也不指定下一步会话活动而完全由他人自选的。相反，除主持人之外的其他谈话人倒均可施行而且通常施行这第三种话轮转换行为。那么，当其他谈话人施行第三种话轮转换行为时，主持人一般会是第一位自选者；特别是在转换关联位置处没有出现其他人自选时，主持人不能保持沉默，不可让场上出现冷场，主持人这时必须成为自选人。

就此，结合相关研究并借鉴与参照"三种控制说"，本书尝试概括提出如下"主持人话轮转换三种常规方式"：

第一，主持人大多直接点名选定下一个谈话者，并同时指定话题内容。

　　第二，主持人不确定下一个谈话者，调动场上谈话者们自选，但限定下面的话题内容。

　　第三，主持人运用第一种或第二种方式转让话轮，但没有接应话轮出现时，主持人必须接续成为下一轮说话者。同时，当其他谈话者结束谈话出让话轮而没有接应话轮出现时，主持人也必须自选成为下一个谈话者。

　　下面，让我们来看电视谈话节目中主持人话轮运行的具体实证：

　　①崔永元：律师旗帜鲜明，他觉得王海不是在打假。樊先生呢？

　　②崔永元：那么你本人（指王海）是不是消费者，实际上就关系到你是不是违法的问题。那么，我们想请高律师给一个说法。

　　③崔永元：那么肖先生怎么看？

　　④崔永元：我想请问王海，你觉得哪种说法更有道理呢？

　　⑤崔永元：我刚才注意到这位女士（一现场观众）在听王海发言的时候，不停地摇头。是不同意他哪个观点呢？

　　⑥崔永元：……据我所知，王海是第一次来到我们中央电视台的演播室里。那么应该说这是个难得的机会。我想商家，还有消费者，大家都有问题要问他。

　　⑦崔永元：我们刚才听了商家代表的发言，听了法律专业人士的发言。我们非常想听听最普通的消费者的发言。那么……

　　以上各例均出自《实话实说·谁来保护消费者》。前面例①~⑤中，主持人都是直接点名选定下一话轮的说话人，都是既分配话轮授予其话语权，也同时指定了话题内容。另外，各例也让我们看到：主持人注意平衡分配话语权，照顾到来自各方面的声音；点名方式各异，呼出自然而亲切；在衔接前面话轮内容中清晰道出下面话轮的限定话题内容等。这些均表现出主持人具有掌握话轮的全方位的能力。

　　后面⑥⑦两例中，主持人运用的是第二种转让话轮方式。未直接点名只限定话题内容。例⑥中主持人限定了"向王海提问题"的话题，于是一位嘉宾便自选为说话人，接应话轮向王海发问。例⑦中，主持人依凭语境（场上人已听到）指出了前承商家代表、律师所谈的话题，引导最普通消费者——观众做下面的发言人。于是，观众席上的一位便接应话轮做了下一个说话人。

应该说，第一、第二两种主持人的话轮转换，都是处于主持人自身占有话轮的情境下，是侧重于主持人出让话轮，分配话轮的一类转换。而下面要讲的第三种主持人话轮转换，是处于主持人当下已出让了话轮或者本来并未占有话轮，而他人又拒绝或无接应话轮的情况下，侧重于主持人救援话轮、接应话轮的一类转换。

如前所述，主持人的第三种话轮转换又区别为前后两种不同情形。前种情形是：主持人已运用第一或第二种方式出让话轮，但场上被点名者或被应招者们拒绝接应话轮。这时，主持人必须继续讲话，不能空场冷场。其实，这里的拒绝接应常常不是场上谈话者们有意而为之，通常是客观上存在接应困难。因此，这时主持人需要继续讲话，实施话轮救援。比方：1997年《实话实说》特别节目《新年心愿》中，场上嘉宾一小女孩说："我不想长大。"主持人询问原因未果后，主持人依次问道："爸爸对你好吗？老师、同学……"小女孩都点头肯定。接着，主持人追问："为什么不想长大？"小女孩没有回答；主持人进一步问："长大了会怎么样？"小女孩仍说不出。这时，主持人面向大家说："她不知道长大了怎么样，所以不想长大（转向小女孩）是吗？"小女孩回答："是。"这里主持人就是实施了救援话轮的转换方式，以此保证场上谈话继续进行。可见，救援话轮的转换需要主持人应变能力的支撑。

在主持人的第三种话轮转换之中，后种情形更为常见。因为通常情况下，场上谈话者自选成为讲话人的较少，只有在场上意见交锋争辩激烈时，谈话双方才会主动出击自取话轮。通常谈话者们都是等待主持人调控给予话轮，是待招。也就是说，穿针引线组织谈话是主持人必须履行的话语职责。在谈话场上，主持人要随时准备接话说话。即，在他人出让话轮而又无另外人接应时，主持人必须自选成为下一个谈话者。来看下面几例实证：

⑧唐光健：我记得看过一篇文献……

侯耀文：但具体我来讲，我就不行……

崔永元：他们的观点百花齐放，关于为什么吸烟，吸烟有没有害处，很难达成统一的意见。现在轮到我们在座的现场观众来发表意见了。

⑨侯耀文：我不是，我是人勾引我抽烟。

崔永元：谁呀？

⑩郭念峰：我想这个吸烟，我这个吸烟很怪，因为我吸烟从开始就跟人家不一样。我这个抽烟是饿的。

崔永元：饿的，因为饿抽烟。

郭念峰：六零年那时候在大学读书，下乡劳动。吃不饱肚子，晚上睡不着觉，我们房东老大爷特别好心，端了一个大笸箩里边，端的是烟叶啊，他说你抽一口，你就不饿了。

上面三例，均选自《实话实说·为什么吸烟》。三例都是属主持人第三种话轮转换中后一情形的例证。无疑，这是主持人所高频运用的话轮转换。例⑧是几位嘉宾先后发言，当侯耀文话轮结束语音落定后，主持人适时接应话轮，宣布嘉宾辩论告一段落，使话轮转换到现场观众发言。例⑨中主持人虽然是顺势而问，并只用一词"谁呀"，但这是一个继续提问的话轮。主持人这一及时接应的话轮使嘉宾拓展话题，深入讲述细致言说"为什么吸烟"。例⑩中主持人的话轮更凸显其"接话"性。不是提问，也不夺回话轮，后面话轮仍是该嘉宾的接续讲述。主持人在这里只是插入一个反馈项。通过简要重复嘉宾话轮中的关键词语，使场内外都更清楚该嘉宾所谈内容，而且这种反馈又具鼓励嘉宾谈话热情，激发其讲述兴趣的效果。

总之，三例或议论总结，转向分配话轮；或继续提问，使嘉宾深入讲述话题；或反馈激励，增强嘉宾谈话兴趣。这些，全是主持人适时应接话轮实施话轮转换的言语行为效应。以上，我们讨论了主持人常用的三种控制话轮的方式，或者说，是讨论了主持人的三种常规的话轮转换规则。其实，主持人就是通过话轮转换而具体操控谈话场，使会话有序合理且顺利有效地进行。上面讨论的是常规下的话轮转换。下面，还需提出主持人的一种非常规的特殊话轮转换——打断转换。

简言之，打断是叫停讲话人的当前话轮。在通常意义上，打断是一种有失尊重、违背交际上"礼貌原则"的行为。但是，在一些特别语境中，打断却是维护话题目标、执行交际上最高原则"目的原则"的一种手段。在电视节目中，主持人需要在限定时间内率领嘉宾们完成既定的语篇话题。所以，为了使场上的谈话内容集中、话题深入，为了给更多人发言机会、平衡话语权，特别是为了把握节目的正确导向等，主持人就需要执行"目的原则"，打破常规运用"打断"去实施话轮转换。当然，在具体实施中，主持人要兼顾"礼貌原则"而讲究一些实施技巧。看下面两例：

⑪崔永元：……咦，你怎么这么多胡子呢？

王海：假的。

崔永元：假的？为什么要这样呢？

王海：出于安全的一个考虑，昨天武汉《长江日报》登了一个消息，就是武汉有一个王海，他从商店买了东西出来以后，在街上遭到一帮人的胖揍，但是他买的只是一两千块钱的东西……（被打断）

崔永元：你可不可以帮我们翻译成更通俗的语言？"胖揍"是什么意思？

王海：狠揍。

崔永元：那么，在你打假的这个过程中，遇到过这样的危险吗？

王海：也有，但是我一般自我保护的措施比较好。

（《实话实说·谁来保护消费者》）

⑫和晶：张平也是天津的，你们天津话你还会说吗？跟我们说一段你们天津的民谣，好不好？谁说得好？

李珊：太长了，要说咱这天津有什么好东西，大名鼎鼎的肉包子，名叫"狗不理"。它出笼喷喷香，它皮薄又蒸气，咬一口（听不懂），清朝的李鸿章，也爱吃"狗不理"。他送进宫孝敬西太后，给慈禧拍马屁。为什么叫"狗不理"，这自然有来历。你坐下来边把包子上，边听我说慈禧，嗨，边听我说慈禧。从前一个小伙计。

和晶：这么长啊！

李珊：天生的犟脾气……（被打断）

和晶：不卖了不卖了。不行了，这会儿非得配字幕，否则人家以为是曲苑杂坛了。张平，你现在跟他们生活中讲天津话吗？

张平：说。

（《实话实说·爱拼才会赢》）

两例中主持人均运用"打断"实施了话轮转换。在例⑪中，嘉宾王海谈及武汉一打假者被殴打时话轮延宕，很有就此展开而旁生枝蔓的趋势。崔永元相机以"胖揍"一词为由幽默截断话轮，从而实现话轮转换拉回话题。同样例⑫中，嘉宾李珊背诵的天津民谣《狗不理包子》过长，主持人和晶先插话讲到"这么长啊"，李珊仍继续背诵，于是和晶直言打断，转换话轮同张平对话。和晶的"打断"方式也是有技巧的。借民谣内容卖包子而戏谑"不卖了不卖了"，在戏谑中自然实施"打断"，避免被打断者的尴尬，也营造着谈话场上轻松愉悦的氛围。

对比可见，主持人的常规话轮转换主要表现为分配话轮、出让话语权，而这里的"打断"非常规的话轮转换主要作用是夺回话轮截断当下话语。总而言之，主持人无论实施常规的话轮转换，还是实施非常规的话轮转换，都是在行使自身话语角色的应有作为，都是为顺利而有效地完成话题讨论。综上分析可见，电视节目上的话轮交替运转主要依赖于主持人的操控。而话轮交替推进是电视节目实现传播的基础保障，操控话轮的运行又是话语角色对主持人的根本要求，既是其话语特权也是其话语责任。所以电视节目主持人必须努力于话轮转换的实践，并不断提高这种转换能力。

二、主持人的话轮修补

话轮修补也可以普称为话语修补，是言语交流中针对出现的言语阻碍问题而启动实施的一种言语修正或补充，它是话轮运行中并不少见的一种现象，是人们为达成交流而做出的努力。

言语是一种线性的表达，语吐即出，因此不可避免会出现一些思考不周或口误，会出现一些需要补正的偏误等。可以看到，在日常闲聊中，面对出现的偏误，只要不构成理解上的严重阻碍，交谈者们会宽容地不以追究不予修补；但在正式谈话中，谈话者们就会启动实施话语的补充、修正了。作为以传播为目的的机构性会话，电视节目的主持人与其他嘉宾们，都当然会施行"修补"这种话语行为。特别是主持人为了履行职责维护谈话的顺利进行，尤其要注重排除阻碍实施话语修补。

第一，主持人的话轮修补，是主持人对自我话语的一种监控；主动自我修正方式的偏好选择，更表现出主持人话语境界中的以身作则与高度自觉。

话语修补是美国会话分析学派对会话研究的重点内容之一。1977 年，谢格洛夫、杰斐逊和萨克斯三人联名在《语言》杂志第 53 期发表《会话中修补结构的自我更正优先》一文，被认为是话语修补研究的开始。会话分析学派描写修补话语的结构，认为通常包含三部分，即"失误源/修正阻碍""修正的启动""修正完成"，并且根据启动修正与完成修正的是自我还是他人，区别了修正话语的四种类型，即"自我启动的自我修正""他人启动的自我修正""自我启动的他人修正""他人启动的他人修正"。

查阅大量电视节目样本后从中发现主持人的话语修补主要表现为第一，第二两种类型。即主要采用"自我启动的自我修正"和"他人启动的自我修正"。而主持人对这两种修补类型的青睐选用，也恰恰说明主持人对自我话语监控的自觉，对完成电视节目主持的一种积极作为。请见下面几例：

①主持人（鲁豫）：很高兴！其实我们是第二次见面。当然跟你不是了（对韩庚）。跟他们第二次见面，上次我们在一个大的晚会……

厉旭：（笑）哦，我现在很紧张……谢谢！

（《鲁豫有约·Super Junior-M 最初的梦想》）

②主持人（窦文涛）：……毕竟是个女性，难道午夜梦回的时候不觉得寂寞，或者难免想起将来我的家室我的后代啊，不会有些哀思吗？

俞飞鸿：我不为这事着急，我是觉得每个人冥冥中有些安排……

主持人：你是不是觉得混到如今，也不是混（笑）。

俞飞鸿：（笑）浑浑噩噩……

（《锵锵三人行·走进俞飞鸿》）

③主持人（杨澜）：所以你的生活是不是就要分为两个部分，白天在大饭店里，就让人想起好莱坞那电视《大饭店》似的，各色人物，等等，各色人等，到了晚上，你跟宠物们在一起，跟自己的文学世界在一起。

海岩：对，那是另一个世界。

（《杨澜访谈录·海岩，你的生命如此多情》）

④主持人（鲁豫）：对，当时我记得我们很清楚，我记得很清楚，因为我们不会说广东话，所以把那个每个字的那个发音，哦，用每一个字把它标出来。

汪明荃：像英文那样。

（《鲁豫有约·荃花待放，傲压群芳》）

⑤主持人（陈伟鸿）：那么在这几周的时间当中，你一直和董事长在交换你的意见，你们两人都是心平气和地谈吗？有没有争吵过。

特里耶：我觉得吵架这个词用得过了，我们并没有真的吵，但是我认为这是很重要的决策，是至关重要的。我不打算在这件事做任何的让步……

主持人：我们不说吵架，我们就说谁的声音高，你的声音更高一点？还是布多昂董事长的声音更高一点？

特里耶：我们的声音都很高。

（《对话·职场空降兵》）

上面五例均为主持人的话语自我修补。例①至④以单线标识"修正阻碍/失误源"结构成分，例⑤以双线标识"修正完成"结构成分。从类别看，前面①～④四例均属于第一种类型"自我启动的自我修正"。表现为主持人不断地监控自己的言语行为，即时检查自己的言语是否准确地表情达意，而一经发现出现修正阻碍（即失误源），便即时主动完成修正。所以，四例中"失误源"与"修正完成"均处于同一个话轮内。另外，由于是自我启动，所以四例在结构上都未用标记性词语，主要是以语音停顿的手段而构成"修正启动"。只有例5属于第二种类型的"他人启动的自我修正"。在例⑤中，主持人第一个话轮（即话轮1）属于此话语修补结构中的"失误源"成分所处位置。而受访嘉宾特里耶在话轮2中出现的"我觉得吵架这个词用得过了"，是"修正启动"结构成分。就是在嘉宾的这个启动诱发成分后，主持人在话轮3中做出自我修正。可见，"他人启动的自我修正"这类修补话语在结构上要扩展于几个话轮语域。

总之，分析主持人修补话语的结构与类型可见，主动修正与自我修正，是主持人在话语修补方式上的偏好选择，其显著的选择倾向表现出主持人的话语自觉。

第二，主持人的话语修补，多数是在信息内容上的修正或补充，而特别的非信息修补更凸显主持人的语用策略。从话语修补的内容及其功能角度观察可见：在多数情形下，主持人话语修补属于信息内容的修补，旨在于使陈述信息的质或量更加准确明晰。这时，它的"修正阻碍/失误源"结构成分的确是出现了"失误"，话语修补表现为"为错而修"。

上面我们所举的①～④四例，便均属于这类信息内容的修补。四例中单线所标记的"失误源"成分的确均为失误话语。例①中，访谈对象是韩庚领队的七青年组合乐队。鲁豫同六位队员是第二次见面，同领队韩庚并非第二次见面，而"我们"是统指七人的。所以话语修补是为错而修，是信息内容上的修补。例②中，访谈对象俞飞鸿是大龄女青年，主持人在谈其单身生活一问题时，语出"混到如今"后，立即觉察概括有误，便自我否定曰"也不是混"。这里主持人也是在做信息内容的修补。而③、④两例中，主要是话语表述不当，造成了信息的不清楚、不明确，因此两例也属信息内容上的话语修补。例③谈及作家海岩白天的现实生活，所接触的应该是"人"，而不是作品中虚拟的"人物"。这是用词不当造成信息不准确。例④的句子语法组织错乱，造成信息不清楚。

值得提出的是主持人会运用到另外一种特殊功能的话语修补——非信息的话语修补。虽然在谈话节目中，主持人对此种类型使用频率不是很高，但它却表现着特殊的语用功能。与信息内容的话语修补相对，非信息的话语修补目的不是"为错而修"，而是出于特殊的个人动机，为适应特殊语境，为实现特别交流效果而做出的修补。上面所举例⑤就属于这类非信息修补。在例⑤中，主持人初起提问语句是"有没有争吵过"。面对该敏感问题，嘉宾避而不答，并以"词用得过了"而启动修正。于是主持人调整提问的方式，将初起提问修正为"谁的声音高"。应该说，这不是就信息内容本身的修补，只是因语用动机而换个说法。是换汤不换药，达到继续追问沟通交流的目的。换来了谈话得以继续的语用效应。可见，非信息的话语修补的意义（或称功能）在于语用效果，非信息的话语修补是实施语用策略的一种手段。而电视节目主持人的话语修补正是其积极运行话轮、推进会话交流履行话语角色的一种重要作为。妥恰地实施话轮的转换与修补，是主持人引领节目顺利展开及完成的基础，是主持人成功实现其语言传播的重要保障。

第四章
电视节目主持人话语风格特色

　　随着时代的变迁、社会的转型，受众的地位、结构和需求发生改变，大众文化出现转向，电视媒介在传播语境、传播观念、传播内容和传播手段上也依时而变，这些变化促使主持人及其群体在话语风格样式上呈现出鲜明的时代特征和媒体风貌。本章通过研究认为，影响主持人话语风格变化的因素可以从宏观（时代、社会）、中观（媒介、受众）和微观（节目、主持人）三个层次来分析探讨。

第一节　电视节目主持人话语风格的体系

一、电视节目主持人话语风格的概念

　　姚喜双在《播音风格探》中给主持话语风格的定义是："主持风格是主持人在创作中通过话语所体现出来的创作个性和艺术特色，它以运动的状态贯穿创作的全过程，又以相对稳定的状态凝结在作品上。"① 这一定义主要阐述了主持风格是一种艺术表现形式，主持风格是动态呈现的，主持风格通过作品——电视节目动态呈现出来。

　　王群、沈慧萍主编的《电视主持传播概论》给主持话语风格这样定义："主持话语风格是主持人在主持节目时所表现出来的主导思想和艺术特点。

---

① 姚喜双·播音风格探［M］．北京：中国文联出版公司，1992：36.

风格是一种艺术创造，是主客观条件的完美结合。主持人话语有了风格，就形成了属于自己的'这一个'。因此，风格成为主持人在节目中必须追求的一种境界。"① 这一定义认为主持风格具有思想性和独特性，同时突出主持话语风格是一种艺术创造，其形成受主观因素和客观因素的影响，分别从主持风格的特点、艺术审美和成因上进行界定。

赵淑萍在《电视新闻节目主持艺术》一书中定义主持话语风格为："主持话语风格作为一种表现形态，犹如人的总的风貌一样，是主持人整体上所呈现出来的代表性特点，是主持人主观方面的特点和节目的客观特征相统一造成的独特面目。主持人在电视屏幕上展示的话语风格，是他所特有的思想情感、个人气质、生活经验、审美理想规定的范围内，由他所深刻感受、体验引发的创作冲动促成的。主持人在主持节目时，不论自觉与否，总会表现自己的精神面貌，对现实的独特的感受、认识及特有的文化素养。"② 这一界定主要概括了主持话语风格属于主持艺术的范畴，是一种表现形态，是一种总体风貌，并且产生于主持实践，其表现形态受主持人的思想情感、个人气质、生活经验、审美理想制约，并应与节目客观特征相符合。以上定义较王群、沈慧萍的定义更加丰富完善，从主持话语风格的表现形态上进行详细界定。赵淑萍在随后的《电视节目主持》一书对该定义进行完善："节目主持人话语风格即主持节目活动中表现出来的主导思想和艺术特点。节目主持人的思想和艺术风格是各种有机因素的总和。主持人话语风格作为一种表现形态，其有机因素包括外在形象、内在气质、个性语言、品格修养等互相关联协调的几个部分。主持人话语风格具有个性差异特点，同时也具有风格类型倾向性特点。"③ 这一定义增加了外在形象作为表现形态的一个方面，同时指出了主持风格具有个性差异、类型倾向性特点，某种类别一旦确立，各要素都倾向于与总体风格特征相符合、相统一。

刘洋、林海在《综艺娱乐节目主持概论》一书中认为："主持话语风格

① 王群，沈慧萍. 电视主持传播概论［M］. 上海：华东师范大学出版社，2008：93.
② 赵淑萍. 电视新闻节目主持艺术［M］. 北京：北京广播学院出版社，1997：99.
③ 赵淑萍. 电视节目主持［M］. 北京：北京师范大学出版社，1999：168.

是由节目的内容、编排创意、后期包装等各方面来体现，其中作为灵魂人物的主持人的风格起着至关重要的作用。一个主持人的话语风格，决定一个栏目的收视率，会影响观众的思想和行为方式。主持人风格的表现也并不是一种个人行为，他是在代表社会的文化走向，代表先进文化的发展要求。一个真正意义上的主持人，只有具备了做一个主持人的基本素质后，才能谈得上话语风格的呈现。"① 这个定义指出了主持话语风格的体现载体和功能，同时指出了话语风格的影响因素，还增加了主持话语风格的社会性和文化性的内涵特点，认为主持话语风格与社会发展、媒体及节目内容有关联，同时指出话语风格的形成须具备基本素质之后才能锤炼出来的。

魏南江在《节目主持艺术学》一书中认为："节目主持话语风格是指节目主持人在节目主持艺术实践中逐步形成的，并为广大受众喜爱的创作个性和艺术特色，它是主持艺术个性化的稳定状态的标志。节目主持话语风格是主持人主持理念的直接体现，是主持人创造性劳动的结果和体现，是主持人在主持艺术道路上成熟的标志，也是一切主持人可以追求的最高境界。"② 这个定义增加了主持话语风格是主持实践的产物，是主持艺术成熟的标志，并认为话语风格的形成是一种创造性劳动，是主持人追求的审美境界。

肖沛雄在《节目主持人语言传播艺术》一书中认为："主持人语言的个性风格是一个相对稳定的艺术形态，是语言个性特点综合表现出来的格调和气氛，每一位节目主持人都应当通过历练形成自己独特的个性风格。"③ 该定义主要是从主持话语风格的语言特点进行风格界定，提出主持风格是一种综合表现出来的气氛和格调，具有个性特征，但主要是从主持人的个性语言来界定，内容较为狭窄。

张颂主编的《中国播音学》认为："播音话语风格的实质是播音创作美的多种形态的表现。播音话语风格，从广义上讲，包括播音创作中所体现出来的时代风格、民族风格、阶级风格，节目和稿件的风格，播音员风格。

① 刘洋，林海．综艺娱乐节目主持概论［M］．北京：中国传媒大学出版社，2007：25.
② 魏南江．节目主持艺术学［M］．北京：中国广播电视出版社，2006：69.
③ 肖沛雄．节目主持人语言传播艺术［M］．广州：暨南大学出版社，2009：82.

播音话语风格是指播音员在播音创作中所体现出来的创作个性和艺术特色。它以运动的状态贯穿播音创作的全部过程，又以相对稳定的状态凝结在播音作品上。播音是一种创作，所以播音话语风格又是播音员同语言文字作品风格有机统一的结果。播音是一门实践性很强的艺术创作活动，所以播音话语风格是播音员在长期艰苦的播音创作实践中逐渐积累形成的。"[1] 这一个定义从广义和狭义上分析了播音话语风格的特征、表现形态、创作方式、形成原因，指出播音话语风格包括时代风格、民族风格、阶级风格、节目和稿件的风格，是一种动态的创作过程，是播音员和节目稿件内容的统一，是在主持实践中积累出来的，但主要侧重从播音艺术上定义播音话语风格的产生方式、风格特征和创作特点，为主持风格的界定提供了参考范式。

从各种对于主持话语风格的相关界定来看，目前关于主持话语风格的界定主要是从其文化属性、时代和社会属性、制约因素、风格特点、表现形态、创作方式、形成原因来界定，并且是结合艺术学、美学、语言学和传播学的研究方法和分析视角阐述主持话语风格的概念。因此，要对节目主持话语风格进行界定，要对主持话语的属性特征、形成因素、创作方式、表现形态进行深入思索和总结，并结合主持人和节目类型两个主要限定因素，来规范主持话语风格的概念。

二、主持话语风格的界定总结和概括

节目主持话语风格是节目主持人在一定时期、一定社会环境中，在节目主持实践中动态呈现出来的主导思想和艺术特点，是主持人在外在形象、个性语言、思想内涵等多个方面表现出的具有独特性、统一性、稳定性的艺术创作，是一种传播艺术的体现，是主持人话语风格与节目风格的有机融合，是节目人格化传播的重要载体和沟通受众的有效方式，是增强传播效果的一种途径，有利于增强节目主持人形象的可识别性，帮助受众理解和接受信息，也有利于规范主持人的传播行为。它既包含个别主持人的话语风格，也包含某一类型节目或某一时期众多节目主持人共有的话语风格。

---

① 张颂. 中国播音学 ［M］. 2 版. 北京：北京广播学院出版社，2003：3.

要分析主持话语风格的构成，须依据主持话语风格的定义，从主持话语风格的整体风貌、创作主体、表现形式来分析；由于主持话语风格也是在传播过程中产生，因此须从传播环境、传播对象、传播效果来阐述，以此条分缕析提出主持风格的分析维度。

主持话语风格是主持人动态呈现出来的一种由视觉、听觉、知觉构成的总体风貌，包括主持语言、屏幕形象和动态呈现出的一种整体感觉。主持话语风格贯穿于整个传播过程，其创作主体是主持人，借助的表现符号是主持人的形象、语言、行为。其中个性语言成为表现主持话语风格的重要载体，是作用于受众听觉的和思维的重要手段，也是动态体现出主持人内在气质、学识修养和思维特点的表现手段，成为主持话语风格重要的内涵因素。主持人的外在形象是受众感触和把握主持话语风格的直观印象，是作用于视觉的第一感知。主持话语风格作为一种对象化、人格化传播的重要手段，对讯息的传递和传播效果的好坏有重要影响，是针对受众欣赏和接受的一种传播艺术，那么必然有一个受众反馈和认知风格的过程；因此，受众反馈成为主持话语风格构成的重要因素。

以下分别从个性语言、外在形象、整体感觉和受众反馈四个方面分析主持话语风格的构成。

（一）个性语言

主持人在节目中发挥着拟态化"人际交流"的作用，这使得主持人的语言一般是通过口语形式，来报道新闻、评述事件、串联节目。个性是主持人的一种品质，是其内在修养、思维方式和学识智慧的外在表征。个性语言，则是体现主持人个性和思想的语言表达方式。个性语言，除了内容准确、逻辑分明、语言清晰以外，还要有自己的特点。不同的节目类型，话题内容和阐述方式不同，所使用的语言不同，呈现出不同的语言风格；不同个性的主持人用不同的语言来表达意思、交流思想，包括不同的词汇、语体、修辞、节奏呈现出不同的语言风格，以及个人的语音、语气、语调的不同所呈现出的个性特征。

主持人的个性语言是主持节目的重要手段，是主持话语风格的重要组成要素；也与观众听觉和思考有重要联系，是与观众互动的纽带，某些具有创意的个性化语言能给观众留下深刻印象及启发其思考，并激发其互动。

例如，有的主持人快言快语，有的细细慢谈；有的语言机智幽默，有的稳重深沉；有的主持人使用口语较多，语言朴实，有的主持人辞藻丰富、语言华丽；有的主持人语言犀利，针锋相对，有的主持人幽默风趣，诙谐逗趣。

（二）外在形象

外在形象是主持人呈现在屏幕中的外在形象，包括主持人的面貌、身形、服饰及表情等外在印象。主持人通常通过适当的妆面、发型和得体的服装呈现在屏幕上，还包括其他技术条件如灯光的运用、拍摄画面的构图，是经过造型后的屏幕中的外在形象，与主持人日常生活的外在形象略有不同。外在形象是观众认知主持人的第一印象，主持人不同的外在形象是突出主持风格的重要元素。例如，新闻节目主持人的妆面清爽利落、服饰端庄高雅；儿童节目主持人造型青春靓丽，表情活泼可爱，着装款式繁复、颜色跳跃；娱乐类节目主持人造型时尚前卫，服饰新潮。

（三）整体感觉

风格具有整体性，是各种风格要素的有机融合，是各种创作美的集合，也是呈现出来的一种整体感觉。如果个性语言是从听觉上描述，外在形象是从视觉上描述，那么整体感觉便是从知觉上感知。"知觉的对象是由许多部分组成的，各部分具有不同的特征，但是人并不是把对象感知为许多个别的孤立部分，而总是把它知觉为一个统一的整体。知觉是人脑在外界刺激下的反射活动，客观对象的许多部分形成复合刺激物，大脑皮层对复合刺激物的各个组成部分及其相互关系进行分析和综合。复合刺激物各部分所引起的皮层兴奋中心相互形成联系，同时现在的兴奋和过去的兴奋痕迹也形成联系，从而反映客观对象各种属性的关系，形成对象的完整印象。"①

可见，主持话语风格的整体感觉是融合了个性语言和外在形象之外的其他风格要素，如主持人在节目主持中的动态呈现，及其他可见、可听及主持人自身之外在的各类与风格有关的因素综合作用下形成的整体风貌。整体感觉也是受众对于主持人呈现的形象、语言及其他风格要素的整体把握。不同的主持风格能够帮助受众理解和接受信息，具有可识别性，以区

---

① 张颂．中国播音学［M］．2版．北京：北京广播学院出版社，2003：122.

别不同的主持人和节目。主持人通常用属于自己的独特手段，去解释节目主持艺术的美的本质和规律。

主持人在主持节目中表现出的真实、诚恳、自然，能感染观众，打动观众；主持人在节目中所体现出的行为、作风，表现出主持人的思想、认识、品性、品行。整体感觉也具有制约各风格要素的作用，主持人意识到自己属于某种风格，就必然在语言、形象和其他表现方式上遵循这种风格的各种制约条件，在长期的主持实践中慢慢积累和历练，不断修正与主持话语风格相匹配的各种表现方式，使各种风格呈现元素都符合和服从于同一种类别的风格，这也在一定程度上规范了主持人的传播行为，使得其尽可能适应和保持自己风格的整体性。

（四）受众反馈

风格理论中，风格具有交际性的特点，一方面风格是艺术创作与现实的交际，另一方面风格是创作主体与接受主体产生的共鸣。在传播学中，"反馈是指受众对传播者的信息回流过程。反馈有广义和狭义之分，广义的反馈是指受众对传播者主动实施的各种影响或压力；狭义是指受众对传播者所传信息必然做出的各种反应。"①

主持话语风格是主持人与受众交流的纽带，是受众视觉、听觉和感觉的载体，也是增强电视传播效果的重要途径。具有独特话语风格的主持人，能给受众留下深刻印象、产生一定影响，吸引受众收看节目、关注主持人，甚至对受众的各种思想观念、言行习惯产生潜移默化的影响。主持话语风格作为节目和主持人传递给观众的整体感知，能在受众心中形成印象和感觉，激发其喜欢、愉悦的情绪和互动的热情。同时，受众多元化的审美要求，催生多种具有独创风格的主持人来满足这些审美需求。主持话语风格是由传播内容的本质所决定，传播内容也是依据传播对象而设定，这使得主持人需要依据传播内容塑造主持话语风格，并充分认知受众的需求和反馈。只有主持话语风格与观众反馈协调一致，主持话语风格就可以在传播和反馈的过程中得到进一步的运用和强化。

---

① 郭庆光. 传播学教程［M］. 2 版. 北京：中国人民大学出版社，2011：96.

第二节　电视节目主持人话语风格的类别

节目主持是一门传播艺术，艺术需要创造风格。主持话语风格作为一种艺术形式，可以通过主持人的个性语言、外在形象、整体感觉和受众反馈等分析维度区别出不同的话语风格类型。不同的主持人、不同的节目形式、不同的时代则会让观众形成不同的主持话语风格印象，主持话语风格的类型取决于某一时代社会潮流和社会风尚的现实状况、节目的类型和形式以及主持人的不同个性。电视节目主持风格的类别是对大量不同风格的主持人进行比较、归纳、研究的结果。

一般来说，对一个领域的事物的分类，要经历从现象分类的阶段进而再到本质分类阶段的深化过程。"有一些事物，在进行分类的过程中，由于一时难以掌握其本质属性，往往要从现象分类入手。"①

按现象分类主要侧重主持人的外部形态和行为活动的差别，例如分为"播音员式"和"主编式"主持人，这是80年代初提出的主持人划分类型；由于播音员不同于主持人，因此这种划分方式在字面和内涵上都不能准确概括主持人的类别。后来出现三大分类，即"采、编、播合一式""采、编、播合作式""客串式"三类主持人，这种方式将主持人参与节目程度和工作方式进行归类，但是较为笼统，不能体现主持人的个体特征。后来又在三大分类的基础上出现四大分类，即"独立型""单一型""参与型""主导型"，但独立型是极少数主持人可以胜任的，所以这个分类也不能从根本上区别不同类型的主持人。

可见，以现象分类具有一定的主观随意性和人为性；因此，要深入到本质分类。"本质分类主要是以事物内在的本质属性为标准进行的分类。对主持人的本质分类，必须以主持人本质的属性和关系作为分类的依据。"从主持风格的分析维度、呈现形式来看，主持话语风格是主持人个人语言风格与节目叙事风格的融合。用公式表示则是：

---

① 郭庆光. 传播学教程［M］. 2 版. 北京：中国人民大学出版社，2011：112.

主持人个人语言风格 + 节目叙事风格 = 主持话语风格

以上公式表明，主持话语风格是主持人动态演播过程中体现出来的风格，是主持人个人语言风格与节目叙事的主体风格相互融合、反复强化所形成的富有特色的话语风格特点。主持话语风格受到节目类型的制约，也与主持人个人的主观素质有很大关系。要区别不同的主持话语风格，可以从三个方面来划分：一是从主持人个人的性格和气质特点来划分；二是按照主持人与节目的融合程度及产生机制来划分；三是按照节目类型来划分。

一、按照主持人的个性风格分类

人们对事物的认识虽然是复杂多变、各不相同的，但是一般都是通过特定的概念体系来完成的。每个主持人由于主持经验、交际范围、知识结构、文化修养、生活经历等各不相同，因此对于事物的认识也会有个体性、经验性的差异，甚至是本质上的不同。心理学家的研究显示，个性对某项具体的实践活动存在着明显的影响，在专业知识同等水平的情况下，个性会使得其风格各异。按照主持人个性特征可以分为情感型、幽默型、活泼型和理智型。

（一）情感型

情感型的主持人富有想象力和创造性，通常比较情绪化，敏感且感性，情感丰富，并且善于表达情感，传递情感，表情生动，语言煽情。情感型的主持人对受众的情感和情绪的影响最大。每一位受众在看电视节目时，都希望在快节奏的生活中找到情感慰藉，听到令人心动的话语或故事，而真正能够打动人心的，无疑就是情感。情感型的主持人通常是演艺人员出身，他们善于进入角色，能够在不同的场合传递情感，感动受众。例如，倪萍曾经演过话剧，她常常因为采访嘉宾的故事或现场氛围而触动情怀，并用感性的语言感染观众，常常让观众潸然泪下，这也是情感型主持人的魅力所在。

（二）幽默型

幽默型主持人能够用幽默的语言、有趣的笑话或夸张的行为来活跃现场气氛，不仅可以增加节目的可看性，而且能够缓解现场嘉宾和观众的紧张情绪。因此，幽默型的主持人常常具有"逗乐"的本事，幽默能反映出主持人的职业素养、智慧以及性格特点。越来越多的观众喜欢具有幽默感的主持人,因为幽默也是一种智慧,不仅给观众带来心灵的愉悦,也能使观众感受到尊重和重视。

不同的主持人有不同的幽默,例如上海电视台节目主持人曹可凡,一般是通过立意的严肃性和形式的趣味性来体现幽默感,他的幽默特点不仅充满善意,而且还能恰如其分;中央台的李咏的幽默则自成体系,他常常通过自恋、自献、自嘲以达到娱乐大众的目的,他独特的手势、绚丽的着装和诙谐的语言将幽默充盈在主持过程之中,达到良好的娱乐效果。

(三)活泼型

活泼型的主持人时常能给受众带来活力和轻松的感觉,能有效调动观众的情绪,带动现场的气氛,推动节目的进程。活泼型的主持人通常是个思维活跃的人,不断会有新的想法和新的建议,常常能灵机应变,给人机智的感觉。例如,何炅的主持风格活泼快乐,自然大方,随意而不做作,洋溢动感与活力;正是这种生动活泼、机智风趣、个性十足的主持风格,让受众领略到了一种何炅式的快乐。

(四)理智型

理智型的主持人举止和形象稳重、成熟,思维缜密、深刻,知识广博、丰厚,作风严谨、理性,语言准确、客观、精练,在主持过程中能准确把握客观现实,用深刻的观察和理性的分析来阐释问题,娓娓道来,见解独到,时常给人以智慧的启迪。理智型主持人气质干练沉稳,语言温和理性,思考全面深刻,论述条理清晰、逻辑严密,给人以权威性和信赖感。例如,白岩松以深刻权威的新闻评论和严谨认真的形象气质,树立了理智型主持风格的典范。

二、按主持人与节目的融合关系分类

主持话语风格是主持人语言风格与节目叙事风格的有机融合,这种融合也可以看作风格的产生机制。融合的程度不同,也制约了主持话语风格的体现程度。主持人个人语言风格与节目融合得越好,主持话语风格体现越充分;反之,主持话语风格难以凸显。按照主持人与节目的融合关系,可以分为参与型、单一型和主导型。

（一）参与型

主持人作为一个节目最终的呈现者，主要承担播报工作，与记者、编辑、摄像等各有分工，共同完成节目的采制和呈现。某些主持人为加强与节目的融合，参与到节目的外出采访和后期制作；有的主持人参与文稿的写作，以便在主持节目时可以更好地与节目融合并体现自己的个人风格。参与节目制作的程度越深，越能把握节目的内容和风格。通常在地级市台，特别是在非新闻栏目组，由于分工不够精细化，人手不足，主持人需要兼顾多个工种，参与节目程度较高。

（二）单一型

单一型指主持人在节目中只承担话筒前的播报工作。实行这种主持形式的主持人，只是在前台出面主持某一固定节目，一般不参与采、编工作；主持人背后有另一套采、编人员和策划团队。这一类主持人通常由播音员担任，一般外在形象、播音技巧、声音条件都比较好；缺点是编播脱节，主持人与编辑之间的想法和意图不能完全一致，会导致节目有割裂的痕迹。

单一型主持人一般出现在分工和制作水平较高的电视台，由于节目制作采取公司化运作，主持人只需完成本职工作，不需要参与节目的其他环节；或由于主持人自身能力有限，仅能完成主持工作，其他岗位工作无法参与。

（三）主导型

主导型的主持人即全面参与节目制作和播出的各个环节，发挥着主导作用，是节目的中心人物。从前期主题的确立、采访材料的准备、稿件的撰写，到中期的现场采访、播音主持，甚至后期的编排制作，主持人始终起着主导节目的作用。国外主持人较多为主导型的主持人。这种工作方式有利于全面、准确、直接地体现主持人的意图、思想，充分展现主持人的个性风格，使得节目内容能完整流畅，避免节目内容与播音主持脱节的现象，节目风格与主持人风格协调统一，能增强主持人的权威性，树立主持人品牌，吸引观众的参与和互动。

主导型的主持人一般能力较强，或者是某一个领域的专家，具有一定的知名度。主导型的主持人常常以自己的名字命名开办主持人节目，以凸显主持话语风格。

三、按节目类型分类

电视节目的基本类型成为主持人本质分类的依据，因为节目类型是主持话语风格内涵的重要构成，对主持话语风格有制约作用，奠定了主持话语风格的基调。主持话语风格因不同的节目类型而风格呈现差异。可以说，什么样的节目类型适合选择什么样的主持人，什么样的主持人能够主持什么类型的节目，两者相互依存、相互关联。例如，综艺娱乐节目要求主持人精力充沛、机敏灵活、活泼大方、率真热情；而沉稳、严谨、睿智、干练的主持人适合主持新闻节目。

划分依据不同，所划分出来的电视节目类型也不同。目前，国外主要依据节目的文本内容，划分为新闻、纪录片、娱乐、脱口秀、肥皂剧、情景剧、喜剧、体育节目等；依据目标对象人群划分为儿童节目、成人节目、妇女节目；依据节目的拍摄技术分为胶片节目和磁带节目；依据节目的播出时间划分为早间节目、晚间节目等。国外的分类主要依据电视产业发展状况为节目制作者划分节目类型，帮助广告商找到目标受众，划分依据多元化、市场化。

国内在节目类型的划分上也有多种划分方法，主要依据节目的内容、行业、形式和诉求对象等多个维度划分出不同类型的电视节目。比较常见的划分依据是，一是按照社会功能划分为新闻性节目、教育性节目、文艺性节目和服务性节目；二是按结构类型划分为综合节目、专题节目和版块节目；三是按反映领域划分为经济节目、文化节目、科技节目等。2006 年 3 月，由徐舫州和徐帆主编、浙江大学出版社出版的《电视节目类型学》一书将电视节目划分为电视新闻资讯节目、电视谈话节目、电视文艺节目、电视娱乐节目、电视纪录片、电视剧、电影、电视特别节目等八类。

从主持人发展历程来看，在主持传播实践中逐渐形成以下四类主持人：一是 anchor 逐渐发展为新闻类节目的记者型主持人；二是 host 逐渐发展为谈话节目的主人型主持人；三是 moderator 主要发展为综艺娱乐类的伙伴型主持人；四是 presenter 主要发展为社教服务类节目的陈述型主持人。

结合以上电视节目类型划分方法和主持传播实践中形成的主持人类别，本书将主持人划分为新闻节目主持人、谈话节目主持人、综艺节目主持人和社教节目主持人四类，并以此划分出四种节目的主持话语风格类型。

（一）新闻节目主持话语风格

电视新闻节目要求主持人有较高的新闻素养，有较强的新闻敏感，能把握新闻事实，具有较强的采访能力、分析能力和评论能力。新闻节目主持风格具有沉稳、睿智的特点，显示出一定的权威性。新闻节目的客观、准确、及时，要求主持风格严谨、大气、稳重、干练。

（二）谈话节目主持话语风格

谈话节目要求主持人具有较强的知识和阅历，能把握和总结话题，善解人意并能启发访谈对象和嘉宾的谈话，具有组织谈话和控制现场的能力。谈话节目主持风格因为节目类型的差异也包含很多类型，例如新闻谈话节目、娱乐访谈节目，心理、情感和生活类访谈节目。这要求主持人具备不同的专业素养，主持风格真诚、亲切，具有交流感和人文关怀，能够准确把握访谈的话题，能引人入胜，引导嘉宾说出自己的故事，营造良好的谈话氛围，并总结和归纳出一些观点。

（三）综艺节目主持话语风格

综艺节目包含文艺、娱乐节目等非新闻节目类型，以文艺内容为主要节目形式，具有明显的艺术特征，主要体现电视节目的娱乐功能。这要求主持人具备一定的艺术修养和表演才能，能活跃现场气氛，调动观众参与热情，能参与表演和演绎一些故事片段，机智灵活应对各种场面，使得节目真正能顺利推进，娱乐大众，为观众带来欢乐。综艺节目主持风格通常是欢快动感、热情活泼、幽默诙谐，能营造活跃气氛，激发观众的愉悦情绪。

（四）社教节目主持话语风格

社教类节目有明确的服务和教育对象，指向较为明确，要求主持人融入和了解目标观众群体，具有较深的专业知识，学识丰富，循循善诱，寓教于乐。社教节目通常要求主持风格知性、明快，突出专业性和知识性，能在某一专业领域较好地引领观众，给观众一种信赖感和亲切感。

第三节　电视节目主持人话语风格的特性

本质是指事物本身所固有的、决定事物性质、面貌和发展的根本属性。主持话语风格具有表现的独特性、样式的多样性、产生的附着性、形成的阶段性、传播的交互性和性质的稳定性。掌握主持话语风格的特性，对主持人在主持实践中塑造自己的话语风格有一定的指导意义，也是每个节目主持人在艺术实践道路上的自觉追求。

一、主持话语风格表现的独特性

独特性是风格的生命，也是主持话语风格的本质特征。不同的主持人个体，具有不同的外在形象、性格气质、学识修养和生活经历等，主持人作为主持话语风格的表现主体，其独特性决定了主持话语风格表现的独特性。从主观上来讲，主持人在主持节目时，总会不自觉地表现出自己的精神面貌、对现实的独特感受与认识，同时，主持人所具有的文化素养、心理状态等都会不由自主地表现个性特征；从客观上来说，主持话语风格的体现并非任意性表现，而是主持人在主持节目中对客观现实的真实反映，不能脱离节目内容和类型的限制，具有独特创意的节目也能体现主持话语风格的独特性。赵淑萍教授认为："节目主持人话语风格的本质特征，是从主持人总体上所呈现出来的代表性特点，是主持人主观方面的特点和客观特征相统一构成的独特面目。"

可见，主持话语风格的独特性既是主持人个人的创造性表现，也是节目内容和客观现实共同造就的独特表现。主持话语风格的独特性表现在以下几个方面：

一是独特的内容处理。不同的主持人对节目内容的处理方式不一样；从开场白的设计到节目的衔接，以及最后的结语都有其独创性的处理。例如，有的主持人善于先述后评，有的长于先评后述；有的擅长变难为易、平铺直叙，有的善于理论推演、逻辑分明。

二是独特的主持方法。主持方法的多样性、灵活性和独创性，既包括主持人对现有主持方法的娴熟使用，又有对新型主持方法的创造。有的主持人通过自嘲增加幽默色彩，有的通过表演提高节目的表现力。正是通过主持方法的不断创新，不少主持人逐步形成了自己的风格。

三是独特的表达方式。主持人的表达方式，可分为有声语言表达和无声语言表达。由于每个主持人的个性不同，因而决定了其语言的音色、语调、语气、节奏的差异，甚至造成常用语汇、语法、修辞等方面的区别。有的主持人语言层次分明、说理透彻，富于说服力，有的语言生动形象，幽默诙谐，富有感染力；有的语言辞藻华丽、庄重典雅，凸显优雅感，有的语言朴素无华、纯实平白，凸显亲和力。同时主持人的表情、手势、眼神、着装等都打上了个性特征的印记，综合起来形成独特的主持风格。

四是独特的节目创意。不同的节目创意，使得节目的内涵和形式不一样，主持风格的表现也不一样。例如有的节目创意新颖，主持风格前卫、潮流，能吸引观众的注意力；有的节目内涵深刻，主持风格稳重、知性，能启迪观众；有的节目互动性强，主持风格活泼动感，能吸引观众的参与。可见，节目创意的独特性也使得主持风格的表现具有独特性。

二、主持话语风格样式的多样性

司空图在《二十四诗品》中把诗的风格分为 24 种：雄浑、冲淡、纤秾、沉着、高古、典雅、洗练、劲健、绮丽、自然、含蓄、豪放、谨慎、缜密、疏野、清奇、委屈、实境、悲慨、形容、超诣、飘逸、旷达、流动。这充分显示了文学风格的多样性。主持风格也不例外，多样性才能构成一个和谐稳定的主持天地。

艺术源于客观现实，艺术风格的多样性特征，是由艺术创作本身的规律所决定的。客观世界丰富多彩，主持风格作为反映客观世界现象的一种艺术形式，本身具有多样性；节目类型的丰富多彩和受众对艺术的审美需求多种多样，催生了不同的主持样态；主持人的生活经历、思想情感、审美追求、创造才能的千差万别，使得主持话语风格的表现形式多种多样。所以，主持话语风格的样式也体现着客观世界、媒体、节目风格以及受众多样性的规律。

我们可以发现，不同的主持人具有不同的风格；同一主持人在不同年代其主持风格也会有变化；同一主持人主持不同类型的节目，呈现出不同的主持话语风格；不同类型的节目其主持话语风格也各有千秋。就主持人整体而言，主持人的群体数量的增长和个性化发展趋势，使得主持话语风格应该是多样的。就主持人个体而言，主持艺术风格的多侧面发展也是很有必要的。明朝诗评家胡应麟在《诗薮》中指出，风格贵在"正而能变，变而能化，化而不失本调，不失本调而兼得众调"，所谓"不离其宗，但要万变"。可见，主持人在塑造某种主导主持风格前提下，还可以根据栏目和媒体的风格定位，进行多侧面发展和创新，在稳定中求变化，提升主持风格的内涵，保证主持话语风格在不同时期的适应性和生命力。

三、主持话语风格产生的附着性

主持话语风格具有很强的附着性，需要依附传播的各种载体和各种技术手段，并且在节目过程中同步、动态地体现主持话语风格。主持话语风格离不开节目风格和媒介风格，主持人不可能脱离所主持的栏目而随意表现自己的话语风格。主持话语风格的创作主体是主持人，创造内容是节目的话题，创作的材料是声音和形象及其他媒体手段，包括传递信息的字幕、音响、包装，这些都是主持风格传递的载体。

声音和形象直接作用于受众的耳目感官，具有明显的直观性、可感性。例如，主持人的语言风格，在电视屏幕出现的形象和行为举止，包括各种电视手段的运用，都是风格附着的载体。可见，节目主持话语风格不是单独存在的，需要依附各种传递风格的载体和电视表现的手段和形式；同时还受到节目类型的制约，需要与节目类型有机融合。例如，新闻节目主持人容易形成严肃、端庄的风格；农村节目主持人一般要朴实无华、亲切热情；少儿节目主持人活泼开朗，循循善诱；综艺节目要求主持风格偏重轻松活泼，幽默大方，表达上更加强化戏剧效果和临场的随机发挥，在形象塑造和行为方式上也包含了更多的表演成分。

四、主持话语风格形成的阶段性

任何一个艺术家都要经过长期艺术实践才能逐步成熟，形成自己的艺术风格，节目主持人也是这样。主持话语风格不是一蹴而就的，需要经过不同阶段的锤炼和提升。如果从时间维度来看，主持话语风格的形成大致要经过模仿阶段、独立阶段和创造阶段三个阶段，并且每个阶段皆离不开主持实践的客观条件和主持人个人的主观条件。从某种角度说，主持人职业生涯就是不断寻找和形成自己主持风格的历程，主持话语风格是一种艺术成就，也是主持人的自觉追求。

在主持人开始其职业生涯时，往往会不可避免地借鉴他人的主持话语风格、语言及风度。此阶段的主要特征是模仿成分占据主导，创新成分相对较少。在此阶段，主持人通过学习成功主持人的经验，对其进行吸收、消化，逐步熟悉业务、进入工作状态并适应岗位。模仿主持阶段是主持人迈向独立主持和创造性主持的关键过渡阶段。然而，不同主持人在这个阶段的发展速度各异，有的短时间内便能进入独立甚至创造性主持阶段，而有的则在模仿主持阶段停滞不前。

在独立主持的基础上，主持人已经开始在主持岗位上游刃有余，能独当一面，显示出自己的主持能力，但只是众多主持人中的一员，没有塑造出独树一帜的风格。对于有追求有理想有进取心的主持人而言，主持人总是渴望不断超越自我，不断提高主持技能，以期达到"人无我有，人有我优"的主持状态。

在创造性主持阶段，主持人在同类主持人当中显示出出类拔萃的主持能力和稳定的个人话语风格，能开创独特的主持风格表现形式，或是独特的语言，或是独特的内涵，具有独创能力。总之，主持话语风格内容和形式能够完美地结合，能够深深吸引住观众的眼球。从以上主持话语风格的形成阶段可以看出，主持风格的塑造不是简单模仿，而是经过反复的锤炼和创造，以精益求精的孜孜追求才能达到的一种传播艺术。

五、主持话语风格传播的交互性

传播学将传播分为人内传播、人际传播、群体传播、组织传播和大众传播五种形式，其中人际传播由于传递和接收信息的手段多、渠道广、方法灵活而被认为是一种高质量的传播活动，是某种意义上的多媒体传播。

塞弗林等人在《传播学的起源、研究与应用》中提出："有效的传播节目往往是大众传播与人际传播的结合。"主持传播属于一种特殊的大众传播，由于主持人具有人格魅力和个性特色，在传播过程中常常体现出"人格化""个性化"特色，以及满足传播对象情感和交流的需要，同时，主持人借助媒体的广泛传播，实现人际传播的大众化效应，因此也可看作是一种大众传播。主持风格的传播是大众传播与人际传播的交叉点，以一种拟态的人际传播方式，并且具有"交互性"，能带给大众一种亲近感和人情味，这也是主持风格传播与其他大众传播方式不同的特色，并且主持传播使大众传播的特性和功能发生了革命性的变化。

主持传播的交互性体现在主持人在传播过程之中以全方位、多层次、立体化的方式传递信息。交互性主要体现在主持人在信息传递过程中运用各种传播手段传递信息，包括主持人通过自身的主持将信息传递给现场受众，还包括主持人与场外受众通过热线电话、网络咨询、短信或微博扩大互动。

传播学领域，一个核心原则为"信息共享"，认为有效的传播为双向过程。只有不断调整"传递"与"接收"之间的关系，才能实现"共享"的目标。在此背景下，主持风格的传播应运而生，作为大众传播过程中的"交流情境"。主持人通过展现个性化的风格，维持主导地位，即"意见领袖"的角色，营造出人际交流或群体互动的氛围。

若主持人仅照本宣科地传达稿件内容，或居高临下、生硬死板、家长式地传播，将无法实现与受众的互动，沦为单向传播。为实现主持风格的有效传播，主持人需营造"面对面"的人际传播场景。以轻松、自然、亲切、活泼的主持风格为特点，强调传播的个性化和人格化特征的节目，使主持人与受众由原本界限分明的"传递—接收"关系转变为朋友般的双向交流。

主持话语风格传播的交互性能够有效传递人情味和亲切感，易于为受众所接纳，缩小传受双方的心理距离，增强互动性和参与感，从而优化传播效果。

六、主持话语风格性质的稳定性

风格实际上是各种特征在表现上的不断重复，并且具有相对的稳定性。正如丹纳所说："人人知道一个艺术家的许多不同的作品都是亲属，好像一父所生的几个女儿，彼此有明显的相像之处。你们也知道每个艺术家都有他的风格，见之于他所有的作品。……他有他风格的效果，他的句法，他的字汇。"

布封也说："知识、事实与发现都很容易脱离作品而转到别人手里。它们经过更巧妙的手笔一写，甚至会比原作还要出色些。这些东西都是身外之物，风格却就是本人。因此，风格不能脱离作品，又不能转借，也不能变换。"从风格的稳定性可以看出，主持话语风格不仅仅体现在一次节目、一篇稿件或一个时期的节目主持过程之中，而是贯穿于整个主持艺术创作生涯。主持话语风格具有一贯性，一旦形成、成熟，不会轻易改变，会有一个相对稳定的状态和过程，这也是创作个性在创作实践中连续不断地相继叠加的结果。

主持话语风格的稳定性有利于聚拢受众，受众期待主持人的主持方式既要不断创新，又要相对稳定。否则，主持人主持风格变化多端，只能使受众应接不暇，还会不自觉流失一部分核心受众。当然，主持风格的稳定性，并不意味着主持人因循守旧，在追求主持艺术的道路上故步自封、停滞不前，没有创造性的单纯重复，而是随着社会时代的变化、媒体传播环境的变化而与时俱进来适应、调整和创新，显示出生命力和发展性。

第五章
电视节目主持人话语的批判审视

　　中国电视节目主持人话语经过多年的演进、锤炼、创造、提升，形成了主持话语的多元样态、多种形式，产生了符合受众收视需求、推动中国电视节目发展的主持范式。然而，主持话语繁荣发展的同时，也存在商业化运作、媚俗化格调和泛娱乐化内容等方面的诸多现象，存在原创性弱、同质化现象严重和表象化明显等诸多问题。有的主持人盲目模仿国外或同行，"跟风"现象严重，原创能力不强，能体现中国时代特色的主持风格较少；有的主持话语没有较好地反映客观现实和受众的需求，内涵不足，稳定性差，凝聚力和同化力不强，可持续性发展不强；某些主持话语艺术标准不高，吸引力和感染力不强，流于表象化，形式化。本章分别从主持风格的乱象、同质化和表象化问题，对现今电视节目主持人话语进行批判审视。

第一节　电视节目主持人话语的乱象

　　北京师范大学艺术系等单位举办的"六城市青年观众电视收视状况调查"表明，在关于主持人不受欢迎的理由中，被调查的观众有73%的人认为"主持话语风格做作"、43%的人认为"主持风格千篇一律、呆板"、87%的人认为"个人风度差、浅薄、卖弄、油嘴滑舌"、49%的人认为"涵养差、一看就知道背稿子"、48%的人认为"表现个人、与栏目游离太远"。这些调查结果在一定程度上展现了今天活跃在荧屏上的主持人存在的问题。

主持人话语风格的乱象，一是表现在商业化运作对传媒公器的消解，主持人为获得明星效应，一味追求收视率和市场效应，在形式上刻意炒作，标新立异；二是媚俗化格调对传播精神的矮化，主持人为迎合受众的低级品位，角色定位模糊，缺少人文关怀和社会责任感，缺乏公信力和舆论引导；三是主持内容的泛娱乐化对电视文艺的矮化，新闻节目为追求娱乐效应，过分挖掘负面新闻，或不深入调查以讹传讹，缺乏真实性和公正性，造成对电视文艺的矮化。

一、商业化运作对媒体公器的消解

从媒介产业化发展历程来看，"20 世纪 90 年代中后期以来，电视传媒的市场化程度不断加深，电视的内容与市场、与观众的收视日益紧密地结合在一起，产业化、集团化、市场、效益、效率、收视率、受众需求以及成本核算、营销、广告等影响着电视实践"。

可见，随着市场经济的发展和传媒市场化程度不断深化，媒体的地位和职能也发生了变化，关于媒介职能的表述日益强调其独立性和主体性，如将传媒称为"社会公器""第四势力"等。20 世纪 90 年代中后期，电视媒体进入市场化阶段，电视节目和主持人乃至主持话语风格都成为进入观众眼中的传媒产品。随之而来，衡量传媒产品质量的评价标准也转换成它是否适应市场和具有较强的市场价值——即是否拥有较高的收视率、能否获得较高的广告创收、能否具备多元经营能力以及能否形成产业链等。

2000 年后，中国电视市场化、产业化的进程加快，媒体从计划经济体制下的意识形态宣传部门，转向为市场经济环境下的产业、企业部门。电视媒体在转化过程中，由于自身的体制、机制不够完善以及发展滞后，出现了一切向钱看、片面追求市场效应和收视率的风潮。电视频道、栏目、节目的过量扩张，电视内部的激烈竞争，造成了宣传管理要求与电视市场要求的严重脱节，结果必然使电视向着低投入、低成本、快餐化的方向转移，商业化色彩过浓。

电视作为社会的"公器"，理应成为全民共享的信息传播渠道，应当使用规范的语言主持节目、播报新闻，确保新闻信息或资讯传播的客观性和真实性。然而，在一些电视媒体中，常常出现仅追求商业价值的短期利益，对媒体公器的公众性、权威性产生负面影响的现象。一是新闻娱乐化，通过打探隐私挖掘带有"色情"的新闻素材吸引人眼球；或片面追求负面报道，肆意利用媒体进行炒作，以谋取利益；或报道"有偿新闻"从中牟利，损害了传媒的公信力和权威性。二是在生活服务类节目中不顾节目质量，增加较多的植入式广告，或增加广告段位，或开办夸大实情的广告节目，以增加创收，使得媒体日趋商业化。商业化的电视传播对主持话语也有较大影响，节目主持人被推向追求收视率、追求经济效益的第一线，导致主持人专业操作和专业行为失范的情况屡屡出现，形成喋喋不休的随意性表达惯性和亢奋的表达欲，而丧失了专业性和艺术追求，主持话语的专业精神缺失。

商业化的电视节目，使得电视节目主持话语的定位也立足于如何吸引观众的眼球、如何提高收视率、增加广告额以及获取商业利润。这一时期，具有较大市场价值的大型电视选秀活动、娱乐节目大量出现，随之而产生的商业化的主持风格也越来越明显。

商业化的主持话语主要表现在，娱乐节目的数量在电视节目中的比率增大，很多娱乐节目主持人"明星化""艺人化"倾向明显，频频出现于各种商业活动和品牌代言活动中；某些主持人倾向于将自身知名度视为"明星偶像"般的声望，他们通过制造绯闻、发表激进言论以及过度外在包装等手段提升个人知名度。然而，这种做法可能导致主持人对自身内在品质的忽视与冷漠，进而形成居高临下、自负的心态，丧失应有的职业操守与追求。奇装异服、绯闻艳闻，并非主持风格塑造的明智之选。在境外媒体竞相抢占电视市场份额的当下，把握好"主持人"本性与庸俗"明星化"、过度"商业化"之间的平衡，显得尤为重要。

随着我国电视节目的日益丰富，主持人队伍规模不断扩大。然而，整体而言，主持人的专业素质和能力尚待提高，行业准入标准相对模糊。诸多主持人将青春活力、外貌出众视为担任节目主持人的"优势"，他们视主持工作为实现"明星梦"的契机；认为主持人只需头脑灵活、口才了得、善于表演。然而，对职业的浅显理解和能力结构的不足，导致许多主持人犹如昙花一现，难以塑造出适应社会发展和受众需求的主持风格，亦难以实现职业生涯的可持续发展。

商业化对大众传媒的侵袭愈演愈烈，导致传媒的专业性、艺术性日渐丧失。主持人常常难以在商业价值主导和专业业务主导之间找准方向，在庸俗包装与综合素质提升之间做出取舍，在大众化与精英化之间寻求平衡，难以寻找到适合自己和传媒责任的风格和坚持媒体的专业操守。

二、媚俗化格调对高雅文化的侵蚀

在《现代汉语词典》中，"媚"一词的含义为"有意取悦他人、巴结（动词）"以及"可爱、美好（名词）"。而"俗"则有以下三层含义：一是指社会上长期沿袭的风尚、礼节、习惯等总体表现；二是指普遍流行、广泛接受的；三是形容低级趣味、庸俗。

在大众传播中，"媚俗"即过分迁就迎合受众，彻底放弃自己尊严，以作态取悦大众。"媚俗"之"俗"，是庸俗、低俗，关于媚俗（kitsch），原义之一是指"俗气的艺术"。日常意义的"媚俗"显然是一个贬义词，用来批评那种有意迎合、巴结庸俗受众的艺术行为。可见，媚俗与审美无关，是一种传统美学无法回应当代审美文化挑战时所出现的畸形形态。米兰·昆德拉在《生命不能承受之轻》中把它的产生概括为主客观两个方面：主观上"媚俗"是为眼前名声和利益而放弃自己的审美理想；客观上，"媚俗"是屈从外界压力，在畸形的审美期待和媒介意志面前与之妥协，拿"美"作交易。这样看来，"媚俗"本身就是功利主义意识驱动下的一种"矫情的表演"——这就是"媚俗"的本质。

媚俗在大众传播中体现在媒体为迎合受众，满足受众存在的低级趣味、猎奇心理甚至是变态情绪，满足浅层次的审美情趣和感官需求，体现出较强的功利心，有时甚至忽视社会价值、无视道德底线。主持话语风格的传播在一定程度可以实现人际传播与大众传播的结合。主持话语风格媚俗化的表现在于，主持人在传播中为体现个性风格，常常滥用人际传播，为了取得"越自然越真实"的传播状态，将主持传播完全视为私人间的人际传播，不顾及话题的公共性，或打探嘉宾隐私，或妄加评论，全然不顾自己作为大众传播者的身份，不仅浪费有限的媒介资源，而且不被受众接受。

塑造主持话语风格是增强传播效果的一种途径，主持话语风格的传递能拉近传者与受者间的距离；但也正是浓郁的人际化特色，使主持话语风格常常出现刻意表现个性、无视媒体公共性的现象。有的主持人为了树立个性化的主持话语风格，在传播中传递大量冗余信息等，对传播产生消极影响。例如，一条消息播音员播报只需 5 秒钟，如果用主持人说新闻的方式，则可能不止 5 秒，如果还加上语气助词等附加成分的话，所需时间更长。很多主持人为了形成自己的主持话语风格，刻意增加很多个人的语言及主观评价，将节目当成宣泄个人情感的场所，甚至还会说出一些格调不高的黄段子、荤笑话，把污言秽语也带到节目中来，使节目显得庸俗不堪，造成主持人和节目的权威性下降。这种过于个性化的主持话语风格，降低了传播的效率，主持人虽然树立了亲切、平等的姿态，将受众当成"自己人"，但也在一定程度上出现权威性不足、信息量不多的情况。

主持话语风格媚俗化是对高雅文化的侵蚀。媒体作为传播精神文明的工具，应当具有一定的舆论引导力，应当追求高雅、抵制低俗，倡导积极向上、文明健康的价值观，对于各种丑恶现象、不正之风应有批判精神和独立、公正的媒体立场。主持人作为媒体的代言人，更应当履行媒体职责，具有社会责任感和文化引导力。目前，主持界存在媚俗化格调的情况，有的主持人刻意追求短期内迎合受众口味的主持风格，为追求收视率和个人的知名度，哗众取宠、形象艳俗、言语粗俗、风格低俗，甚至背离中华民族的传统道德观和审美观。

三、泛娱乐化内容对电视文艺的矮化

从传媒的功能来看，媒体的功能除宣传、教育功能之外，娱乐功能也日渐突出。过去媒体作为政府的"喉舌"，出现机械式的、传声筒式的宣传，不讲究传播艺术，内容毫无生气和活力，形式呆板单调，遭到观众的排斥与不信任。随着媒体的市场化发展，媒体容易从宣传教化走到另一个极端，可能一步从"喉舌"走到"观众是上帝"的过度娱乐化路线。有些媒体过分强调娱乐功能，只为获得受众追捧，出现某些低级的为娱乐而娱乐的倾向。

主持话语的泛娱乐化，体现在主持语言上缺乏严肃性和准确性，热衷故意炒作，夸大事实，擅自评论，有些主持人采用某些"恶搞"的手段，拿一些严肃的主题和嘉宾开玩笑；在语音语调上阴阳怪气，过于个性化；

在个性形象上，服饰着装随意或怪异，发型化妆上标新立异，不符合主流审美习惯；整体感觉上，急功近利，追求低级庸俗及轰动效应，缺少主持艺术的品位和美感，缺少人文关怀。泛娱乐化的主持话语风格容易脱离国家意识形态诉求，背离社会主义核心价值的要求，有可能导致对电视文艺的矮化。

在新闻节目方面，节目制作者们几乎都在强调节目"叙事要故事化""故事要细节化"，在节目中不断制造悬念，吊人胃口，以增强节目的吸引力。于是，有的节目要求主持人用"评书化"的语言来表达，用夸张的、充满噱头的语言来主持节目，甚至用相声演员来主持新闻类节目。过分强调语言表达的悬念效果和噱头会直接影响新闻节目的真实性，这种"评书化""相声化"的新闻播音风格，已经背离了新闻的本质，消解了新闻的真实性和客观性，降低了新闻节目的权威性。此外，很多综艺娱乐电视节目，充满投机和功利意识，为追逐收视率，任凭节目的低俗化发展，主持人的言语和形象都俗不可耐，无视媒体的社会责任。

在节目泛娱乐化的趋势之下，无论是新闻节目、谈话节目、社教节目还是其他各类对象性节目，经常滥用娱乐元素，出现表面娱乐、内涵不足的问题，节目质量较为粗糙，主持人也不自觉走娱乐化道路，不自觉地走向低俗。有的主持人语言功底不扎实，说话错漏百出，抛弃标准的普通话，而改用"港台腔"，在屏幕上插科打诨、耍贫嘴、打情骂俏；有的主持人在情感与态度上，对嘉宾的谈话任意打断，对隐私穷追不舍，对某些嘉宾的痛苦无情揭穿，缺少人文精神和对人的尊重。此外，有的主持人在服装及造型化妆上刻意追求新潮，不符合主流审美标准，某些主持人怪里怪气，则给人留下浅薄无知的印象。

例如，某体育频道主持人身着比基尼播报欧洲地区比赛当日的天气情况，播出三天后迫于公众压力被迫叫停。有专家和网友评论指出，采用比基尼女郎播报天气，对于专业体育报道来说，缺少信息量；对于专业的参加选美、走秀的模特来说，主持人又有些业余，这是为谋求收视率的低层次炒作。

这种泛娱乐化的主持话语风格污染着电视荧屏，虽然娱乐包含一定的审美因素，但娱乐毕竟不等于审美，娱乐是一种较为低级生理欲望，是一种感官刺激，而不是高级的心理需要和精神需求，它与审美有关，但并不就是审美。正是媒介对收视率和主持人个性化的片面追求，主持人的审美水平不足和对自身角色把握失当，为节目主持话语风格的泛娱乐化提供了一定的土壤。要真正抵制主持人的泛娱乐化的问题，则既需要从主持人本身入手，也需要从媒介的传播制度入手。

尽管娱乐是广播电视等大众媒体一项重要功能，但主持人必须当心泛娱乐化的倾向，必须将"娱"的游戏性和"乐"的审美性结合起来，提高节目的艺术品位，提高主持人的文化素养，只有把握其中的度，才可能避免因过度娱乐而导致电视文艺的矮化。

第二节　电视节目主持人话语的同质化

节目形态的同质化、内容选择的同质化，造成节目主持话语风格的同质化。主持话语风格的同质化，不是表现在对某一种主持话语风格的模仿，而是来自主持人批量生产中，对某一种主持风格的效仿，以及选拔、接受者的模式化观念。纵观各中央级、省级媒体，相互模仿、相互克隆的节目比比皆是，除了节目的内容和形式重复以外，主持话语风格的模仿更是一眼见底，节目主持人的开场白、中间的串联词和结束语大同小异，没有任何新意，主持人的个性魅力不复存在，也成为困扰电视发展的重要问题。

一、盲目效仿，直接"拿来"

虽然伴随着多年的广播电视改革，一部分独具特色的主持人初露锋芒，但从整体上看，我国仍然缺乏具有国际影响力的明星级主持人。主持人存在的普遍问题是风格雷同、缺乏个性、行为模式化等。而在"克隆"惯性的影响下，不但节目模式被克隆，主持话语风格克隆之风也日益严重。对主持话语风格的模仿，很多是照搬照抄，毫无创新，不仅模仿其语言表达方式，还模仿其语气腔调、行为手势，甚至有的还把不符合中华民族优良传统的生活方式、价值理念和人生追求等观念和行为不知不觉地传播给受众，对媒体的形象产生影响。

例如，新闻节目中一成不变的故作深沉，娱乐节目中不加思考的"全盘港台化"，谈话节目中毫无创意的肤浅调侃……如此种种，极大地束缚了主持风格特色的彰显及主持人个性魅力的形成。许多节目主持人不考虑所处地域文化的差异，政治、经济、社会发展环境的不同，以及所在媒体和平台差异，盲目跟风克隆。例如，崔永元主持的《实话实说》火了，谈话节目就争相模仿崔永元平民化的主持话语风格；杨锦麟主持的《有报天天读》火了，各电台就开办类似读报点评的节目，模仿其手势和语调，克隆其稳重犀利的主持话语风格。越来越多的主持人期待树立自身的主持话语风格，并构造了多元化的主持话语风格样式；但能受到普遍认可、具有媒体风范和中国气派、具有长久生命力的主持话语风格不多，且风格的表现不够鲜明，每一个创作个体的话语风格内涵难以令人满意。

主持话语风格没有好坏之分，应各走各路，让观众去选择，在竞争中发展自己。每一种风格的出现是不以人们的意志为转移的，可以说是主持传播实践的推动和历史潮流的选择，它是在传播环境、传播机制的演化作用下必然出现的演进，无论我们是否喜欢，它的出现、发展、消失都是不可避免的。在当前受众主体意识觉醒、媒介融合发展、节目求新变革时，盲目模仿他人的主持风格将不能摆脱被淘汰的命运。不同的时代需要不同的风格，主持风格也应当创造自己的"潮流"。这需要主持人继承传统主持话语风格中优秀的内涵和精髓，并在此基础上进一步优化创新，继承和发扬传统风格的优秀基因，依据受众审美和节目形式的变化，创新话语风格样式。

二、缺乏原创力，主持意识淡薄

节目创意和主持话语频频被抄袭和模仿的另一方面，反映出现今的广播电视节目创新能力不强。主持话语的低水平重复反映在对主持人表面现象的模仿，仅从造型或主持技巧上进行模仿，而不注重主持话语的创造性和艺术性。例如，有的主持人从形象、声音到表达方式、用语习惯、说话的腔调与语气等进行全方位模仿，甚至连不太标准的普通话语言都要模仿。这些节目在刚出现的时候，可能由于市场的余热，会短时间内赢得一些收视率，但从长远来看，当观众对这类节目产生观赏和审美疲劳之后，这类节目就容易遭到淘汰。存在对国外以及港台优秀的节目创意和主持话语的简单复制。重复的节目和主持风格常常难以超越原创，并且缺乏生机和活力。

主持话语的原创力不足，成为制约多样化发展的因素，也是我国主持人难以在国际舞台上崭露头角的原因。主持话语长期处于低水平重复状态，既无法塑造独特个性，也限制了成长空间，进而阻碍了自我主持话语的创新能力和创新意识的提升。无论是节目原创被抄袭，还是购买版权节目被模仿，均反映出对节目知识产权的忽视。这种漠视将导致节目原创能力削弱乃至消失，同时使主持话语内涵浅薄、生命力脆弱。

主持话语的低水平重复，挤压了受众的选择空间，也使得别人的主持话语的独创性遭到破坏。某些电视台急功近利，热衷于跟风模仿，抄袭节目形态，抄袭主持风格，形成"一家创新——多家模仿——观众厌烦"的恶性循环。有业内人士指出，在以收视率论成败的环境下，节目制作方往往选择走"捷径"，缺乏原创耐性，更不重视创意的培育期，制作电视节目时太急功近利，为了短期内获得高额回报，企图通过模仿复制的低成本获取高额广告创收的利益。这种低水平重复的主持话语，会使节目创意行业和主持风格的塑造停步不前，既解决不了主持人自身的长远发展问题，又伤害了原创者的创新积极性。

从抄袭海外节目、境外节目，到本土节目相互抄袭，从抄袭节目模式到抄袭主持风格，浮躁的主持创作思路必然导致越来越严重的主持话语同质化，也将影响我国主持人走自主创新的品牌道路，阻碍我国主持人走向世界，发挥文化影响力。事实证明，只有原创才是中国电视产业和主持人真正走向国际的最具实力和生命力的敲门砖。健康的电视生态环境，应是既重视节目的购买，也注重节目的研发，尊重知识产权，鼓励原创，培植创意。目前，国内原创电视节目模式的知识产权保护还处于起步状态，变相的抄袭现象大量存在，要改变这种局面，更多依靠的是从业人员的职业道德与行业自律。

此外，主持人普遍缺少"主持意识"。大多数主持人是由播音员转型而来，受原有职业观念与专业训练的影响，他们已习惯于体现播音意识，而忽略主持人必须具有的主持意识、记者意识、编辑意识等；习惯于担当节目的最终体现者，而忽略节目的创作过程；习惯于被编导、记者所支配，而忽略主持人在节目中的驾驭能力。缺乏"主持意识"的主持人已成为主持群体风格形成与提升的障碍。一方面，主持人难以深入理解节目创作的精髓，主动性与应变力不足以满足受众日益增长的信息诉求；另一方面，由于某些主持人满足流于表面的照本宣科，主持风格淹没于千人一面的形式，而与节目内容或多或少地出现分离，节目缺少活力，主持人缺乏个性。

第三节　电视节目主持人话语的表象化

这些年由于广播电视事业的飞速发展，以及由此产生的对主持人的大量需求，在主持人的选择和评价上普遍存在的"重外表，轻内在"的误区，使得大量综合素质不高的人也进入了主持人行列，并最终导致了主持话语的表象化。

有人预言，21 世纪节目主持人的"漂亮面孔"将会被"智慧大脑"所取代，受众对主持人的内在素质、专业知识、临场应变能力等综合素质的要求超过单纯的外貌的观赏性。相关调查也显示，"受众对节目主持人的知识层次和水准、社会阅历、主持话语的要求越来越高。受众最欣赏的主持人是那些有学识、有经验阅历与幽默感的成熟型、思想型主持人。尤其是在欧美的一些发达国家，受众对主持人的社会经验与阅历的要求越来越高"。

一、重"外在形貌"轻"内在修为"的认知偏差

由于主持人每天要面对纷繁复杂的新闻事件，各种各样的采访对象，缺少丰富的社会经验和阅历，光靠凭空虚谈、言之无物是无法胜任节目主持的。主持人由单纯要求具有"漂亮外表"，逐渐过渡为具有"知识智慧""经验阅历""成熟性""幽默感"等内在知识化特征，已经成为一种趋势。

然而，长期以来，业界普遍存在重视"外在形貌"而忽视"内在修为"的认知偏差，从而使得部分主持人在实际工作中未能充分重视"内在修为"的重要性，对一线工作经验与知识的积累亦不够重视。例如，有些记者型、

评论型节目主持人，渐渐远离了新闻第一线，不再或很少出现在新闻现场。主持人的作用、特点均不鲜明，新闻主持人的魅力有所暗淡。《新闻调查》制片人张洁说得好："现在我认为很多年轻的记者去做演播室是一种很短视的行为，就算你天天出镜曝光也没有用，新闻是头一位的。"例如，有的主持人在探讨农村话题的时候，缺乏对社会腐败行为的关注、缺乏对腐败危害性的深层次认识，在分析法律案例时，没有较强的法律意识，缺少相关的法律知识，其主持观点难以令受众信服，难以挖掘出更深层次的内涵、更独到的见解，也会因此失去应有的水准。即使是在以娱乐消遣为主要功能的娱乐节目与综艺节目等节目形态中，主持人同样应该具备与节目内容相关的专业知识，如音乐知识、曲艺知识、舞蹈知识等，并应当在此基础上，成为某一方面的专家，形成权威性。

目前全国电视节目主持人综合素质参差不齐，主持人在节目中主要做的就是用自己的形象、声音演绎串联词，没有生活阅历和知识积累的主持人难以进入节目的核心内容，大多数作为一个话筒或一个替身出现。同时，有些电视台和栏目总想以主持人的形象来吸引眼球，把年轻、漂亮作为选拔主持人的重要标尺，过于重视外在形貌和主持技巧，轻视主持人的专业知识、经验阅历；这种重"外在形貌"而轻"内在修为"的主持人选拔方式，最终导致主持人难以有进步的空间和长远的发展，在节目中没有自我的个性展示和风格呈现，而是程式化的表演或串联。

二、重"专业技巧"轻"人文传播"的现实瓶颈

电视节目主持人拥有独特的社会资源，面对社会与群体的种种冲突、矛盾问题，理应借助电视媒体这一"社会公器"主动地给予关注、关怀和关切。尤其是在关乎社会公益的各种活动和场合中，电视节目主持人所秉持的价值观、所倡导的社会行动以及自身的公众行为，都将有效地沟通、交流、协调不同社会群体之间的关系，也要个人在和谐社会乃至和谐世界的建构中扮演积极、正面、健康的形象。目前，部分主持人仅注重"专业技巧"，轻视"人文传播"，很多主持人缺乏独立思考的能力，缺少媒体的社会责任意识和人文关怀。

例如，我国有200多所大学开设了电视主持专业，但很多主持人教育理

念偏重专业技巧的培养。大部分走上主持人岗位的主持人，注重语言口才训练较多，轻视语言的内涵，重视形象包装，包括化妆、服饰、礼仪等种种细节，却忽视主持人的文化内涵和专业知识，更不用提人文传播。

主持人的人文传播贯穿在内在观念与外在表达等诸多层面，人文关怀的实现不是一蹴而就的短期行为，而是一项细致深入的长期规划。它既有赖于大众传播整体理念的变革，也有赖于节目形态的创新；既有赖于主持人个体的意识觉醒，更有赖于传播环境的全面改善。数千年的中华文化，不仅是全球华人为之骄傲的重要文化资源，也是全人类为之骄傲的重要文化资源。将灿烂辉煌的中华文化发扬光大，共享中华文化的魅力，是中国电视节目主持人的文化职责所在，主持人应当发挥其文化影响力。中国传媒大学的曾志华教授认为："主持人文化影响力既是一种权力，是电视权力的软化表现，又是一种效果，是电视文化经由主持人作用于受众的传播效果。"可见，优秀的电视节目主持人是一个节目的标识和灵魂，他们的文化涵养、文化积淀、文化素质决定着一个节目乃至一个频道的文化水准和文化影响力。

然而，当前媒体和主持人都不够重视主持人自身文化知识的积累和人文传播意识，仅仅偏向于主持技巧的提高，缺少文化积淀，缺少对整个社会发展的关注和思考。特别是新闻评论类节目中，有社会责任感、公信力、号召力和权威性的主持人寥寥无几。一方面，中国正处于经济快速发展时期，但由于发展不平衡，并且因民族、宗教、受教育程度、性别、收入状况、职业状况等的差异造成了社会群体的日益分化，形成了复杂的社会群落，彼此间的社会矛盾也日益凸显。对社会具有深刻认识，不仅要有一定的文化积淀和理论知识，还要有丰富的人生经历，才能对纷繁复杂的社会现象做出客观、公正、准确的判断和认识。

另一方面，主持人由于岗位的特殊性，若社会经验不足，发布某些不当言论，会适得其反，对社会造成负面影响。例如，央视《晚间新闻》主持人赵普在其微博上写道："同志们：不要再吃老酸奶（固体形态）和果冻，尤其是孩子，内幕很可怕，不细说。"并强调该短信内容转自一位调查记者。一天之内，此微博被转载13万次，由于赵普先于新闻发布内幕，焦点直指食品中使用的添加剂明胶，并且没有说清楚事实的来龙去脉而妄加臆断，导致引起了公众的误解和恐慌。后来经过调查，这种现象的确存在于某些小作坊之中，并非整个行业的普遍情况。在信息来源不够全面、对社会问题未深入了解且在不恰当时间发布消息和言论的情况下，作为公众人物的赵普，所发布的消息造成了一定的负面影响。

可见，主持人一方面要具有强烈的社会责任感和正义感，有责任和义务在沟通社会各阶层的关系、规范社会行为和构建和谐、健康、向上的社会伦理价值观等方面发挥积极作用，并努力通过主持人岗位的工作，改善人与人之间的关系和社会风尚，振奋全体社会成员开拓进取、积极向上。另一方面，主持人应当具备人文传播的精神，把握恰当的人文传播方法，明确传播的方向性和目的性，将创造艺术价值和文化价值作为自身追求，起到引导正确的舆论导向和提升全民族科学文化水平的作用。

第六章
电视节目主持人话语的困境与挑战

一些电视节目在表达方式上的娱乐化，造成电视节目出现娱乐化倾向，这与电视节目主持人话语有较强关联。由于主持节目的过程中主持人的一言一行、一举一动都在向受众传达着信息，因此不同的主持人不同的话语，赋予了节目特色。在"泛娱乐化"背景下，电视节目主持话语专业性、权威性逐渐式微；通过比对国内外不同节目的主持话语，本书发现电视节目主持话语的困境与挑战主要集中在以下四个方面：

第一节　文本话语与生活话语转变适应度低

文本话语是在实践的基础上，形成的一种陈述式的表达，主要作用是表露说话者的意图。话语不仅是简单的口语表达，更是书籍、条文等一切书面用语的集合。只有将生活真实融入文本才能实现文本话语到生活话语的转换，但是在日常电视节目主持话语实践中，文本话语与生活话语转变适应度往往很低，主要原因有主持思维模式僵化、节目话语体裁单一、节目案件形式固化。

一、思维模式僵化缺乏对象感

每个人都拥有自己独特的思维模式，主持人也不例外；形象思维与逻辑思维的整合是主持人思维模式的集中表现，两种思维模式在相互作用下创新信息再造话语内容。电视节目播出初期，主持人往往是以单一的半身图像面对观众主持事件，同质化的话语表达形式让电视节目主持人形成了"开场白—解说—结语—预告下期节目内容"的固定模式。这样索然无味、流于表面的主持话语模式显然无法迎接信息时代的冲击，电视节目收视率急剧直下。主持人作为电视节目传播的第一人应当始终保持信息敏感度，细心发现新热点和新方向，转变以往对于观众十分依赖电视作为信息获取主要媒介的认识，用新兴思维去改善自身话语表达。

主持话语是与观众互动的重要载体，与观众之间的人际关系是建立在主持话语传递与表达的基础上的，不仅仅是思维的转变更是话语之间的细枝末节。播音是用有声语言播送出去给人们听的，不是对空发言，不是自言自语，更不是自我欣赏，受众就是宣传的对象。但是，主持人一般是坐在话筒前播音，面前没有受众，看不见宣传对象。这个矛盾怎么解决呢？能不能因为看不见受众，就可以不管宣传对象，只管播音呢？不行。这样做，不能吸引人、感动人、说服人，达不到播讲目的，那种"姜太公钓鱼，愿者上钩"式的播音，不管主观如何，客观上是对宣传对象的漠视，初学者万不可以此为正宗。电视法制节目主持人话语应该有对象感，即任何时候都不要忘记，播音是向人民群众进行宣传，每一次播音都有不少受众在专注地聆听，宣传的内容是他们非常关心、急于知道的，应该努力宣传好，使他们愿意接受。如果主持人不了解他们，不为他们着想，播得不清楚、不完整、不准确、不鲜明，他们就听不明白，甚至不愿意听。

对象感，正是被创作主体用来作为使思想感情处于运动状态的一种手段、一种途径，属于某种联想、想象中的东西。谁如果以此为实有物，并执着地去追求它的客观实体，谁就不懂得播音创作的这方面的特点，并必然带来"谁在听，我就播给谁"的空洞结论。有对象感，绝不是说的这个意思，因为"谁在听"，播音员是无法具体窥测的。这样窥测，"谁"是什么样的人仍属未知，"对象感"肯定是消极的、被动的，甚至会成为虚无缥缈的东西。如，《生命线》栏目作为行业破局节目之一采用真实一线消防员作为外景主持，在生动表达节目事实的同时却忽略了未经相关训练的"外景主持"会因缺乏经验而导致话语表达平平无奇。节目中的伤者受伤情节严重，但是消防员主持人也许是因为多见不怪所以表达时相当克制，以至于表达不尽如人意。再如，电视法制节目主持话语多以叙述为主，只客观陈述案件事实略显冰冷无情，所以电视法制节目主持人应从内心调动情绪，充满对象感去完成每一次出镜主持，方能达到主持的最佳效果。

二、话语体裁单一缺少内在语

话语体裁单一，是造成电视节目主持话语淡然无味的原因之一。电视节目主持人文本话语的集中体现形式为叙述式，偶尔掺杂一些议论式话语，但是由于叙述式文本缺乏鲜明观点从而局限了主持话语的创作空间，创作空间的掣肘也让电视节目主持人在进行话语表达时缺少对于文本"内在语"的思考。

文本话语不只是文字表意，每一个文本所包含的具体思想感情总比写出来的文字深广得多，这是作者选择素材、提炼主题、谋篇布局、遣词造句、精益求精的结果。文本言简意赅、字短情长，才显得深邃紧凑，余味无穷。任何时候，不可能也不必要把文本包容的具体内容和思想感情全部写成文字、表达净尽。

因此，电视节目主持人深入理解、具体感受文本时，不应仅仅停留在词句上，而要努力挖掘语言后面更深一层的意思，抓住语言后面的"言外之意""弦外之音"。那语言所不便表露、不能表露，或没有完全显露出来的语句关系、语句本质，就是内在语。如，演员在支配自己的形体动作、言语动作时，也用这个方法，即"潜台词"或"潜语"。如果创作主体就稿论稿，就句论句，不去开掘，不求深意，内在语便失去了意义，语言必然干瘪而浅薄。有时文本写得平庸，本身就没有什么蕴藏，创作主体当然不应该凭空编织，牵强附会。袁枚在《随园诗话》里批评苏东坡说："东坡近体诗，少酝酿烹炼之功，故言尽而意亦止，绝无弦外之音，味外之味。"这批评也许偏激，但这样的文本，我们并不少见，硬去寻它的"弦外之音，味外之味"是近乎缘木求鱼的。但是，我们也有这样的经验，乍看一个文本，似乎平常，但经过反复分析、感受，感到味道很浓，含义不浅。这正是由表及里深化的产物。不经过反复分析、感受，便贸然断定文本贫乏，是不负责任的态度。从艺术创作的角度看，在平庸中见神奇，浅近中察深意，反更说明创作者的高超。我们运用内在语，正是在有尽之言中赋予无尽之意。看来，苏东坡的话是对的："言有尽而意无穷，天下之至言也。"

写作如此，主持也不容忽视。

文本话语与生活话语转换的关键是加强文本中的内在语。内在语是我们对文本理解和感受的集中概括，不是冷漠的表述。文本中一般的语句，由于"词"本身的符号概括性，内在语比较清楚明了，但是，在重点和难点上，非挖掘出准确的内在语才好把握，并利于表达。重点，关乎全篇的关节；难点，属于雾里看花、扑朔迷离的情况。重点不明，难点不清，整个文本播音的根基就不牢，语言技巧的运用就会手足无措，主持目的和社会效果也就落空了。

三、选材形式固化需情景再现

影响电视节目收视率除主持人表达之外的另一个因素就是节目内容是否贴近百姓生活，进而直接作用于主持话语是否可以进行通俗的科普和科学的分析。但是当下电视节目选材注重噱头，轻视影响，比如电视法制节目选题多以家庭伦理问题和离奇血腥案件来吸引观众眼球，单一的节目选题和日益加剧的频道竞争让主持话语处于不进则退的尴尬境地。观众的需求才是电视节目的核心，主持人对于观众需求的认识不够深刻，导致对选材的分析评价失之偏颇。电视节目主持人话语创新必须建立在多元再现节目真实感的基础上，这就要求主持人必须亲历现场但现场记录的工作往往由节目编导负责，两者对接时信息接收度大打折扣，主持人对于观众真实需求的了解也是少之又少。

电视节目主持人在根据文本进行播音、主持过程中，不能混同于一个普通的读者，不能采取"自由主义"的态度。电视节目主持人在自身工作过程中的感受、态度、感情是一回事，从文本中获得的感受、态度、感情是另一回事，二者统一于创作主体的内心体验中。不过前者以忠于职守为核心，后者以依据稿件为原则。电视节目主持人对文本的开掘和驾驭，完全是为了播出，是为了让受众接受。于是，电视节目主持的再造想象有着自己鲜明的特点。《今日说法》主持人撒贝宁曾表示：

"《今日说法》十年主持经历使我受益终生，3000多起案件让我在毕业之后拥有了对法律二字全新的理解；如果问我有什么遗憾的话，一定是没能去到节目现场去亲自了解情况，只是从其他同事的转述中获取信息。"

如若电视节目主持人不能真正走进现场，了解观众的需求，将会影响节目的整体质量和播出效果。2021 年改版后的《热心话》节目全新上线，每期都会挑选当下社会热点事件，线下实景走访加线上模拟场景，立体化营造沉浸氛围，全方位普及法律知识，提醒广大观众注意身边随时存在的"陷阱"，提前规避风险。因此我们认为，"情景再现"是电视节目主持人话语应当具备的条件之一。如果不能亲临现场，可以借助节目编排手段了解节目主体实践。这是因为文本中的人物、事件、情节、场面、景物、情绪等，在创作主体的脑海里应该像电影那样，形成连续的活动的画面；同时，这些带有电视节目主持人的感受、态度、感情等的画面，带有文本本身蕴含着的作者的感受、态度、感情及电视节目主持人因此而产生的评价体验的"映象"。

也就是说，电视节目主持人在理解和感受文本中，不但感受到了其中的形象——"景"，而且也感受到了其中的神采——"情"，从而达到了情景交融的境界。这个过程（请注意，这里说的是过程，不是结果；是运动的，不是静止的；是融合的，不是孤立的）就是"情景再现"。文本包含的情景，是作者对生活素材加以提炼、概括而成的，对生活来说，文本是一种"再现"；电视节目主持人的播音，是把文本中的情景再现出来的过程。在这一点上，也可以说是电视节目主持人对生活的再现。正因为如此，车尔尼雪夫斯基才指出："再现生活是艺术的一般性格的特点，是它的本质。"

第二节　精英话语与大众话语平衡过渡不均

作为两种不同的话语系统，精英话语通常昭示着某种权威和某种前沿信息和知识的味道。大众话语，是指社会普通民众就社会现象、问题、事件发表的意见或看法。传统电视节目主持话语世界中，话语抽象难理解，因此话语需要大众化、通俗化。然而，当前精英话语在电视节目主持话语内容中作为常驻嘉宾，在向大众话语平衡过渡的过程中呈现出不均匀现象，具体表现如下：

一、话语范围局限讲解式居多

电视节目的选题策划是节目制作过程中最首要的任务，直接关系到社会责任担当和受众接受相关知识的程度，另外，优秀的选题还能反映出节目的制作水准并提高收视率和传播率，从而不断改变民众固有观念，让大政方针深入人心。然而，长期以来，电视节目形成了一些固有的偏见和观念，导致选题结构失衡，严重脱离社会热点，让一些不适合的内容扩散，影响传播进程。

主持人话语受选题影响，形式过于单一，除了解释事件、强调后果等话语再无其他。比如电视法制节目，法律本来体现在人们方方面面的生活之中，生活中的法制事件为法制新闻节目提供了广泛且丰富的选题资源。然而，很多法制节目一味地追求眼球效应，专选暴力凶杀等刑事案件作为节目题材，以此增加收视率。这种偏狭的选题思路，让刑事案件占据了法制节目的大量篇幅，而其他类型案件却难觅踪影，导致了法制节目在选题结构上出现严重失衡，刑事、民事、经济等各类型案件出现了严重的不对等。这样失之偏颇的选题结构让本来丰富的法律题材变得狭隘，违背了广泛普法的社会意义，也不利于对民众形成法治教育意义，更不能给广大民众提供丰富的法律知识帮助。

话语样式"讲解式"为主是电视节目主持话语的显著特征之一。《夜线》节目作为社会与法频道王牌节目之一，话语样式也多见于讲解式，虽然加强了与观众的互动性但是有些过于强调生活化而忽视了在讲解严肃庄重的法律条文时应该加重语气，灵活变换话语样式。话语样式并不是一个笼统的概念，它是众多有声语言创作主体，在长期的播音实践工作中积淀形成的相对稳定的，能从听觉上加以区分的具体样式。当它类型化以后，便成为一种模式，指导播音主体在面对不同稿件、不同语境、不同传播对象时，迅速选择合适的话语样式进行有声语言创作，优化电视节目的传播效果。这就像我们运用数学公式进行运算一样，遇到不同的题目，我们会选择最快捷、最简便的方程公式进行演算，才能取得事半功倍的效果。

电视节目主持人的播音实践活动，基本上是一种依附于稿件文本的创作活动。因此，电视节目主持人在播音实践中，要通过对话语样式的具体把握，处理不同的稿件文本和播音作品，有效地完成主持创作活动。在电视节目传播过程中，由于传媒环境、传播语境不同，电视节目主持人要学会因地制宜选择不同的话语样式，使之与节目整体风格相协调。可见，电视节目主持话语样式影响电视节目主持人在创作实践中对具体语境的把握和分析，电视节目主持话语既要富含大众口味，也要兼顾精英品位。

二、话语基调薄弱缺少时代感

话语基调是指主持人与话语之间的角色关系，即电视节目主持人所承担的话语角色。电视节目的最终目的是将相关知识有效地传递给受众，所以语态的调整从根本上讲是为了迎合受众的喜好。电视节目主持人作为事件的"传播者"先要将现场的关键信息向观众作陈述，之后要作为事件的参与者为观众展示现场的具体情景和新闻细节。在这一过程中，电视节目主持人未能根据实际情况随时调整自己的语态，以至于观众无法最大限度地获得完整的信息。总的来看，电视节目主持人的主要交流对象是电视机前的观众。作为现场的参与者，电视节目主持人从某种程度上可以说是观众的"眼睛"。所以，电视节目主持人应该坚定话语基调，首先从受众的切实感受出发，在有声语言表达上要从普通人的视角出发，以平视的语态将常人的喜怒哀乐融入信息传播中。

话语基调并不是一成不变的。万物皆媒，人机共生的时代要求主持话语必须增强"时代感"。古代和近代，现代和当代，都能够显现出变化的印记。广播电视播音语言，时代感的色彩更是十分鲜明的。时代感，孕育着有声语言的发展趋向，显示出有声语言的当下态势。时代感，主要指一定的时代氛围，一定的时代精神，特有的词语特征，惯常的表达形态。如解放战争的激昂慷慨，新中国成立初期的豪迈奔放，改革开放后的沉稳亢奋，新世纪以来的务实创新……表现在播音语言上，洒脱的语气和清新的节奏，给人以舒展和明快的感觉。在副语言方面，也应符合时代、社会和节目的语境，给人以热诚爽朗、大方得体的言谈举止、神情姿态。

随着电视节目内容和形式的多样化，随着现代化媒体反映现实的迅捷，随着时代脉搏跳动的加快，对电视节目主持话语的要求就更高了。要在信息传播上紧跟时代的步伐，及时有效地反映日新月异的主客观世界的千变万化，提升有声语言的涵化力量和表达活力。那种慢条斯理、僵直刻板的语言样态已经是很不适应了，那种过分拘谨、力拙声浊的语流形式，也应该改弦更张了。要特别强调时代感的"感"字。对于时代的认识和分析，当然重要，但更加需要深入感受、深刻体验，然后融会贯通、气盛言宜。

三、话语方式冷漠缺失亲切感

电视是一种家用属性突出的工具，因此在节目的语言形式上采取口语化的风格会比较讨巧。当观众坐在沙发上时，与电视机是一种相对平视的状态，对于信息的接收也会更加倾心于轻松的传播形式。以往的电视节目主持话语忽视了观众的这种需求，随意处理语态，很难与处于家庭收视环境中的观众建立起真诚的关系。

如今，那种板着面孔、严肃得令人生畏的训令式的电视节目主持风格已成陈迹，代之而起的是播音的亲切感正受到人们的重视。亲切感是播音艺术的重要法则之一，它可以在一定的条件下缩短主持人与听众和观众之间的心理距离，增强传播的效果。但是，我们也有这样的感受，在听到或看到某些电视法制节目主持人使出浑身解数，力图给听众和观众以亲切感时，我们感到的却不是亲切，而是难受乃至反感。这种不艺术的"亲切"，大致源于三个方面：

其一是视亲切感为一种孤立的外在形式，而没有认识到它是主持人的内在气质和对主持工作的挚爱的一种外化形式，没有认识到这种亲切应当是从内心深处汩汩流淌出的一种自然的情感。于是，有的主持人便把亲切感误认为就是华丽的衣着、时髦的发式、新潮的化妆再加上多情的声音和多情的堆笑。显然，这样的"亲切"不过是一种虚饰而已。

其二是视亲切感为主持之效的万应良药，在播读某些不宜用亲切感处理的稿件时，仍用亲切感处理，结果适得其反。其实，亲切感的运用并不是无条件的。比如播读新闻稿件时，就要求播音员仪表端庄，神情庄严，以使人感到其播读内容的客观公正和真实可信。但遗憾的是我们也常常看到某些播音员在播读新闻时也自始至终面带微笑，"亲切"得让人莫名其妙。

其三是亲切过度，难以让人接受。我们提倡的亲切，是建立在庄重、严肃和自然的基础上的亲切，如果离开了这个基调，超出了这个高度，那便是孔子所说的过犹不及了。但有那么一些亲切过火的主持人，他们或柔声屏气，"亲切"得近乎伤感；或脉脉含情，面带微笑，"亲切"得使人生厌。这种过分夸张的"亲切"，只能使人退避三舍。是故主持之道，庄严也罢，亲切也罢，都有其特定的内涵，也是有条件的和有限度的。庄严有庄严的学问，亲切也有亲切的艺术，千万草率和马虎不得。

第三节　传统话语与现代话语技术革新缓慢

转换是一种传承和学习，是一种再创新的过程。艺术家的艺术创造需要在传承传统艺术的基础上进行创新，同样，电视节目的文本创作也需要在传承传统文化的基础上进行创新。历史性和当代性是电视节目主持话语的双重特征，它在现实发展中，不仅要传承历史中优秀的话语资源，同时也要关注未来话语发展的趋势，表征话语与社会现实之间、话语与其他社会因素之间的内在关系。

一、节目视觉图像表现手法单一

电视节目创作团队概念不清晰。中央电视台的《今日说法》节目火了，其他电视台就立即上马电视法制节目，也不管本地的实际情况，社会治安、发案率什么的统统不考虑，直接就上马，先播出几期再说。这时候，电视台对于法制节目的定位就突出了一个模糊的问题：是播出案例进行分析呢，还是通过讲故事的形式来以案说法呢？是发挥舆论监督职能，还是以进行普法宣传为主呢？是想做成专家访谈节目，还是和场内场外的观众互动呢？有的电视台根本没有考虑这些问题，对于法制节目只要有案件能采访，就派人出去，根本不考虑节目定位问题，节目的收视率可想而知。同时我国电视法制节目的视觉表现手法太过单一。要么通篇都是纪实类的记者跟拍，警方去哪记者就去哪，去走访、去案发现场、去案情讨论会、去调查走访受害者家属；要么就是在直播间，找个法律界人士或者某个大学教授，引经据典地来"说法"，采取一问一答的形式，就事论事、有一说一、有二说二。枯燥的味道非常明显。以前的那套依靠一种手法、模式从头至尾、"一刀切"的节目形式已经不能适应时代和广大观众的欣赏要求。

视觉图像分析理论表明，通过利用声音、图像、文字等符号还原人物或事件本身，可以起到再现的功能。根据再现对象的客观性，又分为叙事再现和概念再现，前者侧重于对现实的描述，后者则主要表现主观的象征意义。在这里我们可以借鉴央视新闻《主播说联播》的主持人话语指导电视节目主持人话语创新。通过分析主播们的语言模态发现，个性化、年轻化的话语表述是其火热的主要原因之一。主播们运用时下流行词语、通俗犀利的名言金句，生动地再现了事件原貌，同时也再现了当代中国把人民放在首位，与时俱进的国家形象。例如，主持人康辉表示，《主播说联播》该接地气的时候绝不端架子。主播欧阳夏丹在 2019 年 8 月 12 日的视频中，前半段作为再现意义建构的行动者，再现了一名 19 岁的消防员对抗台风"利奇马"的事件；后半段则借用流行歌曲《凉凉》，谴责香港暴徒并隐喻国家的正义形象，"恐怕你们离凉凉也不远了"。

短视频传播的海量性，主要体现在信息生产方面，"PGC + UGC"形式的信息生产，使得短视频话语样态更加丰富。信息内容涉及官方到民间两个舆论场，不仅提升了吸引力，而且加强了对受众的"涵化"，旨在引导舆论走向，创新电视节目主持话语，增加电视节目的用户黏性。电视节目主持话语可以利用短视频平台试水观众反应，及时调整节目概念意义。

二、节目视觉语法互动形式俗套

为了在节目中呈现出权威性和严谨性，节目通常会采取向专业领域专家学者咨询，结合专业的角度，用专业的术语报道、分析事件的全过程，尽可能详尽还原案件，传递相关专业知识。在这个过程中，节目着重还原、演绎事件的前因后果，主持人注重把相关的知识全面传递给观众，却忽略了主持人与观众之间的交流。

此外，电视机前收看节目的观众，由于文化层次参差不齐，需求有所差别，过于专业的术语可能会造成部分观众的理解偏差。比如，河南广播电视台法治频道《法在中原》一期节目，对继承法的法律条文进行传播，由于法律的严谨性和权威性，其用词和表达非常专业化，对于受教育程度薄弱的观众，可能对第一继承人、第二继承人这些概念问题需要时间琢磨和理解，然后才能去关注每一条法律条文的具体规定，但是这期请到的法学界专家只是将内容讲述出来，由于语速偏快，没有给观众留有思考的时间，同时主持人缺乏深入的解读和引导，这就造成了部分观众理解受限，错失详细了解继承法规定的机会。

人际意义的指向是广大的视听受众，可以从与观看者之间的接触、距离、态度来进行分析。接触是通过画面主人公与画外受众的视线关系来传达意义，当视线相向时称为"索取"，不一致时称为"提供"，前者体现了传播双方的平等地位。《律师来了》中，主持人正襟危坐，直视镜头，与观影者水平对视，体现为一种"索取"接触。通过运用这种方式，在平等的场域基础上，降低受众的抵触心理，扩大与受众之间的沟通空间，从而促进电视法制节目主持话语的良好传播。除此之外，主体在画框内的视域范围也能体现与受众之间的亲疏距离，可以分为以下六种：人的头部——亲近距离、肩部以上——个人近距离、腰部以上——个人远距离、整个人——社会近距离、整个人与周围环境——社会远距离、多个人——公共距离。假如节目主持人与嘉宾之间物理距离较远，视觉画面呈现比较突兀，则不利于展示主持人与嘉宾之间的交流互动环节。在电视节目中，主体所呈现的视域范围一般为腰部以上，体现为个人距离，进一步加强了与受众之间的互动，为电视节目主持话语更好地呈现传播效果打下基础。

第四节　说事话语与情感话语交融磨合不够

人们日常交流的话语也就是所谓的说事话语。说事话语在一定程度上，具有某种价值规定性，但是与主导性的话语相比较而言，就显得较为中立，因为说事话语不带有感情色彩，主要以事实说话。电视节目主持并不是生搬硬套，而是应当视为一种情感的交流，在传播过程中使情感发挥作用。要做到影响观众，带动观众情绪，必须使用情感话语，营造话语的融洽性，重视受众的情感体验。

一、重音运用不到位

作为主持人，首先应该具备的业务素质就是良好的语言表达能力和主持功底。电视节目主持人必须语言准确、吐字清晰，这样才能将要表达的信息表述清楚，将枯燥的条文转换成有声语言，让受众获得更多的信息，提高传播效果。同时，电视节目主持人还要有对语言节奏的控制能力。节奏过快，受众由于接收的信息量过大，很难消化吸收，降低了传播效果；节奏过慢，则难以满足受众对法律信息的需求，因此电视节目主持人在节奏上应当适当，不宜过快也不宜过慢。在主持节目过程中，电视节目主持人面对的不是一个人，而是千千万万个对节目内容并不熟悉的人，这时主持人就要注意让"正式语体"口语化、日常生活化，让语言更容易被受众所理解。在《今日说法》的一期节目中，撒贝宁说：

"这个案子，我们最终要等待司法机关做出一个判断，但是在这里我要告诉大家的是，无论开车在路上碰到什么事情，如果仅仅是交通事故的话，那么积极地参与救治，挽回损失，减少伤害，是唯一的办法，如果去采取更恶劣的方式来进行处理，那么等待你的将是更严厉的后果，我想每一个人都愿意成为一个善良的司机，而不愿成为一个行凶的罪犯。"

这样一种语体选择，让所有受众都能明白这个案件中的法律含义，而且针对这个悲剧，主持人撒贝宁并没有高高在上地进行说教，而是以一种悲天悯人的情怀告诫受众。这种语体选择虽然符合情境，但未能很好地运用语言的外部技巧即停连、重音、语气和节奏（简称"外四"技巧），导致自身表达还不够稳重，如果可以再强调一下"善良的司机"和"行凶的罪犯"，形成鲜明的对比，话语表达将更加掷地有声。"外四"技巧可以直接体现语言表达时的具体状态，运用得当可对电视主持人的语态表现发挥重要作用。

任何一个句子里都有重音，不过因句子在整个文本中的作用、地位，重音的强调程度、强调方法而有所不同罢了。有时，一个句子里有两个以上的重音，那就要看一看，都是主要重音，还是有主要重音和次要重音。有时，同上句和下句比较，这个句子似乎没有重音；这也要看一看，这个句子里词或词组之间主次关系的情况，不要因为这句重音还不如上句或下句非重音声音大、声音高，就认为这句没有重音。应该说，没有重音就没有真切的目的。重音的位置不当，特别是文本中重点语句的重音不当，会使语意模糊，目的不清，干扰思想感情的脉络，甚至会歪曲原意，造成宣传上的差错，听觉上的误会。

二、节奏安排不完善

电视节目市场趋向饱和态势，那么若想在众多电视节目中脱颖而出，除了满足节目观众的需求外还要求节目主持人要适当地对节目内容进行编排创新。电视节目主持人不仅要拥有专业的主持技巧同时还应当具备一定的节目编排创新能力。国外电视节目十分尊重主持人意见，主持人可以通过变换不同嘉宾增加话语交流感。Court TV 主持人要求实时与节目嘉宾的祖母连线，了解案件主人公六岁儿童平时的生活习惯，多方位、全角度的交流让观众更加身临其境，仿佛就在眼前解决隔壁邻居的麻烦事一样充满了参与感。

然而，纵观目前国内的电视节目主持人具有交流语感的寥寥无几。大多数电视节目主持人在主持节目的过程中都是循规蹈矩，主持节目的方式形成了固定化的模式。并且部分电视节目主持人对于节目主持的把控能力较弱。例如在个别案例当中主持人对于其中的受害人和弱势群体表现出了强烈的同情，这会造成在部分法治案例讲解过程中不能客观地进行分析，频繁地使用一些具有个人感情色彩和具有倾向性的语言。一档电视法制节目做得是否有"温度"，能否得到观众的喜爱和认可，节目主持人发挥着举足轻重的作用。电视节目主持人或记者在讲述或报道案例时，冷静深刻的同时也可以结合自身副语言的运用将人文关怀的理念充分体现出来。比如，一个给予同情的眼神、随手表示"请坐"的体态语、给受害者家属一个温暖的拥抱等，通过无声的表达，能够将自己的尊重和关注传递给对方，也呈现给电视节目的观众。

要想保证电视节目主持质量，除了要有一个良好的策划内容和采编技巧外，主持人的因素更加重要。主持人是整场电视节目中的灵魂主导，如果主持人无法很好地掌握"度"，把握节奏，加强交流语感。无论策划内容、案件类型如何丰富也无法支撑起一档大众喜闻乐见的电视节目。

三、知识普及不通俗

主持人作为公众的代言人并不能等同于公众，主持人在节目中不是一个个体，而是节目的代表，在节目中主持人需要时刻以一个专业的人员来看待分析事件，而不是像普通受众那样主观臆断。主持人在串联节目时需要有一个严谨的逻辑来串联节目内容，这就需要有专业的知识，才能让节目前后更符合逻辑。

在使用词语时，主持人既要通俗易懂，又要专业严谨，这同样需要过硬的知识才能游刃有余，将专业术语变得形象生动，像有的法律术语"被告"不同于"被告人"，"办案时限"不等于"办案时间"，等等。看似相近的用法，却代表了不同的法律意义，这就需要主持人要有非常好的法律专业素养；在同嘉宾交流时，主持人需要主动引导嘉宾，而不是让嘉宾随意泛泛而谈，这时主持人就要具备同嘉宾对话的能力，配合嘉宾而不是代替嘉宾，同时能够根据嘉宾的话语进行提问，一旦嘉宾谈论的内容偏离了节目的要求，还要适时地纠正过来，这需要有好的专业素养。主持人需要加强对知识的学习，才能做好节目。对于每一个电视节目主持人来说，具备相应知识是做好节目的关键，同时为了更好地宣传知识，也要求他们必须了解更多的详细内容，只有主持人将自己定位为专业人员，才能更方便地服务受众，在主持节目也更游刃有余，更容易得到受众的信任。

撒贝宁之所以被选中作为《今日说法》的主持人，其中一个重要原因就是他是法学硕士毕业，他对法律的专业性让他在节目中如鱼得水，既能够同嘉宾交流，引导嘉宾，又能同受众交流。在节目中，他既具备强大的主持能力，又拥有专业的法律知识；既深谙节目主持之道，善控节目的推进节奏，又懂得如何掌控法律边界，注意保护受害人的权益与隐私，能很有见解地进行法理解说，对法律精神做出精准的解读。撒贝宁经常在节目中走访一线实地调查节目法治事件，普及法律专业知识，大幅提升了节目的传播效果。电视节目主持人不再是单一的"报幕员"，而是付出真实感情真正参与到节目中真诚解说，存在感不断加强的同时，节目主持说事话语和情感话语再次融合，普法效果与情感共鸣同步提升。

下篇 典型电视节目主持人话语分析

第七章
电视新闻节目

在探究新闻节目、电视新闻与电视新闻节目这三个概念的外延排序时，可以发现，从大到小的排列顺序为：电视新闻、新闻节目、电视新闻节目。截至 2021 年，在中国知网数据库中以这三个关键词进行搜索，得到的相关论文数量分别为 19598 篇、31926 篇、10581 篇。这些数据充分展示了我国在相关领域的研究成果丰硕。虽然这些研究的视角各异，但都对新闻节目、电视新闻、电视新闻节目这三个概念的界定进行了深入探讨。在此基础上，研究者们进一步探讨了电视新闻节目主持人的话语创新。

第一节　电视新闻节目的界定

一、电视新闻的概念

1990 年 7 月至 1992 年 2 月，中国广播电视学会电视学研究委员会和中央电视台研究室先后四次组织电视新闻学者和电视工作者，针对电视新闻、新闻节目和电视新闻节目的分类与界定等几个方面展开了深入的研讨。其中，对什么是"电视新闻"做出了这样的诠释：电视新闻是以现代电子技术为传播手段，以声音、画面为传播符号，对新近发生或正在发生、发现的事实的报道。

1999 年春，鉴于我国广播电视事业的迅猛发展，中国传媒大学在原广播电视部的支持下，组织 30 多名专家学者，历时 3 年修撰了《广播电视辞典》。其中，该书对电视新闻的重新定义为：电视新闻是以现代电子技术为传播手段，以声音、画面、文字为传播符号，对新近发生、发现或正在发生、发现的事实的报道。

仔细分析，这两个定义虽然大致相似，但很明显，后一个定义的内涵发生了两个明显的变化：一是扩展了电视新闻的传播符号，把电视新闻传播符号由"声音、画面"扩展为"声音、画面、文字"。二是扩大了电视新闻的报道时效，把"新近发生或正在发生、发现的事实"，扩展为"新近发生、发现或正在发生、发现的事实"。后一个定义的意义不仅仅在于对一个事物表述的完善，更在于它是一个标志，标志着我国对电视新闻传播的研究进一步深化。

二、电视新闻节目的概念

电视新闻节目是一个报道体裁的概念。报道体裁，即新闻报道的文章样式。电视新闻报道体裁，有广、狭两层含义：广义的电视新闻报道，是指包括消息在内的各种电视新闻报道文体。按照我国报纸的分类，新闻报道文体主要是指以下三大基本体裁：

一是以快捷、简要报道为主要特征的消息类电视新闻，如口播新闻、字幕新闻、影像新闻、图片新闻，以及连续报道、系列报道、组合报道，等等。二是以深入报道某一重大新闻事件为特征的专题类电视新闻，如专题新闻、专题报道、人物专访、事件专访，以及专题调查节目、专题谈话节目和专题片等。三是以分析和评论某一新闻事件为特征的评论类电视新闻，它包括本台评论、评论员评论文章、本台短评、编后话，以及述评性新闻节目、评论性新闻节目，等等。

我国电视新闻经过多年，特别是近 20 年的发展，通过借鉴、引进等方式，在上述三大基本报道体裁的基础上，新增了"谈话类新闻节目""杂志类新闻节目""直播类新闻节目""纪实类新闻节目"等形态各异、功能不同的电视新闻节目。狭义的电视新闻报道专指消息。它的内涵包括各种报道题材的电视新闻，如时政新闻、经济新闻、社会新闻、科技新闻、政法新闻、体育新闻等。

此外在电视新闻节目特点方面主要参照《中国电视新闻节目形态研究》

（孙宝国，新华出版社）、《电视节目类型学》（徐舫州、徐帆，浙江大学出版社）、《电视谈话节目创作散论》（王婷，中国经济出版社）、《电视栏目解析》（石长顺，武汉大学出版社）、《电视栏目和频道辨析》（史可扬、刘湜，中山大学出版社）、《电视资讯节目新论》（郑蔚、游洁，中国广播电视出版社）等。如学者孙宝国在《中国电视新闻节目形态研究》中指出，全媒体背景下电视新闻节目形态传播和推广交流势在必行，刻不容缓，从目标上，注重与产业社会的结合；在行动上，注重持续改进；在过程中，强调对受众达成的支撑。从改变观念、树立目标和采取行动三个方面为全媒体背景下电视新闻节目推广交流指明了方向，并提出掌握受众需求、关注全媒体背景下电视新闻节目主持人素质的提升；遵循国家政策，重视新闻教育，作出相应的电视新闻节目形态安排和规划；保持现有受众的同时，培养潜在受众，建立具有中国气派的电视新闻节目形态并提升其运营理念。这批文献对电视节目的发展与创新思路进行了比较全面的梳理，阐述了电视节目的创作理念，对电视新闻、纪录片、谈话节目、社教节目等进行了解析。本书的部分观点也在这批文献中得到一定的印证。

第二节　电视新闻节目主持人现状

一、国外研究现状

国外学者对电视新闻节目主持人有所关注：尼克勒斯和马丁（1975）在《逻辑与对话》中认为，节目主持人的语言使用状况直接关系到电视新闻节目的传播效果，从而为观看新闻节目的人们提供有益身心、欣赏良好语言的场所。这让新闻节目主持人的语言不再是只可仰望而不可触及，让受众了解和喜欢现代社会新闻的同时也了解深厚语言文化底蕴。为了设计一套满足受众信息需要的系统或者服务，有必要充分了解这一方法。

菲欧娜（2001）在文章《沟通与认知》中认为信息传播技术的井喷式发展使得内容丰富、能够在短时间吸引眼球的新闻节目主持人语言受到大众的青睐。由于传播技术与手段的发展，包括融媒体语境下的新闻节目进入内容产业时代，在此竞争的大背景下，其新闻节目主持人也开始不断创新语言的内容形式，大致而言可以将新闻节目主持人语言传播效果分为两类，即实用性效果与娱乐性效果。

西尔维娅（2001）在《链接词》中指出，语言传播效果是作为新闻节目主持人发展范畴的一个突破口和关键，新闻节目主持人发展是一个新课题，它的提出意义重大，进一步加强语言文化研究，继续关注语言文化在生产和经济发展中所发挥的主导作用，进而促进全面发展是我们今后的重要任务。现代语言传播在顺应时代的表达中呼应着历史上的"原始主义"双重内涵。而对于新闻节目的主持人语言来说，从人际传播、群体传播中学习传播艺术，应该归为其第二次向自身传统汲取营养，此时他所采取的无疑类似于毕加索与马蒂斯等人研究人类语言文化的姿态，其间显然透露着近于西方现代主义者的原始主义情调。这一次回归式的语言文化研究与少年时代的粗浅学习相比，显然站在了全新的高度，此时新闻节目主持人语言已经具备西方写实主义的功底，而新闻主持人也就在这样有选择性的纳入和驱逐中逐渐形塑，大大拓宽了对语言传播的理解深度，为后来的新闻节目主持人语言实践奠定了深厚的基础。

肖·阿·纳奇拉什维里（2003）在《宣传心理学》一书中表示，融媒体语境下新闻主持人采用大量正式或非正式的新闻资料来源，并以不同的侧重点为基础进行传播，可以清晰准确地传达自己的需求。对于新闻节目主持人的语言优势分析和劣势分析，主要着眼于新闻节目主持人自身的能力与其他竞争对手的能力，在完善和改进新闻节目主持人语言传播效果发挥其作用和保证新闻节目主持人发展等方面具有举足轻重的作用。

国外学者对于电视新闻节目主持人语言传播效果的研究不但包括各种媒介的内部机制和引发融合的外部环境，也同样涉及了新闻传播和主持人语言的各个角落。虽然国外的媒体环境和机制与我国并不相同，但是其出发点与对融媒体语境下新闻节目主持人语言传播效果发展趋势的研判却是一致的。

二、国内研究现状

由于中国特殊的国情，国内启用"电视新闻节目主持人"这一称号相较于国外起步较晚，实践也较晚。1987 年，上海电视台首次在《新闻透视》中设置了电视新闻专栏节目主持人。1993 年，中央电视台在《东方时空》中设置了电视新闻节目主持人。1994 年，央视在《焦点访谈》中设置了电视新闻节目主持人。

这一系列电视新闻节目主持人的出现，使国内电视新闻节目主持人的形象正式在荧屏上确立。随着时代的进步与发展，电视新闻节目已成为党和国家发布信息的第一渠道，更成为人们在日常生活中最常选择的新闻信息接收方式。电视新闻节目主持人作为电视新闻节目传播中代表性形象以及直接面对受众进行平等传播的人，不仅仅承担新闻信息传递的工作，更是承担了党和国家"喉舌"的职业使命。目前，学界对于电视新闻节目主持人的研究多集中在角色定位、语言艺术特点、主持风格、发展趋势及理论概念研究等领域。

这类主持人包括新闻直播、新闻评论、时事论坛、新闻访谈、新闻专题（专栏）、新闻杂志等节目主持人。新闻节目是广播电视媒体的主体与骨干，在"以新闻立台"的过程中，新闻节目主持人的作用、地位日显重要，社会影响大。新闻主持人的素质要求高、责任大，始终肩负着以正确的舆论引导人的时代重任。

学者们从语境方面探讨语言的得体性。如王升辰（2019）在《电视新闻评论节目主持人语言研究——以〈新闻 1+1〉为例》中指出，在媒介融合时代，传统电视媒体开始利用新媒体的优势进行高质量的内容传播。在这种环境下，电视新闻节目的交互性、非线性、多样性等特点也对主持人提出了更高的要求。如今，越来越多的新闻节目主持人话语交互方式被应用到节目中。面对新闻节目互动性的增强，有必要对电视新闻节目主持人的互动能力进行研究。在某种程度上，对于新闻节目的传播，整体工作效率的提升等方面，新闻节目主持人话语研究发挥着非常重要的作用。采用新闻节目主持人话语互动能力技巧，不仅能够在最短的时间内有效整合资源，还能建立有关信息的反馈系统，收集和整理观众的意见，这在完善和改进新闻节目传播效果方面发挥积极作用。借助于此种形式，新闻节目主持人能够及时地切实了解受众的需求，并适时适度地进行相应的话语改进。

张琳莹（2019）在《融媒体背景下电视新闻评论节目主持人互动能力

研究》中以中国优秀新闻主持人的话语为研究对象，通过对新闻主持人话语得体性的语用研究，进一步深化语用学相关理论的应用和研究。对于新媒体带来的新闻主持人语言和行为的新变化，在任何情况下都应该加以控制和提炼，引导受众从这种新闻行为的倾向转向新闻文化概念的新发展方向，有助于发现新闻的传播规律，为提高主持人话语能力找到一条切实可行的路径。

唐卓（2019）在《电视新闻类节目主持人话语权现状分析及路径》中提出新型媒体形式唤醒了越来越多的新闻节目主持人，但其语言能力有待改进，所以语言传播能力仍然是不稳定的；对新闻节目主持人语言研究的话语进行研究，重点分析主持人的语言转向和风格，从而揭示新闻节目主持人语言传播规律——引领受众无论是欣赏专业水平还是出于兴趣爱好，都能慢慢认识和了解新闻节目带来的智慧能量。这就是主持人语言的魅力，总是会给人们带来心灵的震撼。

赵思（2017）在文章《我国电视新闻评论类节目主持人语言研究》中认为电视新闻节目作为一个独特的节目，肩负着媒介的责任。主持人在评论和理解新闻的过程中，会间接影响受众的观点和舆论走向。作为一名合格的电视新闻节目主持人，一方面新闻节目主持人语言要逐步适应立体化、多样化、综合化的现代传播体系，另一方面要分清叙述语言和人物语言的差异，从中明确人物所具备的性格和身份。

周超（2019）在文章《论广播新闻类节目主持人的脱口式评论》中指出，在电视媒体技术的发展过程中，新闻类节目的主持人必须明确话语传播中的职责，积极思考和有意创新新闻。该文以主持人白岩松、董倩的主持人话语为样本，整理出每一位主持人的 20 个节目，共计近 10 万字的主持人语料，分析了电视新闻类节目的主持人语言模式和传播效果。主持人话语在电视节目、媒体受众、社会公德和文化审美乃至国家形象等方面都发挥着重要作用。积极探索新闻节目主持人的语言模式、传播效果和素质提升，有助于促进电视新闻节目的成熟发展。

从角色定位角度：魏立宏先生认为，电视新闻节目主持人要掌握好"传媒制衡下的多重角色"和"身兼多职的多重角色"的艺术。学者柯涛认为新闻节目主持人的理想状态是成为"意见领袖"。王丹认为新闻节目主持人合理的角色定位首先应该是具备记者的素质；其次要具备平等的视角和人文关怀，成为新闻权威发布者、新闻事实把控者、受众的服务者以及舆论的监督者；最后，新闻节目主持人需要形成鲜明的个性。随着融媒时代的到来，电视新闻节目主持人的角色、形象、传播策略都在不断转型升级，学界也对主持人定义有了新的观点。毕一鸣说道："媒体技术的发展促成了新的节目形式，新的节目形式孕育出了新的新闻传播工作者。"

从播音语态角度：安琪通过政治传播视角对央视《新闻联播》中电视新闻节目主持人播音语态的转型、机变、创新进行详细分析，她认为占据主体地位的是沟通语态、处于领导地位的是营销语态、作为保障的是宣传语态。

从发展趋势角度：尹靖在《新媒体时代电视新闻节目主持人的转型》一文中提到，要想使新闻节目主持人起到舆论领袖的作用，就应加强新闻节目主持人的专业素养，同时，新闻节目主持人也要学会放低身段融入情感地去"说"新闻，并能根据不同节目适当地彰显个性。

从理论概念研究角度：国外，在《美国新闻百科全书》中"电视新闻节目主持人"的定义为电视新闻节目中"明星"一般的核心人物、主持各种仪式。国内，在《新闻学大辞典》中"电视新闻主持人"指的是：电视台中固定主持某一新闻节目的播讲者、新闻节目制作群体的中心人物、采编者、编辑者、制作者。

综上所述，我国单独设置了播音与主持学科后，从最初的专科培养，到今天本科、硕士、博士均能培养专业的播音与主持人才，播音与主持学科距今在中国已有近百年的历史，越来越多的播音与主持专业方向的学者加入研究领域。在播音与主持研究领域中，电视新闻节目主持人承担着传递新闻、塑造美好形象以及"喉舌"等重要责任，也承载着较为重要的社会公众形象，对其要求以及评判指标都更为严格。

以往在传统媒体视域下，电视新闻节目主持人往往在角色定位、语言艺术特点、主持风格及个人形象塑造上多有统一，被动弱化自身个性化元素，将个人风格寄居于新闻节目传播的风格特点之中。但随着媒介融合趋势加深，电视新闻节目主持人也逐渐摆脱原有固封，开启跨媒介融合传播。业界与学界在以往对电视新闻节目主持人的研究成为其融媒环境下转型发展的重要积淀，同时也为融媒时代下研究电视新闻节目主持人的学者们提供了扎实的理论基础与多元化的研究视角。

第三节　电视新闻节目主持人话语演进

一、从"播新闻"到"说新闻"

新闻节目注重真实、迅速、权威，这一节目特性要求主持人能用规范的语言清晰流畅地传达新闻内容、传播新闻信息。中央电视台《新闻联播》从1976年7月1日开播至今，已经40多年，老一辈播音员齐越、夏青的播音风格突出"字正腔圆、庄重严谨"，年轻一代的播音员康辉、李梓萌等在此基础上有一定创新，整体风格更具有亲和力，语音语调呈现出一定的情感表达。

1998年初，凤凰卫视《凤凰早班车》的主持人鲁豫首创"说新闻"的主持风格。鲁豫每天早晨5时开始工作，阅读10多份早报，融汇编辑文字稿，边听新闻广播边写笔记，形成节目文案。她以过人的记忆力、综合能力和轻松流畅的表达方式"说新闻"。第一天成功直播后，凤凰卫视总裁刘长乐说："鲁豫说新闻风格将在中国电视史上占有自己的位置。"

"说新闻"的主持方式为新闻改革注入了新的活力，从中央台到地方台竞相仿效，从非常态新闻（主要是社会新闻、民生新闻、娱乐新闻、体育新闻等）开始延展，并且主流新闻也增加了"说"的成分。说新闻的主持方式主要有三种：一是通过"说"将若干单条新闻有机地连成一个整体，常用悬念设置、叙事铺垫、串词勾连等方式；二是适当增加情感的传递和主持人个性化的评论；三是在"说"的过程中开掘新闻背景，分析新闻事实，揭示新闻主题含义。不过由于大多数播音员对"说新闻"难以胜任，水平参差不齐，优秀节目不多；加之新闻节目采用这种主持方式将会延长节目的播出时间，改变标准化采制的模式，有时会令信息的传播大打折扣。因此新闻节目完全从播报方式转变为主持方式，还需要经过实践的摸索和操作。

2008 年 1 月 1 日，辽宁卫视全新改版的节目《说天下》正式与观众见面。在原有节目《话说天下》的基础上，全新节目以"说"为核心，打造独具特色的电视新闻节目。节目中，两位主持人的独特风格，以及他们庄重又不失幽默的演绎，使节目充满活力，脱颖而出。在竞争激烈的午间时段，新节目取得了全国前十的优异成绩，也充分体现了"说新闻"的话语方式深受观众喜爱。区别于以往的"播新闻"传统方式，"说新闻"更注重对口语的集中运用。"说新闻"中的口语更为亲切可感，可实现拉近主持人与观众距离，破除电视屏幕障碍，顺利地为受众阐述新闻的目标，比如"今天咱们就说说车站提前预售火车票的事儿""老杨和蝈蝈今天给大家伙儿支支招儿"等，增加了儿化音的同时，在称呼上也变为平等谈话的口吻，使说新闻在亲切的氛围中进行。

当然，有些主持人在节目中，不免出现"口语过于频繁""漫不经心""插科打诨"的语言状态。反观蝈蝈和老杨的口语运用，他们巧妙地避开了随意、啰唆、粗糙这些问题，即使是口语，也同样吸纳了书面语的严谨、简洁、亲切、文雅且不聒噪的特点，比如"2014 年国考招的多，考的少，看似容易，难道就真的容易吗？显然不是，在专家看来，这次国考在准入阶段就非常严格了，所以就压缩了国考报名当中的虚高水分"。类似这样的语句，就兼具了口语的生动活泼和内容的庄重正式，我们也可以看到，老杨和蝈蝈的口语通俗随意，但又讲究得体，主持人说得上口，受众听得入耳，这是话语上的艺术规范，同样也是主持人认真态度与文化功底的体现。

"说新闻"这样的节目形式时至今日会受到越来越多的受众欢迎，除了因为它摒弃了一成不变的传统播报方式外，更重要的一点就是它的对新闻质朴、直白的翻译。老舍先生曾形容好的戏剧语言是"必须馅多皮薄，一咬即破，而味道无穷"，同理，"说新闻"语言同样应该如此：通俗、接地气儿，有内容，有质量，又不花哨。《说天下》的两位主持人就是将这个"译者"身份诠释得十分到位。平易亲切，浅显易懂地翻译着新闻中饶舌的专业术语，深入浅出地解读着身边的大事小情，为受众娓娓道来，努力做到让每一条新闻丰富鲜活。

"说新闻"主持方式的出现，可视为播音员向主持人过渡的变革性转变。"说新闻"体现了主持人对节目的主导性，不是简单地播报新闻，而是有观点、有思想、有判断地讲述，以"我"的身份介入节目，其言语行为可以带有个性的色彩，凸显出自己的风格，主持人在传递新闻中发挥的作用和对受众的影响越来越大。

二、节目改版催生主持风格的多样

我国最早的电视新闻栏目是1958年的《电视新闻》。该栏目每周播出三次，每次10分钟。其后又陆续创办了《图片报道》《简明新闻》《国际新闻》等栏目；但内容却都只是图片、新闻片、纪录片和口播文字的简单组合。直到1978年元旦，中央电视台《新闻联播》的开办，真正的电视新闻栏目才得以问世，从节目形态上看，我国新闻节目长期以消息类节目为主，例如《新闻和报纸摘要》《新闻联播》。播报风格体现"字正腔圆，呼吸无声，感而不入，语气不坠，语势稳健，讲究分寸，节奏明快，语流晓畅"。

1987年6月，上海电视台推出杂志型电视新闻专栏——《新闻透视》，主持人为李培红。节目突破了新闻在演播室播报的形式，增加主持人亲临现场的采访报道；在主持风格上与传统的新闻播音风格不同，主持人少了一些居高临下的启示，多了一些对民众的关切。之后，类似的新闻杂志型节目陆续登台，例如浙江台的《黄金时间》、中央台的《观察与思考》《今日世界》等。

1998年3月5日，北京电视台开播的《元元说话》节目，主持人元元说实话、说真话、说一针见血的话、说老百姓的心里话，树立了她正直、刚毅、百折不回的主持风格。2002年元旦，江苏城市频道《南京零距离》开播，主持人孟非亲和力强，体现出真诚、耿直、成熟、干练的主持风格，其独立撰稿的评论专栏"孟非读报"成为该栏目中收视率最高的子栏目，并迅速在全国掀起了"孟非读报"的浪潮。例如安徽电视台的《第一时间》、湖南都市频道《都市1时间》、南方电视台经济频道的《今日一线》、广东电视台珠江频道的《今日关注》，都成为广受市民关注的新闻民生节目。现代汉语中，民生的范围越来越广泛，包括民众的基本生存、生活状态、发展能力、基本权益保护等等。当更多的普通人拥有话语权，民生的传播领域的发展也势在必行，"民生新闻"也就走进了大众的视野中。民生新闻节目最重要的精神内涵就是对受众的人文关怀，让受众在收看新闻消息时有放松的心态，不会产生严肃的压迫感，但同时又要满足受众对信息的求新、求近心理，而这一点，刚好和《说天下》主持人诠释新闻的方式是一致的。老杨和蝈蝈在"说新闻"时带有强烈的本土化色彩和人文色彩，他们以"说"为主，时时刻刻化身为新闻当事人，关注生活细节，关怀社会大众，带着观众的眼睛看天下。对于民生新闻，他们往往还会通过口语化的表达，以解决大众问题为主要目的，让受众在轻松的氛围下接收新闻信息。

同时，因为很多民生新闻用方言播报，地方台的"方言新闻"可算是民生新闻的一个变种，是民生新闻的一种延伸。佛山台的《小强热线》、东莞台的《今日莞事》等，主持人改变以往新闻播报方式，用自己本土方言陈述事件，或用自己的个性口吻进行相关评论，获得观众的青睐和拥护。受条块分割的电视格局限制，地方频道要以"贴近性"和"本土化"的竞争策略突显地域特色，民生新闻是省市地方电视新闻节目在无法与央视抗衡的情况下的寻求突围之举。从现有"方言新闻"的地区来看，大多属经济发达、文化底蕴深厚地区，身处其间的民众有着极强的优越感和自我认同感，正是这种独特的人文精神，催生了地方方言新闻节目的发展。

从1998年8月凤凰卫视推出《时事开讲》后，凤凰卫视陆续推出一系列有影响力的新闻评论节目，如《时事亮点》《镇海听风录》《总编辑时间》等，建立自己的时事评论员队伍，阮次山、曹景行、杨锦麟、何亮亮、马鼎盛、邱震海、梁文道、刘庆东、吕宁思、朱文辉等一批学界、报界精英在电视上展现他们的个人魅力。他们的媒体从业经历、个性风格及点评的时事内容不同，但其风格特征的共同点是专注、专业、敏锐，视角独特、点评到位、立场公正、洞察力深，在剖析新闻事实、删选新闻信息、扩大舆论影响力和树立主流价值观起到了重要的作用。

不同类型的新闻节目催生了多样化的主持风格，时政新闻类节目催生记者型的主持风格，资讯类新闻节目催生"说新闻"的主持风格，评论类新闻节目催生了专家学者型主持风格，民生新闻节目催生了管家型主持风格。

第四节　电视新闻节目主持人话语解析

一、中央电视台新闻频道主持人朱广权

朱广权，中央广播电视新闻频道《共同关注》主持人。2003 年，进入中央广播电视总台新闻中心，担任播音员。2011 年，担任 CCTV-13 综合资讯类节目《共同关注》的主持人。2019 年 12 月 31 日，主持 bilibili 跨年直播晚会。

朱广权在早期《国际时讯》节目中是以一个冷静严谨、理性深刻的形象出现在大众视野；中期在《新闻 30 分》中的语言风格则开始向灵活、新颖方向转变；到现在的《共同关注》，朱广权以"段子手"的风格受到更多人关注。

（一）前期冷静严谨、理性深刻——以《国际时讯》为例

《国际时讯》是一档国际新闻资讯类节目。2006 年，朱广权担任《国际时讯》的节目主持人，这是他进入央视新闻频道以来第一次以主持人的形象出现在电视荧幕上。

1. 话语形象。朱广权在《国际时讯》节目的主持过程中，"一本正经地向观众播报新闻"，符合传统媒体的定位，语言干练简洁、沉稳严肃，以一个传播者的身份告诉观众"你所不知道的国际新闻、我知道的你不知道"。由于当时的《国际时讯》节目场景为主持人站立播报，所以朱广权的副语言也较为简单，在时长 20 分钟的主持过程中，双手大部分时间撑着身体面前的桌子，表情严肃。

2. 形成原因。首先，《国际时讯》注重强化其以国际新闻栏目为特征的节目定位，重视国际环境下文化、科技等方面的报道，所以主持人在传播新闻过程中，语言上少了一些人文关怀，更加注重弘扬科学、发现的探索精神；其次，朱广权 2003 年进入央视担任播音员以来，出镜的首档栏目就是《国际时讯》，作为央视新人来说，主持风格无疑会拘谨、严肃；再者，我们从播出画面来看，2006 年我国新闻频道的硬件设施并不齐全，甚至可

以称为缺乏，在桌子后面站着播新闻，在一定程度上会影响主持人的发挥，使其副语言受到约束。

（二）中期庄重灵活、新颖独特——以《新闻30分》为例

《新闻30分》是一档午间新闻资讯类节目，是朱广权进入央视频道以来担任主持人的第二档节目，通过两年的"摸爬滚打"，朱广权在有声语言还是在副语言等方面都有了一定的变化。

1. 话语形象。朱广权在《新闻30分》节目中的主持风格开始发生很大的改变，从最初的冷静严谨向庄重灵活转变，更加注重与受众的交流，语气也更加平和，在新闻播报节奏上也开始向轻松明快方面转变。眼神与镜头的交流更加丰富，面部表情也不同于以前的理性，在此基础上又多了些平易近人的感觉。

2. 形成原因。能够使朱广权的语言风格发生变化的原因主要有三点：第一，《新闻30分》的节目定位。《新闻30分》是一档新闻资讯类的节目，节目以国内外要闻、话题新闻、文化体育新闻为主，午间天气预报为辅，节目内容更贴近受众生活。第二，朱广权自身经验的积累。2008年，朱广权进入央视频道已经有五年的时间，在这五年里，不管是朱广权的专业水平还是所积累的经验，都应该比最初的《国际时讯》有所进步与增加，所以朱广权自己的话语风格也初步形成。第三，节目的硬件设施。《新闻30分》在2008年经历了两次升级改版，第一次是2008年年初的演播厅升级，还有一次是当年六月的节目重组改版，两名主持人在演播厅内坐着播新闻，这使主持人不管在有声语言和副语言上都会轻松灵活许多。

（三）后期妙语连珠、机智幽默——以《共同关注》为例

2011年，朱广权担任央视新闻《共同关注》的节目主持人，面对他越来越独具特色的语言风格，越来越多的观众开始注意到他。2017年春节期间，有观众问道："春节了，你们放假吗？"面对网友和观众的提问，朱广权并没有直接回复"不休息"三个字，而是说了一段既押韵、又有趣的回答："地球不爆炸，我们不放假；宇宙不重启，我们不休息。"他用这样的方式向观众传递了没有极特殊情况，央视新闻节目不会放假的信息。

1. 话语形象。回顾往期的《共同关注》，可以说朱广权几乎每一期都会在语言上带给观众不一样的惊喜。从2011年首期《共同关注》节目来看，朱广权虽然还是有些紧张，甚至出现了一次错误，但他的状态已经可以用游刃有余来形容了，语句轻快，语气更加亲切，而且节奏非常紧凑，可以说是妙语连珠。再来看 2021 年的《共同关注》，经过 10 年的锤炼，朱广权的语言风格已经非常明显，"俗话说：'大寒小寒，冻成一团。'不管你是瘦成飞燕，还是胖成玉环，寒潮都可以轻易打败你的基因遗传"。他用这种幽默诙谐的方式告诉了我们一个字"冷"，而这种语言风格，恰好是观众所喜欢的，既可以接收新闻信息，又不失娱乐性。

2. 形成原因。《共同关注》是一档由中央电视台新闻频道推出的节目，以公益慈善为特色的专题栏目，栏目定位为"关注弱势群体，搭建互助平台，讲述新闻故事，彰显和谐关怀"，注重营造群众的精神世界，是一档综合资讯类节目。此外，值得我们关注的是，《共同关注》除了主持人外，还有一名手语老师，为了方便一些特殊群体的观看。也可以说《共同关注》是一档注重软新闻、更有人情味的新闻节目。再者，《共同关注》播出时间为 18 时，是一个广大受众休息吃饭的时间，需要主持人放下"身段"和受众进行交流。所以朱广权作为主持人，在语言风格上变得更加"接地气"，主持风格上更加机智幽默。

不同于以往传统电视媒体中，主持人本身人格特点被弱化，如今更多的是基于频道、节目属性来调整自身传播样态。在新媒体传播平台中，主持人则更注重突显传播者个人喜好、性格、道德修养、世界观等，使其自身形象以及传播样态更加鲜明饱满，富有多元性。传播者将自身魅力人格打造成专属话语，人格和话语之间的连接与吸引才能从根本上抓住流量，从而精准抓住目标受众群体，加大加深传播力。坚守话语人格化传播，强化主持人人格化意识，不盲踩热点跟风传播，不无意识做无益于长远发展的传播，是主持人应当长久坚守的原则。

朱广权，自在央视新闻节目《共同关注》中一句"地球不爆炸，我们不放假"成功出圈后，流利的语速加押韵的段子成为他最明显的个人标签和独具个人特色的主持风格，也被网友亲切地称为"央视段子手"。自此，在网络视域下成功出圈的朱广权，只要有他出现的地方就有他独特且标志性的段子手主持风格和语言风格。笔者总结了朱广权在十个不同场域下的语料，见表 7 – 1。

表 7-1　朱广权不同场域下的语料

1	《共同关注》	地球不爆炸，我们不放假
2	央视主持人大赛	初看炫目，细看悦目，引人注目，新闻琳琅满目，而且直播永不落幕的《共同关注》
3	《谢谢你为湖北拼单》公益直播	初来乍到，技术不高，手艺不妙，请多关照
4	B 站首次跨年晚会	2019，我们一起聆听世界，昨天的烦恼全抛却，明天的幸福在超越，好听的歌曲拿走不谢
5	《衣尚中国》	不敢说日进斗金，但也是百万年薪
6	《机智过人》	一天晚上，两个甲方，三更半夜，四处催图，只好周五加班，直到周六，七点画好，八点提交，九点睡觉，十分痛苦
7	《中国诗词大会》	你曾经和庄子一起坐大鹏之背，扶摇九天；和司马迁看过江山无常，繁华落尽人世间；和曹操横过槊，和李白醉过酒，和陶渊明喝过酒，和李白折过柳，这样的文字才是真正的不朽。当然，这些诗词一背就是一宿，但是他会让你受益很久
8	高德语音导航	路线已偏不要慌乱，给我点时间，重新规划路线
9	2021 全球智慧物流峰会	国内星夜驰援，绿色通道送来米油；国际跨境协同，抗疫物资，送遍全球
10	朱广权微博账号	这个锅不能让灯光背，头发确实是奶奶灰。你的观察很入微，但截的表情是扎心的锥
11	《央 young 之夏》：小品《办公室的故事》	唐僧偶尔发神经，悟空成天拿着棍子打妖精

　　主持人朱广权在主持词以及在其他领域中传播语言的使用上，一改往日央视新闻节目主持人正统严肃的语气与话语内容，选用轻松幽默的"段子式"语言，成功塑造了主持人话语人格化传播，并能在不同场域下灵活运用知识储备结合中国诗词文化打造出幽默生动的"段子式"语言，既成功地坚守话语人格化传播，也时刻强化了个人传播意识，打造出深受当代受众喜爱的传播形态，成功塑造了主持人话语新形态。

二、中央广播电视总台综合频道主持人康辉

康辉，中央广播电视总台综合频道《新闻联播》主持人。1993 年，进入中央广播电视总台新闻中心。2002 年，任早间节目《新闻早八点》主播，主任播音员。2007 年起，出任《新闻联播》节目主持人。2015 年，首次主持中央广播电视总台春节联欢晚会。2019 年 11 月 9 日，康辉录制了第一支 vlog，仅在微博平台，总播放量就达到 9661 万次，平均浏览量 1380 万次。微博话题#康辉的 vlog#阅读量达 2.5 亿，讨论量高达 13 万。

播音语言的特点，可以概括为"三性""三感"，即规范性、庄重性、鼓动性，时代感、分寸感、亲切感。康辉作为优秀的播音员、主持人，在主持话语方面较好地诠释了广播电视播音语言所要求的特点。不论是在《新闻联播》里多年如一日的教科书般的新闻播音，还是在新闻节目里的评论主持，甚至是主持各种国家大型直播活动，其表现都可圈可点。康辉的主持话语始终给人一种端庄大气、稳健自如的特点，声音状态圆润饱满、语言逻辑条理清晰，是观众心目中优秀的新闻节目主持人。

在全媒体环境下，以新闻节目播音员、主持人形象示人的康辉近两年也一直在探索与时俱进的转型之路，接下来将通过案例来探析康辉在全媒体环境下的主持话语特点。

（1）传播方式、渠道。随着 vlog 视频在互联网平台上的火爆，传统媒体的主持人也开始试水这一新型传播样态。2019 年 11 月 9 日，央视新闻官方微博发布了康辉的第一支 vlog，之后迅速引爆全网并登上微博热搜，从 11 月 9 日至 15 日，共发布康辉 vlog 正片 7 条、花絮 1 条，共计 8 条。

（2）节目内容形式。视频内容为主持人康辉跟进报道习近平主席出访希腊、巴西。通过主持人亲临其境的视角，让受众看到一个不一样的新闻表达方式，记录了更多现场细节，揭示更多幕后故事，让受众有身临其境之感，增强了新闻的真实性。

（3）技术手段。将 vlog 这一新型技术手段与传统新闻节目相结合，碰撞出了不一样的火花。通过第一人称视角实时记录新闻现场发生的细节，增强了新闻的真实性和现场感；小屏直播较大屏直播而言，整体呈现出年轻化、碎片化的特征，更适应如今全媒体环境下的传播。

同时，在康辉近 30 年的职业生涯中，他对多文体、多语体、多媒介的播音主持创作进行了孜孜不倦的探索。在创作不同作品时，康辉的理解感受、设计构思与表现手段必然不同。然而，从其众多作品中，又能梳理出共通之处，并可凝结为康辉播音主持创作表达理路。在康辉的新闻主持实践过程中，其核心特色为贴近民生，话语表现形式是"平民化叙事"。平民化叙事是将真实、自然的百姓生存状态生动地表现出来，叙述与日常生活经验息息相关、贴近现实的人和事。打破了以往电视新闻节目主持人的形象高高在上，权威度虽高但亲和力却不够，所传播的内容严肃生硬的局面。

从外部看，新兴媒体的兴起扰乱了原有媒介格局，导致传统电视媒体及其主持人传播力、影响力被削弱；从内部看，受众以及广告商等都开始大幅度倾向新兴媒体。电视新闻节目主持人跨媒介传播是重塑影响力、公信力的重要一步，结合新兴媒体娱乐化、碎片化、草根化等传播特点，在传播内容上，也要注意叙事的平民化。主持人话语创新成功塑造的电视新闻节目主持人，在新兴媒体传播场域中，在传播状态、传播话语使用以及传播内容等方面都尝试转变以往风格——传播中更注重状态上亲切自然，话语使用上尝试口语模式以及添加网络热词等弱化电视新闻节目主持人传播时严肃性，在兼具信息传达的同时更做到了与受众情感上的贴合。

例如中央广播电视总台主持人康辉，在大国外交系列 vlog 以及《主播说联播》中，使用话语上增加了语气词、疑问句、网络用语等，交流模式上也采用了日常口语的交流方式，大大降低了电视新闻节目主持人的严肃感与距离感，增加了话语的亲昵度，充分营造出平等、柔和的交流氛围，媒体人主动拉近与受众间距离，会收获更多受众的喜爱，以平易近人之姿取代了以往高高在上且严肃的形象。

表 7-2　康辉大国外交系列第二支 vlog

频次	时段	使用话语
1	0：04～0：06	vlog 这次的发音对了吗
2	0：06～0：07	我们这趟远门啊
3	0：17～0：19	下了飞机之后，您觉得我会去哪儿呢
4	2：12～2：13	好了，我得去赶车了

表7-3 康辉大国外交系列第五支 vlog

频次	时段	使用话语
1	0：11～0：12	我们又出发了，去哪儿呢
2	0：29	爱琴海映入眼帘
3	1：50～1：55	抱歉啊，我这个自拍菜鸟的经验太欠缺了，这种嘈杂的环境里录音效果实在太差
4	2：31	耶～

表7-4 康辉《主播说联播》

时间	使用话语
2020-8-8	真的挺感慨的：只要我和你、手拉手，在一起，什么困难，我们都能挺过去
2020-11-17	非常硬气的成绩单
2021-3-21	这两天一直在刷屏的一件事情就是……；打开这些文物"盲盒"的时候
2021-4-14	有一个比较高的学历，似乎就更能够拿得出手；当我们努力做到这一点的时候，您说香不香
2021-6-29	很多感人的瞬间，也被不断地刷屏
2021-7-1	生逢这个时代，何其有幸；让我印象特别深的……；他们是那么阳光自信，真的让人有些羡慕；江山代有人才出，未来属于青年；跟年轻的心在一起，自己也会年轻，跟有光的人同行，自己也会被照亮，让我们都带着一颗年轻的心……

主持人康辉在大国外交系列 vlog 中，由于在第一支 vlog 中将 vlog 读音错读，粉丝发现后纷纷反馈纠正，康辉看到反馈后在第二支 vlog 开头就及时反馈粉丝的留言，强调了 vlog 读音，并以征询的口吻询问发音是否正确，这种及时的互动更凸显出受众在传播者心中地位，使受众获得被重视的满足感。这些看似简单的互动，其实蕴藏了传播者与受众间巧妙的互动艺术，体现出传播者真诚地与受众进行互动，重视受众反馈，并尽最大可能满足受众需求。

三、浙江广播电视台主持人潘蓉

潘蓉，浙江广播电视台主持人。现主持《48 小时》《经视新闻》等。2019 年 3 月 19 日在抖音发布了第一条短视频，并创建了"15 秒倒计时"

"自学英语的主持人""主持人的日常"一系列视频，展现主持人临场应变能力、个人成长经历与主持人工作背后的故事。

图7-1　潘蓉短视频创作内容示意图

主持人潘蓉通过话语方式的创新使她在抖音 App 上收获了大量粉丝，其打造的"15秒倒计时系列"最高单条视频获赞211.9万之多，让受众了解到大荧幕后主持人的一些真实临场应变能力，更满足了受众对主持人行业的好奇心。这不仅使潘蓉重获传播力与影响力，收获了大批粉丝，更让来自全国各地的观众认识并喜爱上了这样一位大荧幕前看似严肃而其实活泼可爱的主持人。主持人潘蓉成功地实现跨媒介传播离不开她独具个人魅力的话语。菲尔·科恩在《亚文化冲突与工人阶级社区》一书中提到，亚文化风格的主要构成要素包括"品行""形象""行话"。其中，"品行"关乎表达和仪态等方面，"形象"则涉及服饰、妆容等外在表现，"行话"则指代群体内部通用的语言及其传播方式。

第一，在整理了其在抖音 App 上"15 秒倒计时系列"的 15 集短视频后，发现其在传播时根据"品行""形象""行话"为自己设立了多重 IP 化传播标签，着装上不变的各色西服与标准的主持人妆容、传播样态上紧张且机智的表现、语言使用上每一集都反复出现"主持人倒计时 15 秒""15 秒倒计时""3、2、1，开始""观众朋友们，晚上好，欢迎收看今天的新闻"等话语，可营造出紧张氛围，突显主持人临场应变能力，体现出主持人窘迫可爱又机智聪明的一面。第二，哈佛大学米尔曼·帕里教授曾提出，话语的反复性是口语传播的特点，易帮助他人记忆。每一集短视频中出现的这些反复性话语可以帮助传播者强化所想表达的传播目的，以灌输式的方式给受众留下深刻印象，加强其话语的记忆感，成功塑造主持人话语个性化传播形象。

高强度的内容创作，看似源源不断的灵感迸发，实则是无数个夜晚的抓耳挠腮、绞尽脑汁。"瓶颈期都会有，但我就要让自己充满创新性，不断去尝试。"谈及未来，潘蓉表示，她仍然想继续做一个内容创作者，不断自我挑战、创作新系列新作品。潘蓉认为，虽然传统媒体和新媒体在操作上会有一定区别，但创作思路仍然可以相互贯通，关键在于是否能想通其中的转化逻辑。"在创作短视频时，很多知识都是传统媒体带给我的，比如讲故事的逻辑、'精彩之处放在前三秒'等，所以二者并没有完全割裂。"

无论是传统媒体还是新媒体，潘蓉都奉行着"内容为王"的准则，"要有持续性的内容创作能力"。无论是记者、主播，还是新媒体平台的大 V，内容输出的途径在变，但她始终不断反思，不断创新，在努力的道路上做不被定义的自己。

电视新闻节目主持人的话语风格，就是主持人个人风格和情感的表述，决定着一个节目的收视走向和收视效果。我国的电视新闻节目在国家建设方面起着举足轻重的作用。这也就决定着作为一名电视新闻节目主持人肩负着重要的责任，应不断完善自己，传播先进文化，正确引导舆论，不断满足人民群众的精神文化需要。为真理发声，为人民发声。

目前，我国电视新闻节目主持人的话语风格愈发趋于一致，其实每个人的自身特点都是独特的，但由于新闻节目的大环境，甚至是服饰、妆容的束缚，大多数的电视新闻节目主持人都缺少了独特的创造性。但正襟危坐是老一辈播音员的必修课，作为新一代的新闻节目主持人，正襟危坐只能算是基本功，它远远不能满足新闻发展的需要。主持人不能只做话筒架子和衣服架子，更应该做一个有内涵的公众人物。

第八章
电视谈话节目

随着电视谈话节目的不断发展，主持人在节目中的作用也逐渐凸显。电视谈话节目主持人如同掌舵者，在节目中起到了关键作用，既能够把控统领全局，又能够照顾细枝末节，优秀者往往深受广大受众喜爱。研究电视谈话节目主持人，我们首先应当对电视谈话节目进行梳理，在此基础上，再对电视谈话节目主持人的概念、现状、演进及话语特征进行探究。

值得一提的是，谈话节目要求主持人具有较强的知识和阅历，能把握和总结话题，能善解人意和启发访谈对象和嘉宾的谈话，具有组织谈话和控制现场的能力。谈话节目主持话语因为节目类型的差异也包含很多类型，例如新闻谈话节目、娱乐访谈节目，心理、情感和生活类访谈节目。这要求主持人具备不同的专业素养，主持风格真诚、亲切，具有交流感和人文关怀，能够准确把握访谈的话题，能引人入胜，能引导嘉宾说出自己的故事，营造良好的谈话氛围，并总结和归纳出一些观点。

第一节　电视谈话节目的界定

要界定谈话节目，首先要说清楚何为"谈话"。谈话，《现代汉语词典》解释为"两个人或许多人在一起说话"或"用谈话的形式发表的意见（多为政治性的）"，正如孙玉胜在《十年——从改变电视的语态开始》里所阐述的那样，谈话是电视叙事的手段，因为中国电视工作者的理解偏差，混淆了真实和真实感，"谈话"这样一个简单得不能再简单的可以轻而易举获得的"宝贝"被长期忽视了。当谈话被捡拾回来，大大方方地走上电视荧屏之后，中国观众感受到了它的魅力，惊呼："原来电视还可以这样做！"

一、电视谈话节目的定义

在前人研究的基础上，本书尝试将"电视谈话节目"定义为：以人际传播（面对面或电话连线）的方式，通过电视媒介还原或者再现多人（三人及以上）谈话状态的一种节目样态。通常由主持人、嘉宾（有时还有现场观众）在演播现场围绕特定话题展开即兴、多向的交流。

需要注意的是，电视谈话节目主要包含如下要件：

一是以谈话为主要内容和叙述形式。谈话节目应该以谈话为主要内容，或者说电视谈话节目是"主要围绕谈话组织起来的"节目，节目的看点就在谈话本身。这个要点提醒我们，做好谈话节目，着眼点首先要放在如何"经营"好谈话上面，而不是谈话以外的其他因素。同时，谈话节目又以谈话本身作为主要叙述手段。电视是时间媒体（多数人称之为时间艺术），过程如何展开，需要手段，即叙述形式。谈话节目中的谈话既是内容，又是完成叙述任务的手段。

二是以共同时空为载体的谈话。电视谈话节目之"谈话"必须是参与者在共同场所（共同空间）和共同时间内的谈话。尽管很多谈话节目有电话连线，即个别参与讨论者可以不在现场，但这一定不是节目的主体。也有些谈话节目，虽然有现场播放的短片，短片中可能包含经事先采访的人物谈话，但这也不会改变节目在特定时空进行的整体状态。

三是多主体参与的谈话。从整体上看，电视谈话节目必须至少有三个（或者以上）主体参加，即群言式节目，谈话主体包括主持人、嘉宾以及现场观众，其中，现场观众属非必需元素，但如果没有现场观众，嘉宾主体（或者主持人）一般要两个以上，否则无法达到"群言"的要求。这里的谈话主体不是简单的自然人，而是特指身份和角色，一个谈话主体可以是身份角色一致的几个人或多个人。比如，谈话现场观众席经常会出现服装、打扮等基本一致的多个人，他们可能来自同一个单位，如果讨论话题与其个体差异性关系不大，一般会派代表参与讨论，而不是逐个参与。

四是特定共同话题。电视谈话节目中，参与者围绕共同话题展开讨论，话题可以是一个，也可以是多个。因为是多方主体围绕共同话题，由于立场、角色、角度的不同，谈话往往会产生分歧和交锋，谈话内容大多属于观点和言论，而不是叙述。

五是即兴的多向谈话。不妨借用外交语言的一个词语"多边"，来形容电视谈话节目中参与主体之间谈话的方向关系。因为谈话在共同时空环境下发生，每一个参与者都是倾听者，但随时可以变成发言者，整个谈话不是一人主导的"一言堂"，不是"单边关系"。原则上，谈话可以在任何主体之间展开，彼此是"多边"的关系。同时，谈话又是即兴的，而不是因事先安排而受约束的，这也从一个方面确保了谈话的多向和多边。

在上述要件中，第一和第二个要件，使得电视谈话节目区别于《新闻联播》类和各地的民生新闻类节目，也区别于《焦点访谈》《新闻调查》等以"解说加采访"为主要叙述形式的专题或评论节目。《新闻联播》类和各地的民生新闻类节目，日常生活中，我们统称为"新闻节目"，其实这是一个不严谨的称呼，它是过去相对于专题节目和评论节目而言的，后来延续了下来。其他专题节目、评论节目很多也是新闻节目，谈话节目也是如此。

准确来说，《新闻联播》以及各地民生新闻类节目应被视为"资讯节目"。显然，资讯节目与谈话节目有显著区别，无需过多阐述。资讯节目不以对话为核心内容与表现手法，也不强调同步性；虽然谈话节目可能包含新闻资讯元素，但并未采用播报形式。诸多概念是基于共识与惯用说法，未必精确无误。"专题节目"与"评论节目"即为例证。

到目前为止，中国最有影响的电视谈话节目仍然是央视曾经的《实话实说》（1996年9月6日至2009年9月26日），尽管它已经停播数十几年之久，但这个名字仍然耳熟能详，它甚至成了谈话节目的代名词。当前全国比较有影响的电视谈话节目包括央视二套的《对话》《央视财经评论》（原名《今日观察》），凤凰卫视的《一虎一席谈》《锵锵三人行》《环宇大战略》《环球人物周刊》《社会正能量》《时事辩论会》，东方卫视的《东方直播室》，广东卫视的《财经郎眼》，广东电视台的《社会纵横》，贵州卫视的《论道》，深圳法制频道的《热点对对碰》，等等。北京电视台曾经热播的《国际双行线》，南方经济频道2014年之前的《全民议事听》（2014年改版成专题节目），深圳卫视曾经播出的《对话改革》《22度观察》，也属于谈话节目，有一定代表性。值得特别提及的是东方卫视的《东方眼》（崔永元主持），虽然只存在了不足三个月（2015 年 1 月 1 日至 3 月 17 日）的时间，但因为该栏目具备谈话节目的所有特质，且堪称精品，因此值得特别研究。

二、电视谈话节目的类型

我国的电视谈话节目发展到今天，既借鉴了国外电视谈话节目的样态，也加入了本土元素，并在努力找寻各自独特定位的过程中，生成了五花八门的类型。如何进行科学分类，并在科学分类基础上加以研究，是学界和电视业界需要解决的问题。

长期从事广播电视评论教学和研究工作的涂光晋教授是较早关注电视谈话节目的学者，她在考察了欧美电视节目的基本情况、深入分析了各类谈话节目之后得出结论：电视谈话节目是电视新闻评论的重要组成部分，即谈话体评论。她说："谈话体评论是以电视谈话的方式播出的电视评论类节目。一般以记者（或主持人）主持，嘉宾或现场观众参与，在演播室或其他固定的场景，围绕某一种新闻事件或公众关心的话题，通过访谈、讨论等面对面直接交流的方式进行。它是一种人际传播与大众传播相结合的节目形态，即通过谈话者之间面对面的人际交流，使对某一事件或问题的意见性信息得以直接地沟通与传播。"该定义强调了谈话主体（主持人、嘉宾、现场观众）、话题（新闻事件或公众关心的话题）、场景（演播室或其他场景）、谈话方式（人际传播与大众传播相结合）和谈话内容的性质（意见性信息）。

她进一步说明了电视谈话节目的特点和优势："以自然人格状态出现的谈话者，在此类节目中容易畅所欲言、各抒己见；而不同观点的争鸣与碰撞，可以激活观众的思维，激发观众的收视兴趣和参与感。"谈话节目是多人在共同时空环境下完成的，观点的争鸣和碰撞是其特点和优势。"以自然人格状态出现的谈话者，在此类节目中容易畅所欲言、各抒己见"这一论断则有些理想化，与实际情况有一定距离。实际情况是，无论是嘉宾还是主持人都不可能完全以自然人格出现在谈话现场并完成谈话，他们的谈话总或多或少地包含其社会身份和社会角色的影子。有些谈话还刻意强化嘉宾的社会人格。社会角色决定其立场，社会身份影响其谈话内容。

广播谈话节目早于电视谈话节目，电视谈话节目既借鉴了广播谈话节目，又有所超越。涂光晋教授特别与广播谈话节目相对比，说明电视谈话节目的特点和优势："同为谈话节目，广播谈话与电视谈话既有相通之处，也有不同之处。首先，电视谈话中没有由一个人口播的漫谈式或两个人对播的对话式评论，通常以访谈、讨论、论辩等方式进行，具有更显著的人际传播的特色；其次，在收看电视谈话时，观众不仅可以'闻其声'，而且可以'观其形'，视觉形象的介入，使电视谈话更具现场感和真实性；最后，谈话者神态、表情、动作等非语言符号的补充，使电视谈话传播的内容更为立体和多样，因而具有更明显的人文色彩和易受性。"

朱羽君、殷乐系统研究了各种电视节目形态，他们提出："电视谈话节目是将人际间的谈话交流引入屏幕，并将这种交流本身直接作为节目的内容和形式的节目形态。""是以电视媒介为传播手段，通过话语形式，以语言符号和非语言符号双渠道来传递信息，整合大众传播与人际传播，营造屏幕内外面对面人际传播的信息'场'的一种电视节目类型。"这一定义突出了谈话节目的内容即为谈话本身，区别了谈话和谈话节目，强调了电视的多符号传播特性，这是亮点。但该定义没有对谈话节目和一般的采访和访谈做区隔，外延还是有些模糊。他们从大众话语空间的高度指出了电视谈话节目的特点和优势："电视媒介为大众的交流提供了技术条件，可以说为大众建构了一个可供自由交流的公共大厦，一个谈话的场所，具有社会公共空间的性质，提供了可以发展谈话节目的大众话语空间，在培养观众的话语习惯，给予社会一种良性推动上具有其他节目形态所不及的作用。"

电视"面对面"所营造的大众话语空间，既允许现场多主体的参与，也可以调动不在现场的公众的参与，他们参与到电视"面对面"的过程中，共同营造开放的大众话语空间。电视谈话节目还适应和满足了新时代公众对于信息获得的特殊需要。现代社会中，人们接触世界的深度和广度都发生了不小的变化，因此越来越不满足于单纯地被告知，还希望积极地参与讨论社会公共事务。人们不仅想知道观点，还想知道观点出自谁的口中，他为什么这么说，以及他是怎么说的，渴望能够在双向互动的过程中获得多方面的信息，从而进一步贴近信息源，然后再做出属于自己的判断。"新闻谈话栏目恰好满足了这一需求：直接展示信息源，既提高了信息的准确性，又以谈话方式提供给人信息和观点，促使观众进行思考，由此与观众达成了一种新的更为积极与健康的对话方式。"

中国传媒大学教授吴郁对谈话节目下的定义是："谈话节目是由主持人邀集有关人士及受众，围绕公众普遍关注的重要问题，在轻松和谐，平等民主的氛围中展开讨论的群言式言论节目。"这一定义概括了谈话节目由多人参与的特征。

但"有关人士"的表达不够明确；这里的"受众"是指现场观众，用学术性如此强的传播学概念表达，不够恰当。该定义对谈话的话题以及谈话内容的言论属性进行了特别强调，但把谈话节目限定为言论节目，缩小了谈话节目的外延，毕竟并非所有的谈话内容都是言论，有一些是事实性信息，比如讲述个人经历。

"在轻松和谐，平等民主的氛围中"的限定有些多余。该定义还忽视了谈话场所这个基本元素。

徐舫州、徐帆编著的《电视节目类型学》对电视谈话节目给出的定义是："电视谈话节目是以电视媒介为传播手段，通过话语形式，以语言符号和非语言符号双渠道来传递信息，整合大众传播与人际传播，营造屏幕内外面对面人际传播的信息'场'的一种电视节目类型。"该定义强调电视谈话节目的人际传播特性，并用"场"的概念来描述。但该定义忽略了谈话主体、谈话内容，外延上没有与一般性新闻采访和访谈节目区别开来。意思表达也有重复之处。"以语言符号和非语言符号双渠道来传递信息"这是电视本身的特质，与前面的"以电视媒介为传播手段"重复，"营造屏幕内外面对面人际传播的信息'场'"与"整合大众传播与人际传播"也存在重复。

石长顺教授给出的电视谈话节目定义是："电视谈话节目，则是把人们私下的谈话搬到电视这个大众媒介上，借助人际传播来实现大众传播的一种传播形式，它是一种一般由主持人、嘉宾和（或）现场观众就一个主题进行讨论或辩论的电视节目形式。"他还补充说："电视谈话节目不是人们私下谈话的完全照搬。首先，电视谈话节目有一定的时间限制，一般是半小时到一个小时，而一般的谈话有话则长，无话则短；其次，每次的电视谈话节目一般有一个主题，参与者都要围绕这个主题展开谈话，陈述事实或表达自己的见解，而私下的谈话则可有多个主题或无主题；最后，电视谈话节目常常有主持人把握谈话的进展，私下的谈话则一般随心所欲一些，没有一定的谈话轨道。"

这个定义明确了谈话主体、谈话内容、谈话方式，而且强调了其人际传播的特征，抓住了电视谈话节目的若干本质。不足有二：一是"私下的谈话"限定不够准确，很多电视谈话节目的"原版"是非私下的谈话，比如《对话》2015年10月11日节目《自由贸易试验区：倒逼改革的力量》就是公开的官方论坛"海外华商中国投资峰会"的电视版。《实话实说》《一虎一席谈》《东方直播室》等节目的"原版"都是由不同电视机构的不同栏目组专门组织的公开的谈话。二是"借助人际传播来实现大众传播的一种传播形式"有循环定义之嫌。人际传播和大众传播本身就是基本传播形式。

中央电视台节目主持人张泽群认为，电视谈话节目是"谈话人（包括特邀嘉宾、现场观众），在演播室里就某一问题在主持人的引导下阐述和讨论观点的节目。主持人与谈话人是节目的成员，问题与观点构成节目内容"。这一定义突出了话题和主持人在现场的"遥控器"角色，也强调了谈话节目之"谈话"属于评论（观点）的本质。但把谈话场所限定于演播室，不够严谨，因为有些谈话节目的录制是在非演播室环境下进行的，比如户外特定场所。另外，对谈话主体限定不够，也忽视了谈话方式。

吴信训所著《新编广播电视新闻学》给出的电视谈话节目定义是："以电视媒介为载体，以谈话为主要表现方式的节目形态，通常由主持人、嘉宾，有时还有现场观众，在演播室或某个特定场合，围绕大众普遍关心的话题，面对面地展开即兴、双向、平等的对话交流。"该定义全面地概括了电视谈话节目的元素和特性，是一个很严谨的定义。但略有不足之处，如果稍作修改将会更准确：一是"以谈话为主要表现方式"可改成"以谈话为主要内容和表现方式"，因为谈话既是电视谈话节目的表现方式又是它的主要内容；二是限定谈话人数，以区别于一对一的访谈节目；三是"双向"改为"多向"更为妥当，因为谈话不只是双向的。

吴信训认为，我国广播电视谈话节目虽然借鉴了国外脱口秀的经验，但与国外脱口秀还是有很大不同：一是概念外延不同，脱口秀外延更大；二是传播目的不同，脱口秀是为娱乐观众，谈话节目为受众提供表达平台；三是节目构成不同，脱口秀更为庞杂，谈话节目结构相对单一；四是场不同，脱口秀的场是开放的，谈话节目的场是闭合的，谈话节目强调逻辑，脱口秀强调冲突，侧重"秀"；五是主持人定位不同，谈话节目是引导，脱口秀是主导，谈话节目注重采访能力，脱口秀注重多才多艺。对中国的谈话节目和国外的脱口秀加以区别具有必要性，它有助于概念内涵和外延的清晰化。但做这样细致的区分，笔者认为没有必要，把二者的外延关系搞清楚了就可以了。从长远来看，其他方面两者会逐步接近直至趋同。即便是目前，做这样的区分也很牵强。

美国出版的《电视百科全书》中"谈话节目"词条中的定义是："'电视谈话'（TV talk）包括了从一有电视起就存在的所有不用写脚本的对话和直接对观众讲述的各类节目形式。这种'直播的'、脱稿的谈话是电视区别于电影、摄影、唱片和书籍的一个基本因素。而'电视谈话节目'（TV talk show）则是一种主要围绕着谈话而组织起来的表演。谈话节目必须在严格的时间限制之内开始和结束，并且要保持话题的敏感性，以便在面对上百万观众时能够提起大众的兴趣。"

苗棣、王怡林所著《脱口成"秀"——电视谈话节目的理念与技巧》比较认同这个定义。该书还特意从三个方面概括了电视谈话节目的特征：1.以谈话为主要内容；2.谈话是无脚本的；3.谈话是在严密设计基础上的即兴发挥。对电视谈话节目特征做如此概括是很恰当的，有助于人们认识电视谈话节目的本质和规律。但这里的"脚本"如果改为"台词"可能更为恰当。电视脚本，即电视文案，是电视创意的文字表达，是体现主题，塑造形象，传播信息内容的语言文字说明，是创意（构思）的具体体现，也是摄制电视的基础和蓝图。事实上，电视谈话节目是需要事先进行精心策划的，电视谈话节目脚本是必要的。这里的脚本是指策划意图的文字体现，不是事先规定谈话者要说的话（类似于电影和电视剧的剧本台词）。

陆晔、赵民在《当代广播电视概论》中没有明确给出谈话节目和电视谈话节目定义，但他们分析了电视谈话节目的特点：1.针对性和时效性强；2.感染力强，表现手法多样化；3.图文并茂，有助于背景材料的提供；4.

具有强烈的现场感，使受众有身临其境之感。该分析的后三点实事求是，但有重复之嫌，抽象和概括力不够。第一点不是电视谈话节目独有的特点，广播谈话节目和日益发展的网络谈话节目这方面的特点更强。而且这样的概括与实际情况有很大出入，很多实际存在甚至有一定影响的谈话节目并不针对社会热点；有些谈话节目时效性很差，甚至赶不上报纸、杂志，更不用说与广播和网络抗衡。

关于电视谈话节目分类，研究最深入、最全面的当数苗棣、王怡林所著的《脱口成"秀"——电视谈话节目的理念和技巧》一书。该书专门以一章的篇幅论述了电视谈话节目的类型。著者以不同的标准对电视谈话节目进行了划分。按照功能来分，电视谈话节目可以分成娱乐性谈话节目、严肃性谈话节目。按照拍摄场地来划分，可以分为演播室谈话节目与外景谈话节目；按照播出方式来划分，可以分成现场直播型谈话节目和录播型谈话节目；按照谈话节目中有无现场观众来区分，可以分为无现场观众类谈话节目和带现场观众类谈话节目。按照受众的定位来划分，可以分为女性谈话节目和男性谈话节目或老年谈话节目、青少年谈话节目。

石长顺教授认为，按照谈话结构形态，电视谈话节目可以分为议论型谈话节目和叙事型谈话节目。笔者认为，如此分类值得商榷。因为所谓叙事型谈话节目，比如石教授所列举的《讲述》《往事》，都不算谈话节目。石教授按照内容把电视谈话节目分为新闻性谈话节目、娱乐性谈话节目、普通话题谈话节目、专题性谈话节目和拟社会事件谈话节目五类。这种分类也值得商榷。因为彼此之间界限不分明，容易混淆，达不到分类目的。

徐舫州、徐帆用内分法和外分法两种方法对电视谈话节目进行了分类。按照内分法（内容切入），分为新闻时事类、民生生活类、综艺娱乐类、专题对象类四类。按照外分法（形式模式角度）分为讨论类、聊天类、访谈类、辩论类、资讯类、"真人秀"类、演讲类、讲述类、评论类、口述历史式、特殊的推销性谈话节目。内分法，按内容分类比较清晰，分类也比较合理。但"民生生活类"的提法值得商榷，因为很多民生生活话题本身就是新闻，容易与第一类新闻时事类混淆，改称"社教类"可能比较恰当。外分法分出的类别过于庞杂，其实访谈类、资讯类、"真人秀"类、演讲类、讲述类、评论类、口述历史式、特殊的推销性节目大多不属于谈话节目。讨论类和聊天类可以合并。

涂光晋教授认为电视谈话节目主要有三种形式，一为访谈式，二为讨论式，三为现场参与式。访谈式电视谈话是一对一或对二的谈话式评论节目，代表是央视《面对面》；讨论式电视谈话是座谈或论坛式谈话节目，代表性栏目是央视《十二演播室》《倪萍访谈》，香港卫星电视中文台的《有话赵说》，凤凰卫视的《锵锵三人行》；现场参与式电视谈话是指由主持人主持、由特邀嘉宾和演播室受众直接参与，就新闻事件或社会生活中群众关心及感兴趣的话题展开讨论或争鸣的评论形式，国外将这类节目称为"脱口秀"。这种分类方法欠妥，导致访谈式电视谈话与一般新闻采访以及演播室个人专访混淆。其实访谈节目从形态上不同于谈话节目，二者的制作流程和要领也不同。把访谈节目也归入谈话节目，很牵强。后文将详细论述，此处略。讨论式谈话节目和现场参与式谈话节目区别在于有没有现场观众直接参与讨论，笔者认为这样区分意义不大。作为发言者，本质上现场观众和嘉宾、主持人没有区别。谈话节目的精髓就在于平等对话。西方的脱口秀确实大多有现场观众直接参与讨论，但没有现场观众直接参与讨论的谈话也叫脱口秀，甚至连涂教授所说的访谈式电视谈话西方也归入脱口秀之列。

郑保章主编的教材《电视专题与电视栏目》对电视谈话节目从内容和形式两个方面进行了分类。按照栏目内容划分成新闻时事类栏目、人际关系和心理问题类栏目、滑稽娱乐类栏目三类。这样的分类有划分不全之嫌，因为还有大量实用知识和服务类谈话节目，比如关于投资理财、鉴宝收藏、健康养生、时尚美妆、体育运动等方面的谈话节目。

事实上，在同一个电视谈话栏目中也存在不同节目类型，比如《实话实说》在自身的发展和完善中逐渐"形成了两种类型的节目，即讨论型和个案故事型"。这也给分类研究带来了更为复杂的困难。

纵观中国电视，一方面电视台众多，频道数量可观，各种各样的谈话节目并存；另一方面，新的谈话类节目如雨后春笋般方兴未艾。与此同时又有一个又一个曾经活跃于荧屏的节目遭遇"下岗"，可谓是前仆后继，来也匆匆去也匆匆。科学分类就要力求将历史上曾出现的以及正在热播的各种谈话节目都囊括其中，一一加以清晰归类，并力求找出每类节目共性的、规律性的东西，为各个谈话节目提供指引和参考，使之定位更明确，目标更清晰。有很多谈话栏目，从创办的时候就没明确自己的方向，做节目的也不清楚缘何做这个节目，想达到什么效果，致使观众感觉新闻类谈话节目没有新闻性，像是在谈生活；民生生活类谈话节目主持人津津乐道，却与老百姓的所思、所想和所需不一致或有很大距离；服务类谈话很多又在谈时政、谈民生……谈话的中心和重点都没找着，靠主持人生拉硬扯地说出观点，主持人说得费劲，观众听得头昏脑涨。

（一）按内容分类

吉妮·格拉汉姆·斯克特将美国电视谈话节目归纳为四种类型：第一，新闻－信息节目，包括早间新闻－杂志节目、新闻讨论和分析节目、新闻讨论嘉宾访问和观众通话节目、黄金时段纪录性－杂志节目、小报式新闻和访谈节目；第二，杂耍－喜剧－访谈节目，包括深夜滑稽访谈娱乐节目、观点访谈娱乐节目、清晨时事访谈和娱乐节目；第三，人际关系、自助、心理和日常生活节目，包括以一个人困境和失调的人际关系为娱乐的节目、更严肃的个人问题和自助心理学节目、更严肃的人际关系和日常生活节目；第四，为特别观众的特别谈话节目，包括理财与经营顾问节目，宗教和神灵启示节目，观点及访问节目，与运动、宠物或其他主题相关的其他特别节目。

不难看出，吉妮·格拉汉姆·斯克特主要是根据内容来划分的，此种分类方法也比较符合我国电视谈话节目存在和演变的实际情况，值得借鉴。参照吉妮·格拉汉姆·斯克特的分类方法，笔者认为，我国的电视谈话节目依据内容可以分成四类：新闻类电视谈话节目，社教类电视谈话节目，娱乐类电视谈话节目，服务类电视谈话节目。

新闻类电视谈话节目，就是以新闻信息和观点为主要内容的电视谈话节目。社教类电视谈话节目，就是以日常生活中的平常事件为讨论由头，以人际倾诉或讨论为主体的电视谈话节目。其具有较强的故事性和情节性，谈话强调平等和人情味。其重视的不是权威性，而是大众参与性，以及人际沟通所产生的愉悦感、放松感。更直接的宣泄、更世俗的平民倾向，是对人们当下日常生活的观照。娱乐类电视谈话节目，就是以即兴语言为载体，辅助以表演活动，通过多种方式充分展现谈话的娱乐性，给观众带来愉悦和放松的节目。这类节目类似于群口相声和语言类小品。服务类电视谈话节目，顾名思义，即以传播服务类信息为主要目的的电视谈话节目，节目内容包括投资理财、鉴宝收藏、健康养生、时尚美妆、体育运动等等。

（二）按形式分类

电视谈话节目内容纷繁多样，但从形式上看，相对单一。我国电视谈话节目形式上只有两种基本类型：座谈式谈话节目和辩论式谈话节目。划分的标准就是是否从整体上采用了辩论的形式。如果没有采用辩论形式，或者即使有辩论，但不是主体，那就是前者；如果整体上采用了辩论形式，就是后者。

座谈式谈话节目，就是主持人、嘉宾、现场观众以座谈的方式各抒己见，或陈述事实，或发表观点，但一般不会形成激烈的言语冲突与思想交锋的节目。这类节目，现场气氛较为宽松、亲切、自然，娓娓如话家常，适用于讨论大众普遍关注又无重大分歧，经过深入交流、探讨可能达成共识的问题。

辩论式谈话节目，就是谈话各方的观点有重大分歧，在现场展开言语交锋，主持人以中立公允的态度加以控制、引导的谈话节目。辩论现在流行叫作"PK"，该类节目特点是现场气氛紧张、热烈，交锋、冲突明显，适用于讨论有分歧的话题，比如社会上出现的新事物、新现象、新思潮，以及人际关系、民事纠纷等。由于矛盾冲突具有张力，现场富于戏剧性，比较耐看。

第二节 电视谈话节目主持人话语现状

谈话节目兴起于美国，盛行于西欧和我国港台地区。谈话节目因为形式容易辨析，常常在实践中被归入重要的节目类型。在生活节奏日渐加快的今天，紧张忙碌的人们大都渴望在感情上有更多的交流和沟通的平台。谈话节目通常由主持人邀请嘉宾或观众，围绕大众普遍关注的种种问题，在平等民主、和谐轻松、自由宽容的氛围中展开相关讨论的言论式节目。

可见，谈话节目是一种符合大众传播需求、取材广泛、受大众欢迎的节目形式；这也要求谈话节目主持人起到引领嘉宾、创造谈话氛围的作用，能营造一种人际交往的氛围，吸引观众参与和收看。随着谈话节目类型的多样化，主持话语风格也逐渐对象化和平民化，并且日益凸显思想性。

一、谈话节目离不开主持人

日常生活中，当人们谈到某个电视节目，随后就会谈到其主持人。比如，谈到《实话实说》自然有一句"就是那个崔永元的节目"；谈到《新闻周刊》就会说到白岩松；谈到《锵锵三人行》就会说到窦文涛。至于这些节目背后的策划人员是谁，编导人员是谁，谈话者大多不了解，他们也不想了解。为此，从事非主持工作的电视从业者经常感觉很失落。出现这种情况，其实很容易理解。

电视谈话节目是经由一系列制作过程而完成的，电视谈话节目是个多元素的结构体。从广义上看，从完整的编务制作角度观察，电视谈话节目既包括有前期筹划、准备，也包括有后期的编辑制作（直播的较少）。但是，作为电视节目，谈话节目最终展示给受众的成品是谈话现场的全过程。所以，我们分析电视谈话节目的构成应该关注的是会话过程，即，会话过程的组成成分就是谈话节目文本的构成元素。

电视传播和其他媒体的传播，最大的区别就在于电视传播中有看得见的主持人因素，它是一种真正的人际传播。而在所有的传播方式中，人际传播界限最少，最易达到效果。正是主持人的存在使媒体与受众的传播还原到了人际传播的原始阶段，主持人成为电视表达亲近性和实现交流感的一个载体。虽然报纸有主笔或撰稿人，电台也有主持人，但任何媒体都没有像电视媒体这样依赖主持人。电视靠主持人来成就，也同时成就了许许多多名主持人。孙玉胜认为，电视就是主持人媒体。电视制造了这些明星，反过来又离不开他们，甚至不惜重金维持与他们的契约，或挖别人的墙脚，因为主持人就是影响，就是收视率，电视就是主持人媒体。电视越发达，对主持人的依赖也就越强，尤其是大众化（而不是分众化和小众化）时期的电视更是如此。

首先，电视谈话节目文本的构成可以区别为主要构成成分与辅助构成成分两部分。主要构成成分包括有会话话题与会话参与者（即主持人、嘉宾或连带现场观众）。辅助构成成分指伴随会话而插入谈话节目中的小片、片花、音乐、现场大屏幕和道具等。会话交流是电视谈话节目最本质特点，所以在电视谈话节目各种构成因素中话题与会话参与者当然地成为主要构成成分。话题是谈话节目的内容主旨，好的话题是谈话节目成功的前提。随着我国改革开放的进程，随着新观念不断产生，随着社会舆论环境的宽松，目前我国谈话节目的话题种类逐渐增多，内容触及了社会及人生的很多方面。

主持人是谈话节目中会话交流的中心。谈话节目中的主持人有着独特地位。在新闻、综艺、体育等类型的电视节目中，主持人于节目中间断出现，主要是串联节目起"介绍作用"。而在谈话节目中，主持人是由始至终的参与者、组织者。在美国，谈话节目的主持人被称为"host"。这个词的本义为"主人"，该命名揭示出主持人在谈话节目中的地位如同"客厅"或"沙龙"的主人。

在电视谈话节目中，主持人既是传媒机构的代表，又是广大受众的代言人。主持人是代表传媒机构而面向电视内外受众的大众传播者。谈话节目主持人是谈话节目的关键因素。嘉宾是谈话节目中的会话主体，在一些叙事类谈话节目中，通常就是由嘉宾讲述个人经历；在一些论说类谈话节目中，主要是由嘉宾发议论谈见解。因此，正确选择嘉宾并与嘉宾妥恰会话是谈话节目得以成功的重要保证。

其次，由于电视是一种视听兼备的媒介，所以电视谈话节目不同于广播谈话节目，电视谈话节目的构成成分包括作用于听觉的有声构成成分与作用于视觉的无声构成成分两部分。但是，由于会话交流是打造谈话节目的内容与形式双向结构要素，所以，以会话交流为主体的有声构成成分自然是节目中主体成分、核心成分（这不同于影像意义凸显的电视剧、电视电影、电视纪录片、电视文艺娱乐节目，以及电视新闻资讯节目等其他类型的电视节目）。

分析电视谈话节目的构成可见，电视谈话节目是多元素组合而构成的综合结构体。但是，在多种元素比较之中，语言成分是其核心元素、主体元素。换句话说，电视谈话节目最集中地表现出语言传播的特质，应该是语言传播学的主要研究对象之一。并且，在电视谈话节目中，由主持人、嘉宾（或现场观众）对话交流全过程所成就的会话语篇，就成为电视谈话节目的文本样态。

各类电视节目中，几乎没有哪一类不设立主持人，就连世界田径世锦赛直播这样的节目，直播过程中都要有主持人来解说。一天比赛结束后，主持人还要坐在屏幕前对当天的比赛做总结和梳理。本章的研究对象——电视谈话节目更是离不开主持人。从谈话节目定义就可以看出，主持人之于电视谈话节目的重要性。注重主持人话语重要性的同时，也应该全面而充分地调动电视谈话节目的各种构成元素，才能使电视谈话节目达到传播的理想效果。在我国电视谈话节目的实践中，不但出现了《实话实说》《对话》《艺术人生》《超级访问》等优秀节目，而且也出现了"凤凰现象"。这些优秀的谈话节目将谈话节目的各种元素开发盘活，努力做足做尽，用最小的成本与资源，努力赚取最大化效益。特别是从语篇文本角度观察，诸多优秀电视话语及其主持人的操控，最集中地表现出谈话节目在语言传播领域的特有规律与独特效应。那么，探讨电视谈话节目主持人在其语篇建构中的话语及其运行规律，也就解读了电视谈话节目的传播规律及效应。

白岩松认为，主持人不同的个性特征是电视在多元文化背景下呈现出来的传播的多元性。个性化的表达使电视节目的包容性增加，扩大了节目在人群中的接受范围。不同个性的主持人吸引着不同的人群，而从总体上看，当一个电视媒体中各具特色的主持人越多，它对各类观众群的普适性就越强。谈话节目是真正意义上的"主持人"的节目，其风格与成败主要取决于主持人的风格与魅力。虽然众口难调，但是媒体中不同风格的主持人适应着不同口味的电视观众，每一个主持人节目的针对性增加了，对观众的吸引力提高了，电视媒体追求传播最大化的原则才能够实现。

二、谈话节目鼓励主持人话语的个性表达

个性和魅力似乎是最说不清楚的东西。不同的人个性不同，魅力也不一样，但这却是评价主持人的一个重要指标，也是电视之所以成为主持人媒体的一个重要因素。

多年来，人们对主持人的认识和理解是在不断变化的，这种变化体现为越来越接近电视之"家用媒体"的根本属性，整体来说是不断进步的。

过去人们一提到电视节目主持人，一定会联想到俊男靓女。这些年，类似"电视台是美女帅哥扎堆的地方"的说法还会有，但从整体上来说，人们的认知和观念正在发生着改变。电视是家用媒体，漂亮的脸蛋、苗条的身材出现在观众家的客厅中央，依然很养眼，这种与俊男靓女"面对面"感觉依然很好，这是不会变的；但是，光有脸蛋和身材还不行，如果只是花瓶，摆在客厅里，看多了人们也会厌烦。现在的电视主持人，可以没有"脸蛋和身材"，但一定要有思想，有水平，特别是要有个性。

有个性，人们才能记住你。所谓个性，就是人的差异性，它是人的长相、思想、知识、能力、语言、作风等因素综合的一个体现。白岩松不止一次地说过，主持人拼到最后拼的是人格和个性。主持人首先是有七情六欲的活生生的人，每个主持人有每个主持人的特点和个性。过去很长一段时间，电视台对于主持人的使用有很大误区，不是在使用他们的个性，而是在使用同一个"模子"生产出来的共性的东西，比如统一的俊男靓女、统一的播音腔等。从1993年《东方时空》开始，模式化的观念发生了改变，一些不符合模式化标准的人走到了前台。比如崔永元、白岩松、窦文涛、刘仪伟、易中天等。

有人这样评价崔永元："相貌堂堂、字正腔圆，是这么多年大家对主持人的既定印象。这种印象被崔永元打破，他永远不会不瘟不火、不痛不痒，他的每一句话都让观众有惊喜。他不仅长得亲民，言语的机敏、睿智和幽默更是深得人心。可以说，他是国内第一个具有强烈个人风格的主持人。"所以，很多人看《实话实说》，看的不是节目，而是主持人。看他调侃观众，看他调侃自己，看他在喧哗中掌控全局，看他在幽默中一针见血。

说到大胆起用有个性的主持人，不能不提《锵锵三人行》，现在人们把这个栏目和窦文涛几乎画等号了，但当初《锵锵三人行》和窦文涛没有必然联系。窦文涛刚到凤凰的时候，先后做过娱乐资讯节目，导演说他不会笑，不会表演；后来又播过《时事直通车》，观众投诉说他报的新闻不可信，看他像骗人的，所以一直找不到出路。后来，凤凰策划一个新栏目，老板刘长乐起名叫作"锵锵三人行"，两个嘉宾加一个主持，每天从一些新闻和一些事情谈起，在选主持人的时候，有人提议用窦文涛，提议刚一出口，就引来了哄笑声。因为在大家的印象中窦文涛"能侃"，善讲段子，个性十足，这样的人能不能主持这样的节目，大家也不确定。刘长乐最后大胆起用了他，而且放手让他大胆试验。这才成就了现在的《锵锵三人行》。

然而，在对待主持人个性方面，现今观念存在一定的误解。有人认为，主持人"会说"仅属平庸，唯有"敢说"方能彰显个性，从而吸引关注。业内人士亦坦言：唯有言辞出格，节目方能火爆。受此观念影响，部分地方媒体频现即兴而发的"雷人雷语"，或信口雌黄，不负责任地随意评论，不顾后果；或离题万里，漫无目的地胡扯。

一些主持人动辄出语惊人，以显示视角超乎寻常，有的主持人还认为张扬个性，那样才叫真实才算真诚。可是，在公共场合、公共平台，说什么、怎么说，是有前提、有条件的。古人云：从心所欲，不逾矩。面对公众，掌握话语权的主持人，理所应当以"不逾矩"为底线，这里的"矩"，包含了道德、法律、科学，还有人们普遍认同的公序良俗等。

电视谈话节目的发展需要话语风格个性化的主持人，但是必须明确个性化不是传播的目的，而是优化传播的手段。主持人的个性化必须与栏目融为一体。否则，一切脱离栏目特点、不符合社会主流价值判断、肆意妄为的"与众不同"，是不会被受众接纳，更无法被欢迎的。

第三节　电视谈话节目主持人话语演进

一、谈话节目类型多样化的需求日益增加

（一）20 世纪 80 年代谈话节目由访谈领导转向访谈民众

20 世纪 60 年代，北京电视台（中央电视台前身）设置了一个节目，名字叫作《电视台的客人》，邀请王进喜、时传祥等劳模做客演播室参与节目，被认为是电视谈话节目的雏形。20 世纪 80 年代，党的十一届三中全会后，广播电视节目的功能由"喉舌"向"纽带"与"桥梁"转变，很多电视台开始尝试创办谈话节目，谈话节目也有了长足的发展。

1987 年 6 月，山西电视台推出一档访谈政府领导的节目《对话与交流》，邀请省委书记、副省长、宣传部部长参与现场访谈，话题涉及社会问

题如物价、计划生育等，目的在于加强领导和群众的沟通，切实解决民生问题。1988 年 9 月，重庆电视台开播时长 100 分钟的时政综合访谈节目《面对面》，设有《市民论坛》《党政发言席》《论辩会》等版块，访谈嘉宾更多元；1988 年 12 月，吉林电视台开播的《大家谈》，每期时长为 10—15 分钟，话题为社会问题，增加现场观众参与访谈。

这几档电视谈话节目的话题大多涉及与百姓切身利益休戚相关的政策层面，但是谈话较为程式化，略显呆板，也欠缺思想深度，主持风格特色不明显，表现形式单一，开设此类栏目的电视台数量极其有限。

（二）20 世纪 90 年代谈话节目的内容向社教、时政、文艺、情感等节目

进入 20 世纪 90 年代，国家把广电列入需加快发展的第三产业行列，电视节目由原来的单纯注重宣教功能转向倾听民意，凸显服务功能和娱乐功能，谈话节目有了长足的发展。1996 年 3 月 16 日，央视正式推出演播室谈话节目《实话实说》，开启了平民化谈话的黄金模式，这个节目用谈话形式问出普通人生活中关心的话题，主持风格真实亲切、真诚朴实，受到观众的认可和关注。

1996 年央视开播面向知识分子的《文化视点》。1997 年开播面向工人的《当代工人》。这一时期，"谈话"作为元素开始向社教、时政、文艺、情感等节目渗透。1998 年 4 月 1 日凤凰卫视开播了一档令人耳目一新的午间"脱口秀"节目——《锵锵三人行》。它开创了一个崭新的谈话方式——"意识流"式的聊天谈话，这种聊天是无功利的、流动的、开放的、感性的，体现了日常生活中人际传播最基本的形态。一张小桌，一杯清茶，三个"非常男女"轻快闲聊，由新闻起头，想哪就说哪，"嘉宾不像嘉宾，主持不像主持"，幽默风趣、娱乐性强，时有犀利议论、家常俚语。

（三）2000 年以后，谈话节目内容更加丰富，娱乐类、情感类、财经类谈话节目受到广泛关注

进入 21 世纪，谈话节目的类型更加丰富，娱乐类、情感类、财经类谈话节目受到广泛关注。谈话节目能将行业精英的会谈或辩论变成一种节目形式，能充分凸显知识性和思想性，成为一种传播效率较高、对象性强的节目形式而被广泛采用。

例如，2000 年 7 月，中央电视台经济频道推出的一档经济类谈话节目

《对话》，该节目主要邀请企业精英、政府官员、经济学专家等具有强势话语权的标志性人物探讨经济社会发展话题。开播以来就以起点高、定位明确、内容有深度而在谈话栏目中脱颖而出。又如，2003 年底，上海东方卫视推出长达一小时的大型财经谈话节目《头脑风暴》，话题由热门的经济事件、人物及现象入手，探讨经营理念、管理实例，演绎企业故事；嘉宾为国内外顶级企业总裁等高层经济人物，目标受众是关注财经动态和具有管理决策力的商界人士及社会精英。再如，2004 年 7 月，由第一财经、CNBC 财经电视台、哈佛商学院联合制作推出的大型财经谈话节目《决策》，首次以电视手法呈现哈佛商学院案例，每期一个哈佛商学院经典案例，讲述真实商战故事及真实决策过程；以影像资料、嘉宾评论、现场观众互动分析影响决策各元素，并穿插案例编写者、哈佛商学院名教授点评案例；嘉宾为企业巨头、经济学者、经济咨询专家；目标受众是商界领导管理层及其他大专以上具有相当教育水平的观众。此外，2005 年 1 月，东方卫视开办精英访谈节目《21@21》，主要展现国际精英成才、成名、成业的非凡之路及其背后鲜为人知的精彩故事。

2003 年后，谈话节目由于形式灵活，现场感强，便于与文化、娱乐类节目有效融合，成为颇受欢迎的节目形式。2003 年 5 月 18 日央视科教频道开播文化访谈栏目《大家》，栏目的嘉宾是我国科学、教育、文化等领域有杰出贡献的"大家"，栏目以传承人文精神为宗旨，通过访谈嘉宾凸显行业精英的风范，传递知识和文化。又如，2003 年 10 月 23 日，东方卫视谈话类节目《东方夜谭》，主要以娱乐大众为主，节目分为两部分，前为主持人清谈"脱口秀"，偏向于表演性，后为名人访谈。

可见，从不同时期谈话节目的形式和内容的变化来看，谈话节目创造了新的节目形式，以其形式的可辨识性，约定俗成地成为业界颇受关注的节目类型，其内容涵盖较广，时政、综艺、文化、财经、情感等多个领域的内容都可渗透。从其演变历程可以看出，谈话节目从访谈名人、领导，到访谈普通百姓和现场观众，谈话节目的主持人逐渐成为与嘉宾和观众平等的对话者；主持人在谈话话语样式上出现多样化探索，诸如访问式、讨论式、聊天式都有所尝试。谈话节目的内容和主题从新闻话题，到文化、娱乐、情感、财经，内容进一步扩充，话题由单纯注重政治性转而同时注重社会性，体现人文关怀，谈话节目的形式渗透到更多的专题电视节目之中，出现与其他节目形态交叉渗透的趋势。

二、主持话语的对象化、平民化

俄国思想家巴赫金把转型期的文化特征概括为众声喧哗、语言杂多，其间各种话语互相对话交流，以实现自我和他人的价值。他的"对话理论"认为："一切都是手段，对话才是目的。单一的声音，什么也结束不了，什么也解决不了。两个声音才是生命的最低条件，生存的最低条件。""构成真正对话关系的必要条件，是不同声音之间的相互交织论证。对话的双方或多方必须具有不同的声音，才能构成真正的对话关系。即，这是一种不同的思想和观念构成的复调。"1996 年，全国很多家省级电视已经"上星"，央视和各省级卫视竞争加剧。在此情形下，一种全新的、更具有参与性的、有不同声音对话，即"复调"的谈话成为时代的要求。

从以上分析可以看出，谈话节目一方面提供了谈话的形式，创造了多元主体参与、多元观点汇集的谈话现场；另一方面多元观点又体现了节目的观点和思想。谈话节目的谈话主体从领导向平民转变，谈话内容从时政向文化、娱乐、财经渗透，谈话节目成为颇受欢迎和广泛应用于电视传播的重要形式，谈话节目形式和内容的转变，也使得其主持话语日益凸显对象化和平民化。

如前所述，谈话节目的访谈嘉宾由领导向平民转变，因此平民化主持风格成为一种颇受欢迎的主持风格。例如，《实话实说》的主持人崔永元，以其平民化的主持风格获得了观众认可。可以说，《实话实说》栏目定位的平民化造就了崔永元平民化的主持风格，崔永元质朴平和的主持风格也契合了栏目的定位。该栏目的选题大多是与老百姓日常生活有密切关系的"鸡毛蒜皮"的小事，而且善于"小题大做"，通过小事来渗透社会大环境，或是通过对一些社会热点的讨论来引起人们的思考和对真理的探讨。

崔永元一改说教式或问答式的谈话节目形式，而以平民的视野来观察生活，并追求大众的认同和参与，给普通百姓以接近和使用媒介说话的权利，通过全体讨论甚至是辩论形式，让观众充分表达自己的感受、想法和观点，主持人在组织对话和串联节目中十分注重对象感和交流感。节目不仅提供了多元观点汇集、多种思想交融的平台，也让观众体验到了电视谈话形式的魅力和影响力。崔永元被观众称为"邻居大妈的儿子"，他平实、质朴、真诚的主持风格受到了观众的普遍认同和喜爱，他平民化的主持风格并不呆板，而是充满着幽默和风趣。

不同类型的谈话节目，具有不同的目标受众；主持风格也依据受众需求和节目类型而塑造，具有对象性。例如《文化视点》的主持人姜丰，富有学识、文学功底深厚，曾出版各种散文集和小说，主持这档节目凸显了她知性睿智、亲切温和、自然流畅的主持风格，给人以智慧的启迪和心灵的感悟。又如，财经谈话节目《头脑风暴》主持人袁岳，曾任零点调查集团董事长，他阅历丰富，具有实战经验，因此能顺利阐述经营理念和商业案例，树立了他专业、睿智、干练、稳重、犀利的主持风格。

又如另一财经谈话节目《决策》的主持人张蔚，自身拥有较高学历，曾获得哈佛商学院的 MBA 学位，她在节目中也充分展示了她知性、干练、灵活、大气、稳重的主持风格。此外，东方卫视的精英访谈节目《21@21》的主持人潘杰可，曾获得哈佛大学管理学硕士，他面对面地用英语访谈全球叱咤风云的政治、商业、体育、娱乐和文化界的顶尖人物，塑造了他睿智、干练、职业、具有国际风范的主持风格。以上几档财经谈话栏目的主持人本身熟悉管理学、经济学，在节目中能控场有度，游刃有余，其主持风格大气沉稳，睿智深刻。

相对而言，情感类谈话节目中的主持风格则凸显亲切、温和、包容、仁爱。例如《天下女人》的主持人杨澜，保持了她以往知性、温和的主持风格，能对嘉宾的喜悦、烦恼、渴望和困扰给予充分的包容和理解，让人感到如沐春风。从不同内容的谈话节目主持话语可以看出，主持话语的对象化和平民化趋势明显。

三、主持话语凸显思想性

在媒介竞争激烈、节目量增加的情况下，谈话节目因其形式灵活、成本较低而被广泛采用。从谈话节目内容多元化和参与主体多元化的变化趋势可以看到，专家型、学者型的节目主持人越来越多，具有亲和力和独特思想的主持人才能胜任谈话节目的主持，谈话节目的主持话语向对象化和平民化转变，节目形态出现多种类型节目与谈话节目结合的态势，节目运作上更加市场化。

谈话节目从其形式来看，是在电视媒介中再现或还原日常谈话状态的节目形式，是一种人际传播的延伸，通常由主持人、嘉宾或现场观众，在演播现场围绕某个话题开展即兴谈话、双向交流，体现一种对象性和交流感，本质上属于大众传播活动。谈话是一种形式，内容包罗万象，如新闻、文艺、经济、政治、教育等。主持人在谈话节目中的主要职能是让大家能够敞开心扉，畅所欲言。在各种观点的交流和碰撞中，寻求真理和知识。可见，由于谈话节目提供了一个说和辩的平台，以语言交流和观点交锋作为主要形式，常常能汇集不同嘉宾和观众的思想和观点，因此主持话语常常凸显思想性。主持人不仅要言之有物，还要能组织谈话、把控话题。

例如，《锵锵三人行》采用聊天式笑侃，将新闻或娱乐等时事话题巧妙结合，嘉宾大多数为娱乐圈名人，栏目的整体定位为"最幽默的夜间休闲节目"，主持人窦文涛不仅在节目中体现知性、睿智、幽默的风格，也与谈话嘉宾一起开创了一种聊天式娱乐访谈方式，这种闲聊式的语言交流，将嘉宾的谈话原生态呈现，创造了一种与受众的亲近感和认同感。窦文涛的主持风格亲切、从容、温和，对某个事件能清晰地表达自己的观点，并且能与谈话嘉宾建立谈话、顺利交谈，展现多元的观点和思想，能引领观众的思考，主持话语注重突出思想性。

谈话节目由于通常围绕谈论的话题和人物，要吸引观众的收看，常常要有精彩的语言和独特的观点，这要求谈话节目的主持风格需要凸显思想性，要做好谈话节目，要求主持人具备一定的谈话技巧和思想深度。例如《一虎一席谈》的胡一虎和《对话》的陈伟鸿，具备较强的话题引导能力，在串联或点评某些嘉宾的观点时常常有自己独到的见解、精彩的语言，在组织谈话中，对话题的把握准确，并适时总结观点，能控制现场嘉宾的发言，激发出不同的观点和思想，给观众以启迪和思考。可见，要突出谈话话语间的思想性，要求谈话节目主持人不仅要提供社会信息，还要表现出自己的思想、经验和学识，能总结和梳理嘉宾和观众的观点，同时要能善解人意、疏解民情，具有人文关怀意识。

第四节 电视谈话节目主持人话语解析

一、陈鲁豫——《鲁豫有约》《爱传万家：说出你的故事》《鲁预有约大咖一日行》

近些年，国内各大省市级媒体涌现出不同类型的谈话节目，已成为学界、业界关注的焦点，并吸引了国内大批学术界人士和业界媒体人士对谈话节目展开研究。在经历了众多谈话节目遭遇停播、昙花一现后，《鲁豫有约》节目虽然也经历了数次的调整、改版升级，但依旧保持着较高的收视率，这与主持人在节目中展现出别具一格的话语特色息息相关；主持人陈鲁豫在节目中保持初心，坚持原有的主持特色，散发着自己独特的语言魅力。① 本节将对主持人陈鲁豫的话语特色构建进行分析研究。

（一）话语结构模式

以面对面为载体的谈话类节目，是当前流行的节目类型。通过"一问一答"或"一问多答"的话语结构，形成节目的推进。如央视《对话》、陈鲁豫《鲁豫有约》等节目，都是典型的谈话类节目，并从若干话题的构建中，形成问题与思想的回答，获得了观众的欢迎。因此，从谈话类节目主持人的话语中，探究其话语结构，是深入研究的重要基础。

1. 一问一答，避免冗余

谈话类节目的构建核心在于"问"的有效生成，即通过构建话语结构，为节目推进创造"问"与"答"的载体。常见的对话结构为"一问一答"，通过"一对一"的问题导入，使嘉宾在有针对性的回答中直面问题，避免节目内容过于冗余，影响观看效果。《鲁豫有约大咖一日行》是在原有节目《鲁豫有约》的基础上，创新的一档谈话类节目。主持人陈鲁豫在"一问一答"的话语结构中，注重从问题本质出发，使提问更好地引导嘉宾回归谈话主题，从而实现积极的谈话效果。如在采访周华健的过程中，陈鲁豫主

---

① 《鲁豫有约》节目开播于2001年，后几经改版于2015年停播。节目虽然停播，但在其基础上衍生了系列谈话节目，如《鲁豫有约大咖一日行》等节目。

要采用"一问一答"的方式进行，作为华语乐坛的老大哥，周华健在面对面的访谈中所展现出的亲和力，成为此次访谈的一大亮点。特别是周华健将儿子带到本季节目中，使得节目观赏性得以提升。

在访谈过程中，主持人更加注重创设谈话内容，避免冗余，防止嘉宾产生语言回答的疲惫感。在与周华健的对话中，陈鲁豫与其互动频繁，周华健也表现出了高度的配合。现场的欢笑、周华健的沉稳以及他另一面的特质，在陈鲁豫的访谈中得到了充分展示，使得观众能够窥见周华健不为人知的另一面。在应对不擅长回答的问题时，周华健仍能给出恰到好处的回应，从而取得了良好的访谈效果。因此，"一问一答"的对话结构有效避免了谈话的冗余，使谈话过程更加流畅，从而打造了出色的节目效果。

2. 一问多答，问题发散

一问多答往往是谈话类节目所要追求的效果，这考验主持人的技艺，同时也与嘉宾的性格特点直接相关。在一问多答的话语结构中，可以让观众看到多样的面对嘉宾，进而丰富主持人的"问"，让节目效果更加热烈，而不是冷冰冰的"你问我答"。陈鲁豫在采访王健林时，整个采访过程多是在"一问多答"的话语结构中完成的。王健林的"健谈"使谈话内容极具丰富性，让谈话氛围轻松而轻快，让观众看到了不一样的王健林，这也是一种成功的主持效果。因此，一问多答的话语结构，能够从谈话节奏、内容等方面，展现出节目的良好效果，以及基于问题的发散与延伸，获得更多访谈信息。

（二）话语的构建策略

谈话类节目主持，考验主持人对话语的把握能力。主持人对话语的有效构建，直接关系到主持效果，同时也是会对谈话进程形成直接影响。在笔者看来，谈话类节目主持人要着力于话语结构模式，从语言传播艺术层面，通过程序性话轮、实体性话轮和自启话轮中，实现谈话内容的生成，以及主持人与嘉宾的良性互动。因此，具体而言，谈话类主持人话语的有效构建，可从以下几个方面展开：

1. 基于程序性话轮，促使节目更加顺畅

谈话类节目的推进，需要主持人程序性话轮的导入，让节目的推进更加顺畅，而不是生硬地将问与答铺展开来。主持人在程序性话轮中，能够为"问答"的导入，以及现场氛围及进程，起到重要的调节作用。这一方面考验主持人的基本功，另一方面也是对主持人的现场应对及观察能力的考验。因此，基于程序性话轮，能够更好地促使节目更加顺畅，让节目在主持人的带动中，形成节目所特有风格。在《鲁豫有约大咖一日行》中，陈鲁豫的程序性话轮，带有其独特的敏锐性和主持风格，为谈话的进程及氛围营造形成良好的效果，体现了陈鲁豫扎实的主持功底，起到了节目顺畅而不冗余的传播效果。在与杨丽萍、李宇春等嘉宾的访谈中，陈鲁豫抓住了嘉宾的性格特点，在程序性话轮的构建中，以轻松、愉快的谈话环境，引导看似"不善言谈"的嘉宾，在节目中展现出不一样的自己，节目所呈现的综艺性效果良好。

在访谈节目过程中，有一些"意外"或是现场谈话节奏等缘故，需要程序性话轮的导入，让谈话能够继续下去，同时也让现场氛围得到缓解，形成顺畅而自然的谈话节奏感。例如，陈鲁豫在与王健林的谈话中，由于是在饭桌上进行，进行的要素更加复杂，在稍微有所"冷场"的情况之下，陈鲁豫提问王健林："你儿子怕你吗？"这看似平常的提问，迅速在程序性的话轮导入之下，将谈话进行推进。王健林对这个问题似乎很感兴趣，同时也给出了意想不到的回答，成为整个谈话过程中的一个亮点。王健林回答，"不怕，他不怕我"，"我们两人相互影响，相互洗脑"。在谈话中，陈鲁豫抓住了王健林作为父亲的角色，就如何在儿子培养发展方面进行了谈话，让谈话更加具有节奏感、层次感，而不是在杂乱无章的问题中，让嘉宾不厌其烦地机械回答。并且，陈鲁豫在语境的把控方面也是十分独到，能够针对嘉宾的情感及心理情绪等要素，基于场面氛围的控制，实现访谈的有效设计，不仅不会让嘉宾尴尬，同时也提高了节目效果。

2. 基于实体性话轮，更好导入节目内容

实体性话轮，主要是基于主持人的问题导入，让谈话在实质性内容的问答中，推进节目发展。因此，主持人在实体性话轮中，既要有谈话技巧，同时也需要对谈话内容及节奏的有效把控。在《鲁豫有约大咖一日行》中，陈鲁豫以其独特的访谈技巧，在"问"中形成了更加直面的信息反馈，这往往正是观众所需要的，契合了观众的心理需求。

在访谈万达集团董事长王健林的采访当中有一段王健林回答观众提问

的环节，当主持人替观众问"如何才能成为世界首富？"后，王健林轻描淡写地说出了："想做世界最大，想做首富，有这个想法，是对的，是奋斗的方向。但是最好先定一个能达到的小目标，比如说先挣一个亿，看看能用几年可以达到目标，是规划五年还是三年。"这看似轻描淡写的一段话瞬时成了各大网络视频网站的头条，其中乐视网的点击率已经快到一个亿。因此，在实体性话轮中，谈话的节奏感、氛围感更加浓烈，也需要主持人强化对话语的构建，让观众所期待的内容，更好地在问答中得到体现，以更好地获得谈话的节目效果。对于一档以互动为载体的访谈类节目，在与嘉宾的互动访谈中，通过建立实体性话轮情境，能够更好地实现节目内容的导入，让节目内容更好地契合观众的情感需求。

3. 基于自启话轮，实现新话题切换

在很多情况之下，谈话类节目需要主持人自启话轮，为节目的进展，构建合乎情理的问题引导，这能够更好地促进节目向预期靠拢。主持人要具有自我风格，能够在自启话轮中，带动嘉宾参与到主题中来，这能够形成良好的节目效果。在《鲁豫有约大咖一日行》中，很多时候，由于嘉宾的不善言谈，或是对问答内容不感兴趣，往往会出现"冷场"的情况，这时候，通过自启话轮的方式，能够推动节目的进展，同时也让嘉宾进入另一个话题之中，这对于话语的构建，起到良好的推动效果。

在采访"著名节目主持人孟非"时，面对名嘴，陈鲁豫的话题频出，但孟非对于她的问题，回答得相对淡然，这显然无法达到节目的效果。为此，陈鲁豫自启话轮，提问道："谈谈自己如何成名。"这个问题让谈话走入高潮，同时也是观众所期待的内容，在话题的有效切换中，将走入"冷场"的节目，引入到热烈之中，体现了主持人的话语构建能力。面对著名节目主持人，陈鲁豫的语言表达更多地强调情感的带动，语感的构建强调氛围、职业等元素的融入，这就让嘉宾既得到充分尊重，同时也实现了访谈的推进。

在访谈类节目中，对话是节目推进的载体，如何实现话语的构建，成为节目成败的重要条件。通过问答的形式，完成对信息的传播，对主持人的话语构建能力有较高要求。谈话类节目主持人话语的构建，关键在于从节目定位、主持风格出发，通过程序性话轮、实体性话轮和自启性话轮，实现节目的有效主持，并且在语感、语境的语言把控等方面，提高语言运用能力，强化语言构建的有效性，这是提高节目效果的关键所在。

二、曹可凡——《我们大学生》《可凡倾听》

曹可凡，东方卫视当家主持，还在上海二医大读书时，他报名参加上海电视台招聘《我们大学生》兼职主持人的比赛，当时全上海400多人报名，曹可凡抽到了"大学生要能力还是要分数"的辩题，他以严谨敏锐的思维、锋芒毕露的演说得到评委青睐，脱颖而出夺得冠军。他主持的《可凡倾听》播出至今，在沪上文化类栏目中依然拥有自己的一席之地，在受众群体中也有较好的口碑。

"谈话节目是传者与受众互动的节目形态，它搭建起一个十分灵变、鲜活的沟通平台。这样一个平台既是传播者的需要，也是受众的需要……它首先是平等的，受众、主持人、嘉宾，即传播者与受传者之间作为个体的人的人的尊严是平等的，谈话场平易、亲切、轻松，话语权比较平衡……"这句话道出了电视谈话节目的真谛。《可凡倾听》作为一档人物访谈类节目，它为受众了解名人经历、感受文化气息打开了一扇窗。在节目中，主持人曹可凡沉稳大方，机智敏捷，他坚持走精英路线，保持一种倾听的姿态，他用心倾听，用智倾谈，他的话语也颇具特色。

从语言角度来看，访谈节目的会话类型都很典型，基本是以"主持人—嘉宾—主持人—嘉宾"的模式进行对话，偶尔穿插现场观众的反应。本节将从话轮的构成形式、转换方式以及反馈、相邻对、打断、重叠等局部构成要素出发，运用会话分析的相关理论分析局部会话结构，对曹可凡的话语特点进行探析。

（一）话轮转换特点

一是构成会话的基本单位是话轮。"一般认为话轮是在会话过程中，说话者在任意时间内连续说的话语，其结尾以说话者和听话者的角色互换或各方的沉默等为信号作为一个话轮终止的标志。"节目《可凡倾听》中构成话轮的言语单位形式多样，主要包括词、短语、句子以及句群等类型，大体来说，构成话轮的基本单位是句子和句群两大类，本书将结合实例逐一进行分析。（以下由 T 代表话轮）

1. 由词语或者短语构成的单句话轮

《不将就的姑娘————袁姗姗专访》

T1：曹可凡：所以作为一个演员来说，当你看到那些不是很善意的说法，心里会怎么想？

T2：袁姗姗：不开心。

T3：曹可凡：是不开心？

T4：袁姗姗：对。

从以上主持人提问与嘉宾回答的简短对话中可以看出，T2 和 T4 是由词语或词构成的单句话轮，T1 是一个完整句子构成的单句话轮。

2. 一个句子构成的单句话轮

《小人物的完美逆袭————林永健专访》

T1：曹可凡：你在考之前有没有请过一些专家老师给您辅导一下？

T2：林永健：没有，我姐姐给我辅导的。

T3：曹可凡：你姐姐是干什么的？

T4：林永健：她是在银行工作。

T5：曹可凡：她也喜欢这个？

T6：林永健：她也喜欢，我姐姐比我大六岁，她比我有点生活上的经验，我一般都是听姐姐的，我也没找过老师。

从以上对话可以看出 T1、T2、T3 和 T5 是由一个句子构成的单句话轮，T5 是主持人对林永健的回答提出追加询问，T4 是由短语构成的一个单句话轮。

3. 一个复句构成的话轮

《不将就的姑娘——袁姗姗专访》

T1：袁姗姗：我要承认我的演艺之路非常热闹。

T2：曹可凡：没错。

T3：袁姗姗：对，然后我觉得这对我来说并不是一件坏事，有时候不同的声音也许是我认识自己的一个渠道。

从上面这一段主持人与嘉宾的对话中可以看出，T3 是由一个复句构成的单句话轮。

4. 由句群构成的话轮

《从唱歌到表演的心路历程———郁可唯专访》

T1：曹可凡：我不知道男孩跟女孩对三十岁这个年龄会怎么看，我记忆当中我自己三十岁的时候，我觉得对我来说是一个全新的转折点。……可能女孩对于三十岁的来临，她就有各种比较复杂的想法，你自己面临这个节点的时候，会有什么不同的想法吗？

T2：郁可唯：我的这个节点来临得比较早，二十几岁的时候，我觉得可能就完成了三十而立所谓的"立"。……对于很多家庭这方面的事情来说，也是二十几岁，面临父母可能会有一点，"你怎么还不谈恋爱"。

以上对话中主持人 T1 对嘉宾的提问从自身感悟出发，引出疑惑再把话轮交给嘉宾。T1 和 T2 都是由句群构成的话轮。通过对《可凡倾听》2019 年多期节目的分析，主持人的话轮构成在节目的开始部分会出现大量的句群，而嘉宾的话轮构成一般在节目进行一段时间后出现大量句群。在访谈节目中，嘉宾的回答中经常出现句群构成的话轮。主持人在电视谈话类节目中起到的作用是引导和控制，嘉宾在节目中话轮构成需要大段的句群来讲述自己的心路历程。

二是话轮的转换。根据美国社会学家萨克等人在 1974 年对大量日常对话的研究中得出的结论，本书认为话轮转换系统主要涵盖了以下几种交接规则：

1. 在一个话轮中，说话人明确指定下一个，并且放弃话轮，那么被指定说话者说话时，就是话轮转换的位置。

2. 在一个话轮中，说话人没有指定下一个说话者，在话轮结束时，可以是会话参与者自主选择说话，也可以是说话人继续说话。

3. 在一个话轮中，说话人没有选定下一个说话者同时也没有结束话轮的情况下，另一个会话参与者争取话轮，则话轮转换。

《小人物的完美逆袭——林永健专访》

T1：林永健：那个地方很怪。

T2：曹可凡：真的很奇怪。

T3：林永健：奇怪，有人叫那个地方一号演播大厅，也有人叫"一号演播大坑"。那个地方奇怪，你在那儿演过吧？

T4：曹可凡：气场特别不一样。

以上对话中，嘉宾 T1 作为说话人的自然沉默，在这段对话中视为放弃话轮。主持人 T2 作为言语反馈回应嘉宾的话从而自主选择说话，话轮位置发生转变。T3 符合转换情况中的说话者选定下一个说话者，下一个说话者接着下去完成谈话，嘉宾林永健在这里选定主持人曹可凡为下一个说话者，在林永健选完后的第一个转换关联位置就是话轮转换的位置。T4 为一般支持性言语反馈，主持人的回答是为了引导林永健继续讲述。一般来说，主持人经常是作为一个话轮转换的选定者，在这段对话中嘉宾主动选定主持人为下一个说话者的情况较少见。

（二）曹可凡的话语特色

1. 内容"精英化"，话语"大众化"

《可凡倾听》是一档坚持走精英路线的访谈节目。这档节目品位较高，邀请的嘉宾有文化名人、演艺明星、体坛新锐等，他们大部分都是各个行业有成就的拔尖人物。例如：著名导演李安、赖声川，著名影视演员段奕宏，小品演员巩汉林，节目主持人撒贝宁，歌唱家蒋大为，作家麦家，画家黄永玉，奥运冠军林丹，"九球天后"潘晓婷……这些人都曾受邀上过这一节目。他们都在各自领域有着相对突出的成就和较高的知名度，同时他们也有着相对丰富的人生阅历和生活体验。《可凡倾听》讲述他们独特的经历和故事，讲述他们对于社会和人生的感悟，这对受众来说是具有吸引力的。

例如，在采访导演赖声川的一期节目中，曹可凡提出了关于戏剧创作的问题，赖声川导演根据自己以往的创作经验谈了对该问题的见解。曹可凡问赖声川："一个做艺术的人，怎么避免用一个既有的、固定的思维去思考问题？"赖导回答说："我会尽量不去定义事情。如果你规定自己要去创作一个什么风格、什么主义的作品，其实你已经在那个框架之下，已经被塑造到非常可预期。对我来讲，我觉得真正的创意需要你把那些框架去掉，甚至什么叫戏剧，你都不要去想，这样才会有一些新的作品出现……我觉得你只有不要被放到一个框架里面，你的创意才会源源不绝。"这是赖声川导演的经验之谈，他的一番话引人深思。他使受众了解到：一个搞艺术的人，最好不要给自己设定框架，因为概念和定义这些东西很可能会束缚一个人的思维，限制其想象力的发挥。艺术家的思维需要自由驰骋，创作的灵感才会闪现，艺术家需要敢想敢为，好的作品才会诞生。

2. 善于倾听，适当鼓励

在谈话节目中，主持人都希望和嘉宾聊得开心。要达到这一目的，主持人就必须善于倾听，倾听嘉宾对于自身经历的讲述，倾听他们对于事件的观点和看法。主持人用心倾听，对方才有可能向你表达真实的心声；主持人耐心倾听，对方才有可能向你娓娓道来。曹可凡就是一个很好的倾听者，他总是用心、耐心地去倾听，因而受访嘉宾常常乐意跟他讲心里话，讲内心真实的想法和感受。

例如，在采访"九球天后"潘晓婷的一期节目中，曹可凡跟潘晓婷聊到台球比赛。曹可凡说："其实你拿了很多次冠军，可是在多哈亚运会，出人意料地跟冠军失之交臂。所以我很想知道，在赛场上，输和赢之间是一个什么样的距离？你怎么在赛场上去控制自己的情绪？"潘晓婷回答道："其实我觉得台球是一个特别熬人的体育项目。对于台球，对手在打的时候，你有太多的时间胡思乱想，而且这个胡思乱想可能就是打败你的元凶。"她举例说，比如抢七的比赛，在五比零落后的情况下，跟自己说："没关系，才五比零嘛，比赛又没有结束，对方可以打你五比零，你也可以打对方五比零，你在追五比零之后，你们两个就是平手了，接下来发生什么还不一定，而且奇迹就是等着人去创造的。"如果抱着这种信念的话，你扭转局面获得胜利的概率就大。所以在比赛中，关键就是要看自己怎么样调整心态，跟自己说一些正能量的话。

在这段谈话中，曹可凡始终保持一种倾听的姿态。他从"如何在赛场上管理情绪"这一角度发问，这也是嘉宾非常愿意多聊的话题。潘晓婷谈到了自己在比赛中的心理调节方法，讲了积极情绪和消极情绪之间的区别，讲了乐观主义和悲观主义对比赛结果所产生的截然不同的影响。曹可凡用心倾听，用智倾谈，使嘉宾乐意把自己的故事和经验说出来与大家分享，这对节目的品牌建设大有好处。

《可凡倾听》这档栏目重文化、讲品位、有含量、有营养，它能够带给受众思考和启迪，使受众在观看节目的同时能够听到一些与众不同的话，从他人的人生哲理中获得心灵的滋养，获得对于生活和生命的感悟。在这档节目中，曹可凡以精英人物为采访对象，合理提问，侧耳倾听，传递嘉宾心声，打造节目品牌。曹可凡的话语艺术是支撑这档节目得以生存和发展的一个重要因素。

三、窦文涛、易立竞：融媒体时代网络谈话节目主持人话语的凸显

话语权，简言之就是一个人说话的权利。区别于传统电视谈话节目，网络谈话节目越来越重视主持人的个性化，甚至出现主持人 IP 类访谈节目，也就是依靠主持人 IP 打造一档访谈节目。由此，主持人作为"调控者"的话语权也逐渐提升。网络谈话节目现场的话语权，是指参与节目的主持人及嘉宾的发言权。网络谈话节目既有舒缓的情感叙述，又有紧凑的犀利提问，节奏变得更有层次。

网络谈话节目中，主持人从引导谈话方向、调节现场气氛、掌控现场节奏出发，调动现场的各种因素，从而确立主持人的核心地位。网络谈话节目主持人主人翁意识不断增强，如同舵手一样控制着谈话的方向和深度。"调控者"，可以将调与控分开来看。"调"是指调节、调整。谈话节目的现场节奏是由主持人一人调节的，节奏过快或者拖沓会影响整档节目的录制。因此，主持人需要调节、调整节目的节奏。"控"是指控制、驾驭。主持人在节目中担任组织讨论、掌控局面、分配话语权的角色，需要及时掌控话轮、调节气氛。因此，主持人通过新的调度方法与途径，活跃现场氛围、驾驭访谈现场，让自己处于主动的地位。

1. 制造热点：引发争论，活跃现场氛围

网络谈话节目与传统电视谈话节目最大的区别，就是内容多元、形式多样、爆点更多。"爆点"简单理解就是指话题引人之处、语句点睛之笔。在网络谈话节目中，节奏如果过于平淡，或者主持人与嘉宾的访谈毫无冲突，就会显得节目节奏过于拖沓，观众在观看时也会失去兴趣。因此，主持人通过制造热点、引发争论，使节目的节奏显得紧凑，现场氛围更加活跃，受众观看时也会沉浸其中，甚至会替嘉宾"捏把汗"。制造热点，就是指主持人通过敏感话题的提问适当制造分歧，从而引起被访者的争辩。热点话题，可以理解为嘉宾在网络上受到网友热议的话题，也可以是嘉宾自身所带的受网友关注的热点问题。

在网络谈话节目中，嘉宾的回答伴随着主持人的提问而展开，如果主

持人的提问过于平淡、问题毫无新意，就会显得整场访谈平淡无奇，现场也毫无张力和活力可言，访谈节奏和氛围就会稍显一般。因此，主持人需要在恰当的时机活跃气氛，通过制造热点话题引发与嘉宾言语上的冲击，启发嘉宾的表达欲。从目前关注度高的网络谈话节目来看，主持人通过制造"热点"来调节现场节奏的方式很常见，比如易立竞在其节目中习惯性通过热点话题、犀利提问来控制现场的节奏。

易立竞：这么多年，所谓的负面新闻，你很少出来辩驳。偶尔出来辩驳的时候呢，就直接扔出一个炸弹来。

周杰：（冷笑）

易立竞：你相信时间可以冲淡一切。（指出现的负面新闻）

周杰：对，肯定是这样，时间就是能冲淡一切啊……

易立竞：你会是审时度势的人吗？

周杰：其实你要翻我的微博啊，我并不是第一次评价这种事情。我这些年，我想发表意见的时候我都会发表。

易立竞：你不看微博的各种评论吗？

周杰：我为什么要看？为什么我发一个文章我还要看评论，还要看热搜，我真成了那个什么了。我写篇文章又不是商人行为，我要看看它回报率怎么样。

易立竞：这超乎常人的一种反应，很多人可能会关注我自己扔出去的东西打到了什么。

周杰：我本来就没打什么，我刚才就告诉你我的初衷目的……

（爱奇艺《立场》2019 – 03 – 13）

易立竞：你现在还有什么不能接受的评价吗？比如笑起来邪魅狂狷、杰克苏、自恋、演技不好。

黄晓明：这都不是事儿啊，这都是啥事儿啊，这对于我来说，现在。

易立竞：都无所谓了？

黄晓明：对啊。

易立竞：那还有什么你不能接受的评价呢？

黄晓明：我没有什么不能接受的评价，似乎对我的评价也就是这些东西了。

易立竞：你是科班出身？

黄晓明：科班出身。

易立竞：做了二十几年演员。

黄晓明：嗯。

易立竞：别人在说你演技不好的时候，会觉得尴尬吗？

黄晓明：会。

易立竞：会懊恼吗？

黄晓明：会，会心痛。

易立竞：你承认你演技不好？

黄晓明：某些时候。

（爱奇艺《立场》2019 – 03 – 27）

　　第一个案例是主持人易立竞对嘉宾周杰的采访。节目结束后，易立竞在社交媒体发文，表达在自己与周杰的这次采访中，之前的语用策略、采访策略都失效了。二人的访谈不分上下、你来我往强强对决，不像是彼此之间友好的交流，而是一次语言上的博弈。虽然说节目前半场易立竞采访常常吃瘪，但是好在她及时调整了自己的提问策略、语用方式，在节目后半程选择以守为攻、以退为进的策略展开提问。第二个案例是主持人易立竞对嘉宾黄晓明的采访。节目开始，易立竞就针对黄晓明演技的问题展开提问。易立竞的特点就是敢问敢说、言辞犀利，面对各种明星都能游刃有余、沉着冷静。主持人易立竞通过谈及敏感话题，将节目的看点与论点"热起来"，丰盈现场的同时也把握了节目的节奏，合理驾驭现场。

　　2. 控制话轮转换：把持话轮，驾驭进程

　　网络谈话节目大多邀请话题热度高或者自带话题的嘉宾，主持人在现场采访时势必会谈论起嘉宾的隐私及热搜话题，有时嘉宾就会产生防备心理或者是不情愿的心理，甚至会逃避回答问题，抢过话语权改变话题方向。这时候就需要主持人在节目现场合理控制话轮、驾驭节目进程。合理控制话轮，要求主持人通过出让话轮、夺取话轮和保持话轮等策略，将节目中的话语权合理地控制在自己或嘉宾手上，从而推动节目进程、驾驭现场节奏、控制话题走向。

　　在网络谈话节目中，尤其是在多嘉宾参与的节目中，主持人的控场能力显得尤为重要。在这种类型的节目中，主持人与嘉宾们往往根据一个主旨话题进行讨论，在谈话中衍生出其他相关话题，而正是"你一言我一语"，嘉宾们可能会延伸出更广的话题范围。这时，就需要主持人及时将话题拉回正轨，顺着主持人的思路继续进行访谈。主持人将话轮控制在自己手上，将话题拉回到预定思路，可以称之为话题转换，或是话题转移。通俗来讲，就是指将谈话内容从这一个话题转移到另一个话题上，或者是从议论这一件事转换到另一件事上。

作为一档互动类网络谈话节目，《圆桌派》的话题选择与话题转移是随机而不是预先设定的。《圆桌派》每期节目都会涉及三位嘉宾，每位嘉宾涉及的专业领域也不尽相同，有作家、明星、大学教授、文化学者等。在节目中，嘉宾们从自己擅长的领域出发，对议论的主旨话题进行分析，话轮转换非常频繁。由于是三位嘉宾加一位主持人的组合，大家针对特定话题各抒己见，参与的频率也极高。从话题发起人来分析，主持人窦文涛考虑到每一位嘉宾的参与度，当他主动发起新话题时，往往会将话轮转让给说话较少或者是角色更为适合的嘉宾。

窦文涛：所以方舟你看，你在我们这儿是最年轻的，我就靠你接地气了，接年轻人的地气了……就是说买个苹果手机卖肾，他说我怎么都不理解，他不能理解什么我都不能相信，但是假如是真的，我的天哪！（望向嘉宾蒋方舟，提名选定）

（优酷视频《圆桌派》2019－06－20）

窦文涛：要说加班，华为最有资格加班，说为什么呢？人家任正非，企业创始人，自己的股份可能只有1%，99%都是员工共同的，就等于说我们大家是共同奋斗，所以加班可以理解，你同意吗？（对着嘉宾周轶君说，提名选定）

周轶君：那这样的话我觉得也是，那等于说他的员工认为我付出就是有收获的。但是有的很多企业，他是等于说我为了老板的一个雄心、一个梦想……

（优酷视频《圆桌派》2019－06－27）

上面两个案例中，主持人窦文涛使用最多的就是用提名选定的方式来控制话轮。提名选定，是指主持人在将话轮出让时，指定好下一个说话人是谁，从而将话轮交到对方手中。这种方式既保证有人继续说话不会冷场，同时可以很好地处理多人争取话轮的尴尬。一般来说，话题的发起者多是主持人，但是主持人需要合理控制话轮的转换，如果嘉宾较多，就要考虑这个话题适合哪一位嘉宾讲述，或者说场上哪位嘉宾的参与度还不够，从而提高嘉宾参与讨论的积极性。

窦文涛：他这确实是一种生活方式……然后跟着人家坐船到另一个岛上，到一个著名的市场去，买那个今天午饭的鱼，然后又坐船回来，在屋里等着厨师烹饪这个最新鲜的，等着这顿午饭。（望向陈晓卿）

陈晓卿：这就是意大利的美食旅游，这个很典型的。日本也有，日本像刚才说的筑地，像札幌的市场，都有这样的，就是我和你一起去买，然后回来我给你做。

窦文涛：（望向梁文道）文道爱逛菜市场吗？（提名选定）

梁文道：我太爱逛菜市场了。

窦文涛：给我讲讲。

梁文道：因为我觉得菜市场，比如说我去所有的地方，所有的地方旅游，我一定都去菜市场。因为我在很多地方的菜市场，碰到这个社会上所有的人他们都要来菜市场，或者他们的代理要来菜市场。所以你能够看到一个菜摊上面，一个很好的餐厅的一个买手，甚至一家人的厨师，跟一个平民站在一起在挑东西，当然它的价钱高低能够分得出来，可问题是他们至少都要在同一个场面出现……

（优酷视频《圆桌派》2019-09-26）

在网络谈话节目《立场》中，主持人易立竞也善于运用控制话轮的方式，但她却从另一个角度来进行掌控，就是指定话题。指定话题，是指主持人在进行提问或者引导时，给嘉宾规定、限定接下来聊天的方向以及内容。她通常切中要害、鞭辟入里，通过简单、直接、明了的方式直逼嘉宾的内心深处，希望能够挖掘出有价值的信息。主持人选定自己想要提问的内容，通过转移话题的方式来控制话轮的走向，这样能够将节目的节奏掌控在自己手中。

3. 适时打断：即兴应变，掌控现场节奏

作为节目的调控者，为了使节目顺利完成，保持现场气氛激烈与和谐并存，需要主持人在节目中准确把握语言力度、掌握好分寸，使用恰当的语用策略，促使节目达到理想效果。尽管主持人在录制前已经对整期节目的框架以及节目的预期效果有所了解，但是节目录制现场的很多细节或突发情况是主持人无法提前预料到的。在谈话节目现场，有一种情况是节目参与者听到说话者所讲内容时自己有其他意见想要表达，就会通过打断对方说话的方式参与讨论；还有一种情况是说话者的表达欲望过于强烈，或者说一直在喋喋不休重复自己的观点时，主持人就可以通过适时打断的方式夺取话轮，掌控现场节奏。

在人际交往中，当说话者正在说话时突然被对方打断，会产生不悦的情绪，影响会话双方的正常沟通。所以，主持人的适时打断不能无礼貌，而应当在对方舒服的状态下进行下一个话题。打断，从语言交际来理解，就是打扰的情况下使对方某一活动中断，比如语言、思绪、行动等。因此，主持人打断对方发言的方式从形式上可以分为多种，比如直接式、询问式、肯定式等。在网络访谈节目中，主持人选择最多的通常是直接式、肯定式，通过话题转换的途径来打断嘉宾，重视彼此的面子，把打断行为损伤的程度降低。

马家辉：我告诉你，通常这样训练小孩，因为刚都讲到钱嘛，用钱来计算，通常要么就是那个家庭应该是很有钱，像李嘉诚为什么要这样训练两个儿子，他知道以后他那几百亿，都是他们继承的嘛，他要培训他们能力，什么有钱人都是这样，要么……

窦文涛：人家那个什么巴菲特，或者比尔·盖茨之类的，（让孩子）小时候去麦当劳打工，是因为我将来的几百亿不给你继承。

梁文道：也有这种的，对。

马家辉：对，那另外一个极端，通常是因为家里穷，就知道说你要赚钱，因为要脱贫、要离开。因为别忘记，父母亲有不同的状态，像我很多中产的朋友搞艺术的、文化的，等等，他们注重的不是这样，当然也会叫他们去赚钱，注重到最后是说你要发挥自己的才能，可是你那个才能不一定在于管钱。比方说音乐嘛，还要不断去找寻小孩有才能的地方，有 talents（天赋）的地方……

窦文涛：其实我说一个很简单的大实话，我自己后来觉得很认同，就是也是听他们儿童心理学家说的，就是你看咱们李玫瑾老师就说，他到了一定年龄，讲道理没有用……

（优酷视频《圆桌派》2019－09－16）

正如上述例子，当嘉宾还未表达完自己的语言，窦文涛就将话轮转移到自己手上。而当话轮结束，马家辉立马又将话轮抢了回去，继续表达自己的意见。当窦文涛感觉到嘉宾无意停止时，又将话轮夺回，转移到自己手上。这种适时打断，将现场节奏变得紧凑起来，也会显得访谈有层次感。

在节目中，主持人适当打断时，可以通过提炼嘉宾所说的重点总结发言，这种属于坚定地直接打断，巧妙过渡。当然，主持人也可以化被动为主动，在合适的时间对嘉宾进行提问，将嘉宾的思路自然引到主持人的问题上，从而自然过渡。在主持人与嘉宾一对一访谈时，主持人还可以使用沉默的方式来打断对方。如果意识到嘉宾的表达无意停止或所说内容与主题无关时，主持人可以采取保持沉默的方式。当说话者感觉到自己所说的内容没有被对方认可、缺少共鸣时，也就失去了表达的欲望，自然会停下来。这种属于沉默型打断，降低突兀感。因此，主持人需要根据说话者的身份、现场语境的需要以及恰当的时间来进行综合分析，合理使用言语打断行为。

4. 善用非语言符号：合理运用传递情感

网络谈话节目主持人在多元化场域中面对嘉宾进行采访，不同职业背景、不同专业领域、不同年龄层次，但无论嘉宾如何改变，主持人都要学会察言观色、见机行事，观察嘉宾的种种表现与神情，必要时可以通过非语言符号来把控现场，推动访谈进程。主持人与嘉宾的对话，实际就是一次人际传播。而人际传播除了以语言表达为主，还通过表情、体势来补充说明、强化含义。根据调查研究，人际传播中大约有 60% 以上的内容是使用非语言交流技巧。美国心理学教授艾伯特也在其研究中指出，信息传递是由言语内容、语音语调以及面部表情等非语言符号构成，其中面部表情、肢体动作等非语言符号大约占了百分之五十五以上。可见，非语言符号对于人际交往起到了关键作用，在对话沟通中占据重要地位。同时，非语言讯息传播在人际传播中占据相当重要的比例。

如果对主持人非语言符号进行解释，我们可以理解为：主持人非语言符号是指除了主持人有声语言以外的各种作用于人们感官器官的非语言讯息，包括主持人的面部表情、肢体动作、服饰装扮、现场环境等。网络谈话节目主持人与嘉宾沟通交流，使用最多、最起作用的非语言符号就是面部表情跟肢体动作。主持人在倾听被访者讲话时，一个简单的点头，或者是一个善意的微笑，都会让被访者感受到主持人的真诚态度，让嘉宾明白自己所讲的内容是获得认可的，从而给予嘉宾信心，激发被访者表达的欲望。主持人陈晓楠就非常善于运用肢体语言，哈哈大笑、眉头紧锁、惊恐万状、严肃冷静，在面对嘉宾的陈述时，她总是用极其丰富的面部表情予以回应，让嘉宾感受到主持人的关注与赞同。

在《和陌生人说话》节目中，主持人陈晓楠充分运用自己的表情以及语音语调来强化自己的语言传播，在节目中多样的表情，都体现出她的内心情感以及心理状态会随着嘉宾语言的变化而改变。主持人陈晓楠随着嘉宾的话语内容改变自己的表情，用严肃、喜悦的表情表示自己"在倾听"的状态，激发嘉宾的表达欲望。因此，网络谈话节目主持人在节目中充分运用表情、动作等非语言符号，将自己的内心与此刻访谈的状态展现给被访者，不仅给被访者予以情感上的认同，同时也是对节目的一种"暗"调控。网络访谈节目主持人通过自己的非语言符号，引导节目的发展走向，对谈话氛围的营造以及谈话节奏的掌控具有重要意义。

如同下图易立竞对周笔畅的这段采访中，主持人与嘉宾在一个相对舒适的环境中，一边是偏深色的坐垫，一边是偏浅色的坐垫，两人坐在不同的两侧，却产生了奇妙的融合，这就是现场环境的运用与引导。从主持人与嘉宾的动作可以看出，两人相对轻松地投入到这场访谈中，能够敞开心扉彼此交谈。主持人的非语言符号向嘉宾传达一种自然轻松的讯号，同时也引导着访谈的进程。

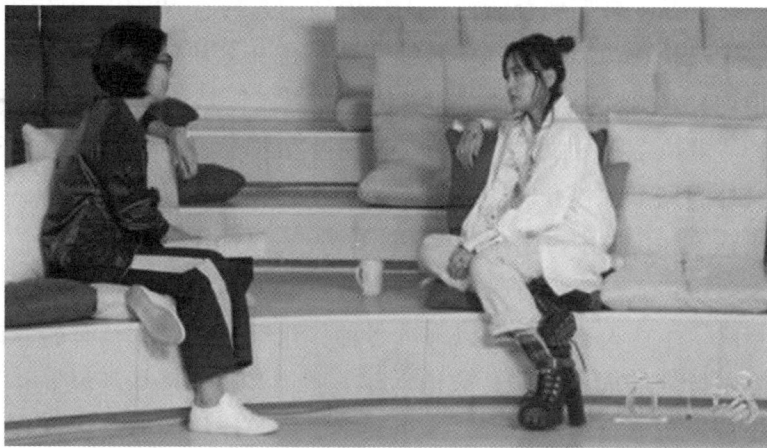

图 8-1　爱奇艺《立场》

　　网络谈话节目主持人作为节目的关键人物，对节目的传播效果起着重要作用。不论是对嘉宾的采访，还是对节目的掌控，都体现出主持人超高水平的专业能力。多重角色定位下网络谈话节目主持人的话语策略，会随着节目进程的推进而变化，也可能会随着主持人与嘉宾建立的语境变化而改变，还可能会因为嘉宾的配合程度而临时即兴发挥。无论如何更新，主持人都需要提高知识素养、夯实专业能力、提升沟通技巧，才能在不断地淬炼中崭露头角，发挥自身最大效用。

第九章
电视综艺节目

探讨电视综艺节目话语，离不开对综艺节目发展现状的分析，这是电视综艺节目主持人话语创新的基础。只有正确地认识电视综艺节目的内涵意义和国内综艺节目当前的创新现状，我们才能在明确目标对象的基础上展开行之有效的探究和分析。

第一节　电视综艺节目界定

电视综艺节目的内涵并不是一成不变的，它会在自身的发展演变过程中与时代同步，不断地从现实生活中吸纳丰富的节目素材和创意灵感，从而不断变化与创新自身的节目内容和形式。

一、电视综艺节目的概念

"综艺"之意即为综合艺术，是指融合了各种艺术形式或艺术门类而展示出来的艺术。对于电视综艺节目的概念，当前并没有形成一个完全统一的认识或归类，业界和学界分别有着各自不同的解释和观点，但归纳起来大致有以下三种观点：

"文艺说"。综艺节目是电视文艺节目中一种重要的节目类型。它由音乐、戏曲、曲艺、文学等多种艺术门类的节目组合而成，它是多种艺术与电视艺术的有机结合。综艺节目以其丰富多彩的内容、新颖别致的形式，集思想性、时效性、艺术性、娱乐性、参与性于一身，具有生动形象、寓教于乐、愉悦心性、陶冶情操的教育功能、认识功能、审美功能和娱乐功能，受到观众的欢迎和喜爱。

"娱乐说"。它涉及内容广泛，凡娱乐艺术内容几乎无所不包。综艺节目是所有节目中娱乐价值最高的节目，它以变化多端的内容、新颖有趣的表现方式，缔造完善相融的境界，娱乐人生、启示人生。

"综艺说"，即"综合艺术说"。电视综艺节目是一种声像兼备、独具魅力的时空综合艺术，是在当代高科技的基础上产生的具有潜力的艺术门类。它既可以集音乐、舞蹈、戏剧、猜谜、问答、笑话、故事、杂技、魔术、游戏于一身；又可以选择其中数项，根据内容需要，加以自由灵活地编排、组合。

上述的三种观点都具有一定的合理性与片面性。其中，"文艺说"和"娱乐说"都是从狭义的角度上进行的归纳和分析，它们单纯地将综艺节目理解为文艺类节目或娱乐类节目，其内涵显得单一狭窄，难以全面概括；第三种观点"综艺说"是对"文艺说"和"娱乐说"的合并与概括，可以比较全面地阐释了电视综艺节目的基本概念，但是其整体语言缺乏简洁性和系统性，严谨性有待加强。

结合已有研究和传播现状，电视综艺节目的概念有狭义与广义之分。狭义上的综艺节目即指广大观众所理解的娱乐节目，它是运用特定的声画造型与表现手段，将各种生活元素（如故事、笑话、猜谜、游戏等）与艺术元素（如音乐、舞蹈、戏剧等）进行有机组合与融合，并用电视化思维进行趣味性表达而产生的一种具有较强娱乐性与互动性的电视节目形态；广义上的综艺节目内涵宽泛，泛指除了新闻类节目、剧情类节目、科教类节目、服务类节目之外的所有具有一定综合性与娱乐性的电视节目的统称。

二、电视综艺节目的特征

每一种艺术门类都有自身所独备的特征，这种特征是其区别于其他艺术门类的"身份证"。电视综艺节目虽然内容多样、形式多元，但是作为一种独立存在的节目形态，亦具备了有别于其他节目形态的自身特质。电视综艺节目广泛融合了各种生活元素与艺术元素，自成一派、独具特色，概括来说，综艺节目的主要特征有如下几点：

（一）兼容性

电视综艺节目具有兼容性的特征。电视艺术本身就是一门极具兼容性的综合艺术，它充分运用和吸收各家艺术的表现手法与表现手段，集各家艺术之所长而为我所用、融于一体，展现出了海纳百川和绚烂多姿的独特魅力。而电视综艺节目作为电视艺术中的重要门类之一，自然也就具备了这种强大的兼容性。

电视综艺节目的兼容性主要体现在以下几个方面：

第一，内容的多样性。电视综艺节目的内容包罗万象、涉及广泛，上至天文下至地理、世间百味、人生百态统统都可以拿来作为综艺节目的节目话题与表现内容，并成为电视综艺节目里的重要组成部分，这样就极大增强了综艺节目表现生活的广度与深度，加强了对观众的吸引力。

第二，结构的多样化。电视综艺节目没有固定的程式化模式，每一档综艺节目的版块设置都各不相同、各具特色，开放式的节目结构使得节目张力十足，极具观赏性。

第三，表现技巧的灵活性。电视综艺节目的表现技巧灵活自由，可以充分运用服装、道具、灯光、舞美、音乐、音响、字幕、剪辑等各种表现手段来调动和提升节目的表现力与感染力。

第四，文化品位的共赏性。电视综艺节目融知识性、情感性与娱乐性于一体，可以满足不同年龄段、不同文化背景、不同阶层的观众收看需求，这种雅俗共赏性使得电视综艺节目拥有着最广泛的群众基础。

（二）固定性

电视综艺节目具有固定性的特征。电视综艺节目的固定性，主要体现在节目时间、节目主持人以及其他节目元素的固定性上。当然电视综艺节目的固定性是相对的，并不排除节目在一定时间段内因特殊原因而产生一定的变动。

电视综艺节目的节目时间通常都是统一的，即每期节目的播出时间与时长、节目播出周期一般都具有固定性。节目时间的固定性有助于观众促成一个定性思维，强化观众与节目的"约会意识"，即每当节目临近播出之时，观众便会自觉地打开电视，守候于电视机前定期收看自己所喜爱的综艺节目。

电视综艺节目的主持人通常都是固定的某位主持人或某对搭档主持人。主持人在综艺节目中的重要性不言而喻，作为节目舞台现场的"导演"与"灵魂"，操控着整档节目的内容承接、节奏张弛和流程进展。节目主持人的固定性不仅有助于形成与维持节目统一的主持风格，而且也有助于提高观众对节目的熟悉度与亲近感。独具魅力的主持人往往能吸引大批观众的跟随，并对节目的知名度与传播力起到强大的推动作用，甚至构成了综艺节目竞争力的重要组成部分。

此外，电视综艺节目的其他节目元素的固定性，还包括背景音乐、场景道具等"硬性"元素与比赛规则、节目风格等"软性"元素的固定性上。节目元素的固定性有利于消除节目与观众间的陌生感与距离感，提高观众对节目的熟悉度，从而便于观众参与到节目中来。

（三）参与性

电视综艺节目具有参与性的特征。电视综艺节目的参与性是其区别于其他电视节目的重要特征之一，它主要体现在观众可以通过各种方式参与到节目中来，并与节目进行双向和多向的互动交流。电视综艺节目的参与性主要包括两个方面，即选手参与和观众参与。

选手参与指观众经报名审核后成为节目主角或选手的参与方式。这种参与方式为无数观众搭建了一个尽情展现自我的平台，许多平民选手更是凭借在节目中的表现走入公众的视野，成为新时代的明星和偶像。

观众参与可以从两个层面来理解，即场内参与和场外参与。场内参与主要是针对现场观众而言，现场观众通过在节目现场近距离观看节目，身临其境，形成一种近距离的参与感。此外，节目会根据需要在某一环节中或某些特定情境下，邀请部分现场观众直接参与到节目中来，或与嘉宾同场竞技或参与游戏问答等。这种直接参与的方式，不仅可以活跃节目的情趣气氛以及加强与观众的互动，也能够达到吸引观众收看的目的。场外参与主要是针对电视机前的观众而言的，场外观众可以在收看节目的同时，通过电话、短信、微博、微信、网络直播等各种方式或渠道进行互动参与，如选秀竞技类节目中的短信投票、益智竞猜类节目中的电话连线、综艺晚会类节目中的对春联等。由于节目现场观众的数量以及其他条件的限制，增加场外互动方式是综艺节目的发展大势，不仅可以为观众提供更多的参与机会，更重要的是可以增强观众的"主人翁"意识，即满足了观众的表达欲与表现欲。

（四）娱乐性

娱乐性不仅是电视综艺节目的首要特征，更是电视综艺节目的主要功能之一。娱乐并不代表低俗，它是人类生活的正常需求，整体说来，观众收看综艺节目的主要动因便是获得审美娱乐与身体放松。电视综艺节目的娱乐性主要体现在"娱乐元素"和"娱乐手段"两种表现形态上，当然这两种表现形态是相对的并可以相互转化。电视综艺节目通过巧妙地运用"娱乐元素"和"娱乐手段"，从而使观众获得娱乐享受。

所谓"娱乐元素"，是指在节目里能够为观众带来快乐与愉悦的构成部分和组合要素，如人物、表演、音乐、道具等一切视听元素。主持人与嘉宾作为电视综艺节目的重要组成部分，其外在形象与言谈举止往往对广大观众具有很大的吸引力，而且其机智幽默的现场表现或表演更是能调动起现场的欢快气氛。再如选秀竞技类节目中许多参赛选手的声情并茂或搞怪的表演，其不确定性的表现就让观众啼笑皆非、大笑不已。

所谓"娱乐手段"，是指在节目里借助外物的影响作用，为实现使人愉悦目的而采取的方法和措施，如话题设置、悬念冲突的设置、强调互动、奖品刺激、极度煽情、真实表现等。电视综艺节目里往往巧妙运用"娱乐手段"来制造"笑点"和"亮点"，从而达到愉悦观众的目的。某些综艺节目都会对当下热点话题有所涉及，并以此引发主持人、嘉宾和观众之间的讨论与交流，在双方的观点交锋与碰撞中制造出了许许多多的"亮点"或"笑点"，从而取得了良好的收视效果。

三、电视综艺节目的类型

伴随着社会环境和观众审美需求的变化，电视综艺节目的内容和形式也不断得到开发与发展，新的节目类别也不断地涌现出来。综艺节目依据不同的划分标准可以有不同的分类。诚然，任何的分类标准都具有一定的局限性，不可能把所有节目全部涵盖在内，甚至很多节目的内容形式相互渗透和交叉，很难将其归于某一类综艺节目中。根据节目内容，我们大致可以将其分为以下几大类：

（一）综艺晚会类综艺节目

在 20 世纪 80 年代，"综艺晚会"是中国综艺节目的主导类型。它包括以《综艺大观》为代表的日常性综艺栏目和以《春节联欢晚会》为代表的晚会形态。1983 年，央视春节联欢晚会正式开播，从此拉开了每年一度的年夜盛宴和重要节庆日举办文艺晚会的习惯。1990 年，《综艺大观》和《正大综艺》两档节目的先后开播拉开了国内综艺节目栏目化运作的序幕，《曲苑杂坛》《东西南北中》《欢乐中国行》等综艺节目随之相继问世。但时至今日，伴随着综艺节目的创新发展与激烈竞争，综艺模式类综艺节目处于日渐式微之势，而晚会模式类综艺节目的影响力却比以往更加巨大。晚会类综艺节目大多是在重大节庆日或鲜明主题日里播出，节目主题贴近社会热点、节目内容丰富多彩，既洋溢出热烈祥和的节日氛围，又充满了浓厚芬芳的生活气息，观众能够在欢声笑语中得到独特的审美享受。

（二）游戏娱乐类综艺节目

游戏娱乐类综艺节目是指以"快乐"和"娱乐"为基本主旨，把"明星＋游戏＋规则"的内容模式进行精细加工和融合，并在主持人的引导下强调节目的参与性、互动性和娱乐性的综艺节目类型。在 20 世纪 90 年代末的国内荧屏上，游戏娱乐类综艺节目陆续闪亮登场，如《快乐大本营》《欢乐总动员》《开心 100》《超级大赢家》，等等。其中，湖南卫视的《快乐大本营》堪称国内游戏娱乐类综艺节目的鼻祖和典范。1997 年创办的《快乐大本营》，在诞生初期主要侧重于"快乐传真""火线冲击""心有灵犀"等游戏环节和元素，后来又在节目中加入了访谈、表演、益智等新鲜的元素，掀起了一场全民参与"游戏娱乐"的热烈浪潮。

（三）益智竞技类综艺节目

益智竞技类综艺节目主要是建立在一种"选手＋问答或游戏＋奖品"的内容模式上创制完成的，节目选手在规定的时间和既定的条件下通过回答问题或游戏竞技而最终取胜和获取奖励的综艺节目类型。早期的《幸运52》和《开心辞典》是国内益智竞技类综艺节目的鼻祖，近几年热播的《梦立方》（东方卫视）、《一站到底》（江苏卫视）、《汉字英雄》（河南卫视）和《中华好诗词》（河北卫视）等节目都在借鉴早期益智竞技类综艺节目的基础上进行了积极有益的创新和发展，取得了不错的效果。益智竞技类综艺节目强调全民的参与性、比赛的紧张性和奖品的刺激性，在娱乐氛围里渗透着文化知识的魅力，能够让全体民众都进入到一种集体狂欢的状态，因而益智竞技类综艺节目在受众间极具吸引力和影响力。

（四）真人秀类综艺节目

著名学者尹鸿认为，"电视真人秀节目作为一种电视节目，是对自愿参与者在规定情境中，为了预先给定的目的，按照特定的规则所进行的竞争行为的真实记录和艺术加工"。这种将真实、悬念、才艺、竞技、互动等众多元素融为一体的真人秀类综艺节目无疑是当前国内最受欢迎的综艺节目，并凭借精彩丰富的节目内容和与时创新的节目形式，在受众间一直拥有着广泛的群众基础和强大的吸引力。真人秀类综艺节目因自身内容形式上的差异而分类众多，包括野外生存、婚恋交友、选秀竞技等主要类型。

野外生存类真人秀节目强调人与自然和人与人之间的矛盾冲突，是对选手们在既定条件和情境下的心理状态和生存状况进行真实记录的一种节目模式。野外生存类真人秀节目以《幸存者》（央视）、《生存大挑战》（广东卫视）、《走入香格里拉》（四川卫视）、《峡谷生存营》（贵州卫视）等节目为主要代表。

婚恋交友类真人秀节目是在既定的条件和情境下，男女嘉宾通过各种交流手段和方式达到一种彼此了解、配对选择的节目模式。婚恋交友类真人秀节目以《玫瑰之约》（湖南卫视）、《今日有约》（山东卫视）、《非诚勿扰》（江苏卫视）、《我们约会吧》（湖南卫视）等节目为主要代表。

选秀竞技类真人秀节目主要是在"选手＋导师＋才艺＋竞赛"的内容模式基础上建立起来的，选手们通过才艺展示、评委评分或导师选择等诸多环节进行竞赛争夺最终冠军的节目类型，根据参赛者的不同又分为平民选秀与明星竞技两种模式。前者有《超级女声》《中国好声音》《星光大道》《中国好歌曲》《中国喜剧星》等节目，后者有《我是歌手》《梦想星搭档》等节目。尤其是平民选秀的节目模式强调"海选""零门槛""PK""投票评分"等元素，为广大民众提供了一个展现风采和实现梦想的平台，让无数来自社会各个阶层的实力选手成为新时代的偶像和明星。

第二节　电视综艺节目主持人话语现状

电视综艺节目主持人所扮演的角色各异。在我国电视综艺节目发展的历程中，主持人从仅仅是引领节目进程的报幕员，逐渐发展为今天真实展现节目情感补偿的情感润色者。他们在传播实践过程中，话语表达的呈现类型各有特色。

追溯我国电视综艺节目发展的起始阶段，主持人在具体的传播实践中并未拥有充分的感性表达空间。在我国早期电视综艺节目主持人的角色中，他们扮演的仅仅是节目报幕员的角色，可以说，在电视综艺传播实践发展的初期，主持人便已趋于被物化，他们所发挥的仅限于"工具人"的作用。在当时的社会环境中，主持人作为现实话语主体"我"的感性呈现，以及作为节目主持主体"我"的感性话语呈现，均未能在媒体环境中找到生存空间。

主持人身着华服，或端庄优雅或气宇轩昂地登上舞台，面对摄像机，将提前准备好的节目内容字正腔圆、声情并茂地阐述出来。他们将即将播出的文艺节目的背景信息清晰、准确地传递给电视机前的广大观众。通过主持人的照本宣科式传递，受众接收到的信息是经过他人（节目创制者）前期反复推敲、修改后按照主持词的标准制式提前设计的"权威"信息。强势、权威的主持词，钳压了主持人的主体身份，限制了主持人的话语主体感性表达。

在实践活动中，主持人并未将自己的主体意识转化为实践活动的权利，其所发挥的实践传播作用仅仅是填充节目间隙、烘托节目气氛、提示节目内容而已。

自改革开放以后，我国传媒领域迈入了繁荣发展的新时期。随着人民物质生活水平的不断提高，其对于精神文化生活的需求也日趋旺盛。在精神文化领域中，电视受众对于真实自我表达、寻找"个性"偶像的感性认同的渴望日益增强。为了满足大众对新鲜事物感知的需求，国内各级电视台精心策划并推出了大量内容丰富、形式新颖的电视综艺节目。在电视传播领域中，受众与传播主体共同成长。随着综艺节目数量和种类的不断增加，具备了一定审美能力的电视受众对电视综艺节目主持人提出了新的、更高的要求。

一、主持人话语的引导力

新时代电视观众期待具备感性表达和实践能力的主持人。随着媒体改革的加速，节目制作者逐渐在设计节目内容的过程中认识到这一点，开始为主持人赋予更多权利，在节目设置的初期为节目主持人预留展现话语主体性的空间。

在主持人主导的媒介场域中，作为节目创制者的执行者，主持人需根据创制者的意图，用话语对现场的嘉宾和观众进行引导。例如，在竞技益智类电视综艺节目里，主持人向嘉宾或现场观众提出问题，待对方回应；在娱乐游戏类电视综艺节目中，主持人需引导嘉宾遵循规则进行游戏；在明星访谈类电视综艺节目中，主持人需对嘉宾进行话题引导。主持人在这场域中感性地引领其他传播主体，调控节目节奏，引导大家按照创作者的创作意图完成传播实践活动。

在各类电视综艺节目的传播实践中，主持人作为主持主体，其话语以"引导"的方式呈现。在媒介场域内，无论是嘉宾还是现场观众，皆需遵循主持人的话语引导，在其引领下完成实践活动。主持人的话语引导使得原本死板、固定、格式化的标准综艺节目模式得以瓦解。在主持人的话语指导下，节目焕发出"鲜活"的生命力和创造力，极大地丰富了电视综艺节目传播活动的内容和形式，使节目编排更加有序，同时赋予了主持人主体存在的意义。通过这一过程，主持人的传播属性实现了由"物"向"人"的转变，为后续话语呈现主体性发展奠定了基础。

电视节目制作播出环节中，主持人一直担任着关键角色。长期以来，主持人在我国电视综艺节目中一直是最引人注目、最权威的存在。为了引导现场所有嘉宾观众跟随主持人的节奏，创制者必须赋予主持人权威感，并让其拥有绝对话语权。主持人的地位被创制者提升，高于嘉宾和现场观众。然而，这种权威只是形式上的，由上级赋予。实际上，在主持人引导节目的节目场域中，创制者的地位才是至高无上的。主持人在节目中执行的是创制者的指令、计划和方案。因此，主持人在节目中的话语呈现是低阶的，其话语权威也是相对的。

二、主持人话语的塑造力

在电视综艺节目当中，主持人通过其主体性的话语感性表达来主导节目内容的形式及发展走向。这些控制行为有的表现为显性直接，有的则为隐性间接。主持人在电视综艺节目的传播过程中，能够直接显性地发挥其传播主体的作用，这既离不开节目的设定，也离不开其主体性的话语表达能力。在我国的电视综艺节目当中，存在一类以主持人为中心进行构建的节目。在这样的节目中，主持人在节目组为其搭建的传播平台上发挥话语主体性，亲自塑造节目的内容、风格，并控制和把握节目的走向、节奏、基调等。

在此类电视综艺节目初始策划阶段，制作者往往已确定了主持人的最佳人选。在节目筹备过程中，制作者将提前选定的主持人融入创作团队，通过团队内部的深入沟通，全面了解主持人的个体特质、主持话语风格及业务能力。在此基础上，根据主持人的特点，对节目策划方案进行精细化调整，将主持人融入节目进程，最终形成定稿。

节目主创围绕特定的主持人进行节目架构，旨在将主持人塑造为节目的活名片。在电视综艺节目的传播实践中，选定的主持人拥有充足的意识和实践空间来发挥自身传播主体的话语主体性。在节目进程中，主持人需要在已知节目组大体策划方向的前提下，随时把握和控制现场突发情况，随机应变，即兴决定节目的走向。在此类实践活动中，主持人将通过个人感性塑造所需传达的信息内容，最终传播给电视机前的观众。

在主持人话语塑造节目的媒介场域中，主持人最终"出圈"，上升至与创制者平等的层次，掌握了至高无上的绝对话语权。可以说，塑造节目的主持人本身就是节目的创制者。在此环境下，创制者需遵循主持人的引领。主持人塑造节目，是主持人主体性得到充分展现的高级形式。因此，综艺节目最终传播的是主持人以其个体意识为主要参考，结合素材资源进行实践的信息，是主持人汇聚主体身份能量，发挥主体感性而衍生出的文化价值取向。

三、主持人话语的融合力

在当前，许多新兴的体验类真人秀电视综艺节目在创作过程中，为了营造一个整体、自然、浑然天成的节目氛围，需要削弱传播环节中显著的

"作者存在"——主持人。同时，电视综艺节目在推进过程中不允许出现失控现象。缺少了主持人，就失去了控制节目的抓手。在电视综艺节目的录制中，每当遇到节目"场面即将失控"的关键时刻，总会有人站出来，利用自己的主体身份通过感性的话语表达，适时恰当地行使控制力，这就是将自己传播控制职能隐形的主持人。

在电视综艺节目创制者前期设计中，他们为主持人赋予了"隐形魔力"。在电视媒介场域中，主持人掌握着节目节奏、内容、走向的绝对控制权。创制者的策划设计方案要求主持人在节目进程中舍弃自己显眼的身份，以伙伴的新身份出现在媒介场域中。在这种背景下，参与节目的嘉宾才能在心里不设防御，彼此间达到尽可能的放松。

当被拍摄对象真正放松下来，摄像机镜头才能捕捉到相对真实客观的情绪特写。真实的素材在自然的生活、劳作、游戏、沟通中汇集。在检索素材时会发现，主持人在尽量弱化自己原有的媒介职业主体身份，与嘉宾融为一体。在这个过程中，主持人需要全力以赴地强化其模拟原生主体身份，以话语互动交流主体身份为实际抓手，实现对节目内容、节奏、走向的调节控制。

在这类节目中，主持人可以运用一种隐性的、间接的话语表达来为节目增添色彩。他们可以在适当的时机，将自己的个人感性表达转化为话语上情感的补偿，以此用润物细无声的方式影响和控制节目的节奏以及实时方向。这种表达方式既稳重又理性，既符合官方要求，又能为观众带来更加深刻的情感体验。

在节目录制过程中，主持人应在嘉宾进行信息交互的同时，适时调控与节目设计方向相符的群体讨论，以感性态度感知传播实践中嘉宾间传递的信息基调与内在语。主持人需敏锐地做出回应，及时调整节目进程。主持人在真人秀类综艺节目中融入节目的方式多样，既可以是话题的发起者，也可以是话题的参与者，甚至可以是话题的终结者。由于其主体性呈现方式具有隐匿性，在传播活动过程中，主持人不会使创作者的策划显得突兀、刻意，也不会提前暴露底牌，让观众察觉到创作者提前设置的"包袱"。

在消除显著的媒介职业身份后，主持人以自然的话语无缝融入节目情境，不动声色地操控着节目的传播效果，影响并引领嘉宾的情绪。通过共同参与、体验和面对面的方式，与其他传播主体产生共鸣，同时进行情感表达实践，将节目创作者意图传播的文化价值的初心精准地传递给观众。

"大隐隐于市。"在媒介领域，融入节目的主持人可谓传媒江湖中的隐士。在这个内容为王的时代，以反映客观真实为生命力的真人秀类电视综艺节目，主持人唯有摒弃原有的主角光环，方能更加自如地切换身份，融入主体角色，进而有效激发主体性。如此，主持人的话语呈现出超阶的表现，整个传播活动得以顺利、圆满地进行。

第三节　电视综艺节目主持人话语演进

一、综艺节目的类型化发展

电视综艺节目，是一种包罗万象的综合艺术，它是在电视媒体制作中运用多种艺术手段而完成的节目。它借助电视传媒技术和手段，运用独特的电视表现手法，如声光效果、时空的自由转换、独特的视觉造型等，广泛融合音乐、舞蹈、戏剧、小品、曲艺、杂技、游戏、竞赛、竞猜问答等艺术形式或非艺术形式为一个整体，用以满足广大受众多方面的艺术审美和休闲娱乐需求。

从电视综艺节目的渊源来看，早在 20 世纪四五十年代的美国，综艺节目就成为电视节目的主要类型之一，到六七十年代，开始在港台地区红火。然而在我国，由于内地电视界对综艺节目的探索和实践较晚，类似的节目一直到 80 年代才开始出现。20 世纪 80 年代中后期，随着商品经济的发展，商业文化和通俗文艺日趋繁荣，而电视作为强有力的大众媒介，极大地推动了大众文化的苏醒并逐渐向主流靠拢，开始出现并流行以"春节联欢晚会"为代表的各种文艺晚会。1983 年诞生的央视春节联欢晚会，成了一年一度中国人的盛会。

在经济较为发达的上海，1984 年 4 月 12 日，上海电视台开办了综艺节目《大世界》，和《大世界》同时开创的还有《大舞台》，两者堪称"上海荧屏姐妹花"。1985 年，上海电视台与日本方面合作的《卡西欧杯家庭演唱大奖赛》，共举办了 10 届大赛，是全国举办得最早、历史最久的海选大赛，甚至可说是中国最早的选秀节目。90年代初期，常态节目中也出现了晚会型和半晚会型节目，并借鉴国外模式和吸收港台节目制作的成功经验，为后来娱乐型综艺游戏节目的诞生提供了实践经验和理论积累，这个时期央视成为潮流引导者。

1990年3月14日央视开办的《综艺大观》以及同年4月25日首播的《正大综艺》，引发了全国范围内的"综艺节目热"。在90年代初，这两个栏目平均收视率达18%，意味着约有两亿的忠实观众收看节目。这类节目大多有一个富有意义的主题，节目格式也相当统一，《综艺大观》以明星表演为核心，内容有歌舞、小品、相声等；《正大综艺》则邀请明星做嘉宾，在旅游版块中让他们猜测各国风土人情的真伪，既轻松又让观众获得一些知识。这些节目中，明星表演大多是一种仪式化的展示，是一种高端的引领。因为当时电视节目贫乏，综艺节目适逢其时，受到了广大观众的青睐，每逢周末、节庆，观看综艺节目成了难得的享受。

1997年，湖南卫视的《快乐大本营》未出台之前，还没有娱乐节目的说法，当时，除新闻、社教、体育节目以及影视剧之外的文艺节目统称"综艺节目"。但随着广播电视的发展、社会观念以及受众需求的变化，综艺节目内部出现一种比传统综艺节目更强调娱乐性和互动性和更能调动观众的参与热情的节目，被人们称为"娱乐节目"；但我们仍把晚会型或某些综艺型的固定栏目称之为"综艺节目"，如"春节联欢晚会"和《正大综艺》，等等。

90年代开始，随着电视节目娱乐功能的开发，综艺节目类型越来越丰富，并逐渐形成两大类型，一类是话语类，另一类是行动类。话语类的综艺节目包括把娱乐内容和新闻播报相结合的娱乐新闻类节目，如央视《影视同期声》、凤凰卫视《相聚凤凰台》《娱乐大风暴》等；行动类综艺节目，即大众参与的，以"游戏"和"竞赛"为核心的娱乐节目，包括益智类游戏节目和真人秀节目，如央视的《幸运52》《非常6+1》《梦想中国》，北京台的《欢乐总动员》和湖南卫视的《超级女声》等。

90年代中后期，很多地方台已经开始酝酿各种具有本土气息、互动性极强的综艺娱乐类节目，先声夺人地创新了综艺节目的形式；例如1995年12月23日，湖南经济电视台推出《幸运3721》，一经播出便引起轰动，也因此推出了很多本土明星，后来改名为《幸运1997》《幸运1998》《幸运

1999》，成为在湖南省收视率排名第一的电视节目。1997年7月11日，湖南卫视推出了《快乐大本营》，并凭借其"上星"优势提升栏目的影响力和知名度，直到2012年仍然是全国收视率排名前三位的电视节目，可以说湖南经济电视台和湖南卫视创办的系列综艺节目，以"快乐中国"为定位，开创了一种新的综艺节目样式，也更新了娱乐观念——既注重节目内容的娱乐性，也注重与观众的互动性。

90年代末期，继《快乐大本营》的成功之后，全国各地电视台迅速引发了一场"快乐旋风"，一大批综艺娱乐节目陆续上马。1999年1月20日北京有线台《欢乐总动员》的成功引领了"总动员的风潮"。据1998年6月份国家广电总局在北京举办的广播电视文艺研讨会披露，当时开办娱乐节目的省台33家，地市台42家。1999年以来，开办或引进娱乐节目的电视台又增加了32家。

2000年以后，综艺节目广受热捧，从中央到地方卫视，都在想方设法创新综艺节目形式和内容，以吸引更多观众的注意。2000年7月7日，央视综艺频道推出《开心辞典》，随后各卫视纷纷推出同类竞猜类节目，如贵州卫视的《世纪攻略》、上海卫视的《财富大考场》、广东电视台的《赢遍天下》、重庆卫视的《魅力21》和江苏卫视的《夺标800》。

2004年10月8日，央视综艺频道淘汰了拥有14年历史的《综艺大观》，改版为《欢乐中国行》，拉开综艺节目改版序幕。随后省级卫视开始角力全国，大胆创新综艺节目形式，竞相抢滩这一综艺节目市场。浙江卫视于2007年9月30日推出唱歌节目《我爱记歌词》，获得全国轰动。节目成功后，2008年12月1日湖南卫视也推出同类唱歌节目《挑战麦克风》。2012年7月1日浙江卫视推出一档全新的、融合国外先进制作模式的真人秀节目《中国好声音》，节目推出五周就获得全国收视率第二名的好成绩。

可见，作为娱乐大众、满足受众感官愉悦的综艺节目，于80年代最先在经济发达的上海出现，《大世界》和《大舞台》等综艺节目以及《卡西欧杯家庭演唱大奖赛》为我国综艺节目开创了新模式；90年代初在央视相继推出的《综艺大观》和《正大综艺》等，使得综艺节目逐渐有了燎原之势。经过90年代至今多年的节目类型化发展，综艺节目在节目内容、节目模式上已经融合了更多娱乐元素和互动元素，成为观众主要收看的节目类型。特别是近年来，综艺节目的类型越来越多，更新换代的速度越来越快，节目形式更加灵活多变，主持话语风格也各具特色，以适应大众日益变化的收视需求。

二、主持人的大众化、明星化

综艺节目的内容丰富多彩，涵盖多种艺术样式，有舞蹈、歌曲、相声、小品、戏曲等；表现形式丰富，可以时空转换，可以现场和场外结合、"声画并茂"，可以通过服装、化妆、道具、音响、灯光等多种艺术手段强化艺术效果；主持形式灵活，可以在台上也可以在台下，可以室内主持也可以室外主持；播出方式较多，可以录播，可以插播，也可以直播，也可以多家电视台联动播出等。可见，采制灵活、内容丰富的综艺节目在它的发展演变过程中，由于社会观念和观众审美心理的变化和投射，在制作理念、节目风格、播出样式上必然呈现出不同的面貌和特征。

收视调查数据表明，在各类电视节目中，综艺节目的收视率是相对新闻类节目更好的，人群分布更为广泛，这也是综艺节目大众化的一种体现。总体来看，综艺节目的主持风格依据节目形态的改变出现差异化，逐渐朝着大众化、明星化的方向发展，以此吸引不同类型受众的注意力。

20世纪90年代中期，中国大众文化全面崛起。"大众文化是以大众传播媒介为手段、按商品市场规律去运作的、旨在使普通市民获得感性愉悦的体验过程，包括通俗诗、通俗报刊、畅销书、流行音乐、电视剧、电影和广告等形态。"借助大众传播媒介的广泛影响力，电视文化成为逐渐融入人们生活方式之中的日常文化形态。正是在这样的文化境遇中，中国电视文化开始从对高雅艺术的顶礼膜拜中走了出来，走向平民化和商业化，从综艺节目的变化中可见一斑。综艺节目从90年代中后期开始走亲民路线，节目内容逐渐大众化，许多歌星影星被邀请到节目与观众互动，歌唱表演不再是难以企及和小众欣赏的高雅艺术，而是全民可及的娱乐大餐。

早期综艺节目的传播理念是"你传我受"式的，主持人在这类节目中具有一定的权威，但缺少必要的互动，主持人在综艺节目中主要是一种仪式化的串联。随着综艺节目的娱乐功能的大量开发，节目凸显大众化定位。例如，《快乐大本营》就以"生产快乐"为目标，借鉴了脱胎于日本的港台节目的成功经验，对港台节目《非常男女》《我猜我猜我猜猜》《非常关系》进行成功改造；每期节目开始的标志性口号"快乐大本营，天天好心情"很快吸引众多观众，开播之初便创下33%的收视率。以它为代表的一批综艺节目以"娱乐大众"为目的，基本上走的是"明星＋游戏"的路线，此时的明星不再像前期综艺节目、大型晚会等高高在上，而是走到观众中间来，甚至和观众一起做游戏。虽然节目中间穿插歌舞表演，但是服从于节目整体的娱乐需要，不再是一种高端的引领，而是一种亲民的迎合。在传播理念上，开始引入竞争和互动的因素，不再是单纯的"你传我受"，尽管节目仍然是以明星和明星化的主持人为核心，但开始重视观众的参与，主持人也以表演的方式，作为一个"玩伴"带动现场气氛，活灵活现地采访明星，推动节目内容的进展，使得节目更趋大众化。

同时，综艺节目主持人也不忘采用新潮、时尚的装扮，将自己打扮得如明星一样绚丽多彩，想尽办法吸引观众眼球，并且走明星发展的路线，出书、出唱片、演话剧、出电影等，在相关演艺行业不断积累人气，将自己打造得如同明星一样人气爆棚，如何炅、谢娜、胡可、李湘等。究其原因，首先是综艺节目一般受众面较广，气氛活跃，要求节目主持人也是明星级的主持人，可以增加综艺节目的魅力和活力；其次，明星主持人才能驾驭宏大的场面，明星云集，需要明星主持人来控制现场气氛，增加节目的观赏性。

三、主持人话语风格凸显表演性

随着综艺节目类型化发展，节目样态丰富多元，节目题材包罗万象，节目定位日益大众化，也使得综艺节目具备"丰富多彩、娱乐大众、热烈欢快、自由灵活、雅俗共赏"的风格特征；综艺节目主持人也为凸显表演性，不断增强自身的吸引力，适应节目的发展和风格特色。

从我国综艺节目的发展趋势来看，综艺节目大众化的定位、市场化的运作，使得主持人在节目中的功能和作用也发生变化。主持人从早期简单呆板地以主持词"串联"节目，日益发展成以各种形式的"表演"融入节目，有效地推进节目的进程。如今的综艺节目主持人，能说会唱会跳，善于表现自己各方面的才艺和个性风格，机敏灵活、时尚前卫、幽默风趣，并且通过节目的包装，日益成为一个个明星化的主持人，在节目中尽情地展示他们的个性、才华，凸显个人的风格。

从各类综艺节目主持人及其群体话语风格来看，综艺节目的主持话语风格越来越凸显表演性，这种变化主要受到节目类型的发展和受众心理需求的影响，是提高传播效果的一种有效途径。随着人们生活节奏的加快，主持人也需要满足观众对于娱乐、猎奇、宣泄、幽默、趣味等方面的心理需求，以缓解工作、生活中的种种压力，而只有以活跃的态度、卖力的表演参与到节目中，才可以使节目节奏加快，内容更有看头，更能最大限度地影响到观众的情绪，满足观众的感官需求，增加现场感和亲和力，提高受众的忠诚度。例如《快乐大本营》中的谢娜，经常依据一些情节，拿自己开涮，观众看到的是一个经常有点"神经质"般搞笑的女主持人，她常常增加一些现场的自我表演，或与嘉宾搭档表演，演绎某个故事情节，使节目活泼滑稽，与观众有了亲近感，也增强了节目的可看性，谢娜树立了她"无厘头"的"娜式风格"，轻松幽默、百变搞笑。此外，灵活多变、机智百变的维嘉等主持人都给观众留下了深刻的印象。又如《天天向上》的主持人，共同打造偶像主持人群，通过灵活的方式展现节目内容，介绍娱乐人物和各类资讯，每个主持人都参与表演，每位主持人都精通说、唱、逗、跳，有效带动节目现场气氛，烘托节目主题，推进节目进程。有人总结出主持综艺节目的三个重要元素：一是松弛，二是敏感，三是兴奋。只有主持人高度兴奋，才能进入最佳的表演状态，才能捕捉到现场的有用信息。《快乐大本营》和《天天向上》主持人群的成功，说明凸显表演性是综艺节目主持话语风格的走向。

第四节　电视综艺节目主持人话语解析

一、何炅——《快乐大本营》《时光音乐会》《歌手》

何炅，著名主持人、演员、歌手。作为湖南卫视的台柱子，何老师出道以来以清秀阳光的形象和睿智幽默的口才征服了广大观众，曾先后主持了《快乐大本营》《快乐男声》《超级女声》《勇往直前》《百变大咖秀》《我是歌手》等一系列经典的综艺节目。他曾任北京外国语大学阿拉伯语系教师，发行过3张音乐专辑和4部文学作品，还转行做过导演，拍摄了电影处女作《栀子花开》。总的来说，何炅是一位全方面发展的优秀的"艺人型"主持人。他的话语亲切自然、简练大方，是新时代综艺节目主持人的行业标杆，他的话语表现形式有：

（一）适时而止、应对自如

《礼记·大学》中提道："知止而后有定，定而后能静，静而后能安，安而后能虑，虑而后能得。"主持人在节目中如果无法做好起承转合，是谓失职也；能做到适时地打断，把握好节目的尺度与分寸，也是其职责所系。

娱乐圈中不乏炒作的绯闻与轶事，在重大场合中，若没有做好适时的引导工作，在融媒体时代的手机端热搜会井喷式爆炸。当年胡歌和霍建华组成"胡霍 CP"一度很火，在金鹰节颁奖典礼中，何炅在场上担任颁奖礼主持，而谢依霖担任场下互动嘉宾主持，毫不遮掩地带着奇怪的腔调暗讽两人有"绯闻"。当时，霍建华尴尬地笑着说："怎么了？"胡歌不太想接这茬，话筒递给他，他只打了个招呼露出礼貌的微笑。场面冷到冰点，甚至说是尴尬。

主持人抛的梗嘉宾不想接，场面十分不漂亮。谢依霖仅仅是叹了一口气，何炅马上就接话了，他说："两位一直靠作品征服大家的，一个《琅琊榜》，一个《花千骨》，都是隔空在飙演技的。"何炅在言谈中展现出的对嘉宾情绪的敏锐洞察，是值得当前许多同行主持人悉心学习的。主持人或揭示主题或启示未来，或鼓舞斗志或抒发感情，在适时的时候终结尴尬的场面，精致细巧而不粗陋随意，势必会给观众留下美好的印象。

在大火的《当红不让》节目中，节目组请来了陈伟霆、杨洋和张翰三位人气火爆的"小鲜肉"。在节目开头，介绍完嘉宾和他们的作品之后，何老师很自然就把话题扯到了游学归来的谢娜身上，给她机会澄清最近网络上炒作其怀孕的不实新闻。在后面的游戏环节中，海涛和杨洋玩一个一边被风扇吹脸，一边大声唱歌的游戏，由于风扇吹出的风过于猛烈，两个人的脸被吹得扭曲变形，尤其是海涛，被吹得面目全非，眼泪鼻涕口水齐飞，场面非常滑稽好笑。在游戏结束后，当其他嘉宾和主持人还在为刚才的场面大笑不止时，何老师第一个走到两人身边，把纸巾递给他们，还体贴地帮海涛擦干了眼泪，简单收拾了一下现场。这些小细节体现了何老师的"暖男"性格，从一点一滴流露出的细心和善良，是何老师美好人格的最佳证明。正是这些内在的美好特质，才让何老师的主持话语外化出自然的亲切体贴，就算对话被他打断也是善意的提醒。

（二）上串下联、衔接自然

衔接是节目的骨架与筋脉，虽然节目流程有设定，但是筋脉与骨架之间还需血液的相通，才能使节目这一人文形态更加富有艺术的光彩。主持人对于节目进程中的话题衔接应该做到以下两点：

第一，有机的话语衔接使节目流程不割裂，无不相容之感。内容之间形成呼应关系，使节目更加流畅，使观众审美向上跃升而形成音声化的层次感。面对"黑粉"对郭敬明电影的评价，何炅呼吁大众理性对待。在有机的话语衔接中体现的不仅仅是职业的素质，更涵盖了主持人在人情世故上的练达，以及对于娱乐圈语境的熟知。毋庸置疑，何老师的语言能力很强，他吐字清晰，发音标准，能够迅速有逻辑地组织语言，流利明白地说出想要表达的意思。不管是即兴调动现场观众的气氛，还是有备而来为嘉宾打圆场、做总结，他都能侃侃而谈。

《快乐大本营》每一期节目都有一个相应的主题，需要主持人适当引入这个话题，积极地与观众互动，调动观众的兴趣。有一期节目主题为"说走就走的旅行"，邀请的嘉宾是湖南卫视另一档旅行真人秀节目《花儿与少年》中的7位嘉宾，在嘉宾上场之前，何老师从"春天来了，花儿都开了，心情变好了，最适合来一场旅行"入手，自然地聊到人生当中最好的状态就是能够掌控自己的节奏，所谓的"说走就走的旅行"是很不容易做到的，但还是积极地呼吁大家有机会一定要去旅行，去不同的地方，让自己拥有一个不同的人生。然后顺利过渡到主题，请出嘉宾。何老师的这段开场白，首先自然流畅地引出这期节目的主题，其次通过与同伴的互动，有感而发，升华旅行的意义，即看不同的风景，体会不同的人生。语言简练平实，感情真挚，节奏轻快，逻辑清晰，以平实的语言解读了深刻的人生内涵。

第二，点睛的话语衔接，对某种情感适时地加以提炼与升华。因主持人对生活、对人生有着深刻的体会，能合理使用修辞让语言精准得当。第四季第九期《奇葩说》节目中，何炅作为主持人在谈论如何对待父母时做出的表述，让人感到如沐春风般的引导。他说："我建议大家建立一个联系，可以把自己最喜欢做的一件事情，和自己的父母联系起来。比如你喜欢看《奇葩说》，每周你看《奇葩说》的时候，想两次你的爸爸妈妈，再比如说你喜欢撸串，每周你撸串的时候，也想一想你的爸爸妈妈。有人会说这样会不会太扫兴了？那我会说，将任何事情和父母联系在一起，都不扫兴。这真的是一个方式，我们不该忘了的事情，别忘了。"此话一出，全场掌声四起。这使节目的整体气质不再仅仅是思辨与争吵，更增加了话语样态丰富性与节目文化责任感的融合度。

（三）认同他人，弱化自身

优秀节目主持人个性化的话语与他们的经历与性格有关，与他们的知识背景与情感体验有关，与他们对观众的了解和尊重有关。富有个性的主持人语言十分鲜活，其话语的表述具有创造性，所形成的语言气氛与格调也带出"这个"主持人独有的特色。它让观众便捷地理解话语本身信息的同时，又分明感觉到、直接体会到"这个"主持人的作风、品性、修养、性格等方面的信息，主持人节目"个性化""人格化"传播的优势有相当一部分由此体现。

感同身受不容易，只有真正地成为一名演员后，或许才知道演员们的不易。何炅多栖发展，不仅主持节目而且导演电影、主演话剧全都取得不俗的成绩。他如一名长者一般熨帖暖心，是源自多年的耕耘，既已千帆过尽，势必怜人共情，且循环积累为一位兼具时代感与亲切感的主持人。有一期节目中演员杨紫将自己的性格比喻成榴莲，何炅概括总结道："可能更像是一颗椰子，外面是硬的，甚至不加处理还毛毛糙糙的，但是里面是清香和甜美。"演员自我评价过高或过低都属正常，但节目中的过度表露或许会招致麻烦。对待成长阶段的后辈们，他常常提振他们的自信与自尊。这远不止是技巧问题，更体现着他对于人性的洞悉与明察秋毫。上善若水，水利万物而不争。有温度的人，会尽量滋养更多人，洗净他人的伤口，温暖他人的寒冷。

在江苏卫视《世界青年说》这档节目中，何炅与各国青年平等交流，让大家对某些议题各抒己见的同时适时引导，让信息传播的秩序得到合理配置。在聊到"初老症"话题时，德国青年穆雷提到自己面对"初老症"时的一些观点，表达了自己在人生初老阶段的一些焦虑。但是由于在观念上的差异，最后转到了相对不是特别正向的观点，说不如"多交一些年轻的女朋友"。这时候,何炅意识到了在整个话语场中的一些导向不正确的问题,于是果断将话语承接过来后,将自己置于长者的角色谈论自己拍摄电影《栀子花开》的经历,并引申出"人应该尽早思考如何做更棒的自己"的概述。他倡议所有的年轻朋友应该要早一点想一想,是否有可能变成更棒的自己,并且去为更棒的自己做些努力。这也给予了新一代的年轻人正向思考人生信念与理想话题的契机。

弗洛伊德认为,认同是个人与他人、群体或被模仿人物在感情上心理上趋同的过程,只有明确了文化共识,了解了当下的语境,才能更好地构建起场景当中适配的语言策略。这不仅仅需要丰富的经验和深刻的文化修养,更需要的是人与人之间的尊重与了解。

二、撒贝宁——《开讲啦》《故事里的中国》《典籍里的中国》

自从 1999 年加入央视以来,撒贝宁主持了《今日说法》《出彩中国人》《典籍里的中国》《开讲啦》等备受观众欢迎的电视节目。撒贝宁是个灵活多变的人,他有很强的应变能力,对节目和主持人,以及观众和嘉宾之间的关系都有很好的处理。近几年,撒贝宁主持的重点是电视文化类节目,像《故事里的中国》《典籍里的中国》这样的节目,之所以能取得如此大的成绩,一方面是因为事先精心策划,另一方面也是因为作为主持人的撒贝宁在节目中的精彩表现。以下将对撒贝宁的话语风格进行分析。

(一)青春活泼、平易近人

2011 年,他开始主持央视娱乐节目《我们有一套》,在该节目中展现了文艺类电视节目中该有的幽默风趣、潇洒飘逸的主持风格。他常常以通俗易懂的语言和平易近人的举止与观众互动,使得节目气氛轻松欢快。他不同于其他传统节目主持人,而是把自己视如普通人一般,让大家看到更接地气儿、更真实的撒贝宁,从而拉近了与观众之间的距离。此外,他的幽默不仅仅停留在表面,而是能够给观众带来思考和启发。通过他独特的主持方式,撒贝宁成功地将观众带入节目的话题中,让观众不仅能够在娱乐中得到满足,还能够获得知识和思考。

他的另一代表作《开讲啦》是一档定位于青年群体的电视文化类节目,其脱离刻板生硬的说教,选择平等的交流方式与青年群体进行互动对话,自 2012 年开播以来一直延续至今，取得了良好的效果。对于这样一档面向广大青年群体的节目来讲，运用好青少年喜闻乐见的话语方式，采用平等的姿态进行交流是节目成功的关键，这对主持人的能力提出了较高的要求。而撒贝宁个人风格与节目风格相适应，其风趣幽默的语言深得年轻受众喜爱。

在节目中，撒贝宁的语言都相对口语化，其活泼的语言风格为嘉宾和观众搭建起了沟通的桥梁。在节目中，撒贝宁看到皮洛遗址发现的手斧，向嘉宾提问说"不知道我们能不能有机会触碰到"，当嘉宾答到台上的是 3D 打印的复制品后与嘉宾开玩笑说"你早说啊"，并迅速走向了手斧，这引起了当时在场的嘉宾与青年观众的欢笑。在着装方面，撒贝宁在主持《开讲啦》的过程中，部分着装的衬衫会挽起袖口，显得不那么死板和僵化，这种细节也有利于彰显主持人的语言特色和主持风格。从表情动作方面来看，不同于《今日说法》的严肃，在《开讲啦》中，撒贝宁的表情更加丰富，肢体动作也更加多，也增加了与嘉宾很多互动的环节，甚至会在拿到皮洛遗址 3D 打印的石器之后表演穿越的动作，身体来回抖动，拿到手中后还会用手掂一掂，尽显青春活泼之感，完美契合了节目面向青年群体的定位特征，为现场营造了轻松的气氛。

（二）理性沉稳、勤学好问

撒贝宁在主持节目时展现出高度的专业素养。他丰富的知识储备和对节目内容的深入理解使得他能够从专业角度对待每一个话题。无论是参与讨论文化艺术的节目还是主持文化人物专访，撒贝宁总是能够准确把握节目的核心要点，并以清晰明了的语言进行阐述。他的专业素养不仅展示了他的学识积累，更使得他在观众中树立起权威形象。这一点从《经典咏流传》中可以看出来。在《经典咏流传》中撒贝宁对一些辞藻华丽、引人入胜的大量诗词、成语的引用，打开了诗词世界的美丽画卷，展现了其深厚的文化底蕴。

《典籍里的中国》开播于 2021 年 2 月，节目选择经典书籍进行解读，对经典书籍的创作过程进行戏剧化的演绎，在表演中开掘原著的精神内核、作者创作历程以及有关的故事，弘扬其中内蕴的中国精神。整档节目设置充满了仪式感，撒贝宁在其中担任"护书人"的角色，情感充沛，饱含当代人对先贤的崇敬。在句式方面，撒贝宁多用问句，通过对角色的提问带领观众"穿梭"于典籍故事中，与"护书人"和故事中的人物进行交流，通过语言和行为产生互动的关系。在着装方面，不同于《开讲啦》的休闲，节目组对于撒贝宁的服装进行了创新性设计，将传统与现代元素进行结合，十分贴合撒贝宁在节目中的定位，具体以西服正装为蓝本，对领口、纽扣、纹饰进行重新设计，充分融入了东方元素。在身体动作与表情方面，整体相对严肃，身体动作中充分融入了表演性。由于节目所具有的仪式性特征，撒贝宁众多动作都充满了仪式感，比如在拜访古人时行拱手礼，右手握拳在内，左手在外，微微弯腰，传统与现代的会面在无形中引领观众感受中国的文化基因。表情方面虽严肃但不拘谨，多为求学姿态。

《故事里的中国》第三季中，撒贝宁和韩玉生老师的对话堪称嘉宾对话的典范。这期节目的初衷，就是要通过采访常香玉老师的亲朋好友，来呈现常香玉老师的生动形象。一开始，撒贝宁就说道："你好，韩老，我很高兴能见到刘兄弟。"这让他和韩玉生之间的关系更近了一步，也让他觉得自己等了很长时间，可以让谈话进行得更顺利一些。然后，撒贝宁又问了一句韩玉生"刘大哥"的身份，这是一个很好的引子，之后他又问了几个问题，把话题引到了常香玉的身上。从《花木兰》剧本的写起，一直到常香玉老师带着他们参加慈善活动的这个话题慢慢展开，步步深入，由浅入深，让观众对常香玉老师的故事有了一个更完整的认识。

（三）语言精练、循循善诱

吐字清晰、表达准确是对一个主持人的基本要求。撒贝宁向来以"总结帝"著称，往往能够对嘉宾话语进行准确的总结，并且结合节目主旨进一步生发，引人深思。2022 年 2 月 12 日播出的《开讲啦》节目中，开讲嘉宾考古学家高星回应完现场观众提问后，撒贝宁在节目最后进行总结式发言，"所以今天听您的开讲，突然觉着这不仅仅是一个考古学的专题的开讲，因为在这里面蕴含的内容太多，包括到最后我们对生命的思考、人和自然关系的思考，但这恰恰又是考古学的魅力。考古学究竟在考什么？我们其实从古人的所有的这一切行为当中，他们生存的环境当中，他们的这种交往的模式当中，实际上是在为今天，甚至是在为未来寻找我们的答案"。其在总结高星既往发言的基础上，对于本期开讲的主题进一步提炼和深化，对考古学的意义进行总结，语言表达精练准确。

一档节目离不开主持人与嘉宾、观众的互动交流。而主持人在与嘉宾、观众互动的过程中采取何种姿态、运用何种方式，将会深刻影响到节目效果。撒贝宁本身个性相对活泼，在《故事里的中国》第三季中，在与江姐第二代表演者孙少兰互动时提出其能否带领大家重温一下江姐经典旋律，当孙少兰吟唱后，撒贝宁亦轻轻跟着唱。而在《开讲啦》中，如此深入互动的片段更是数不胜数，在网络上流传较广的是撒贝宁与王健林的互动，撒贝宁"挖坑"提问王健林，"您好像说过这样一句话，如果一个企业老板整天去爬山，我不相信那个企业能够做得好，据我所知有一个叫王石的房地产企业家喜欢爬山，您是在说他吗？"当王健林予以否认并说"我觉得你不太厚道"后，撒贝宁继续说，"但是王石也曾经说过，如果一个企业老板整天批评别人爬山，我不相信那个企业能够做好，哈哈哈，这是我瞎编的"。撒贝宁通过玩笑似的交流与嘉宾建立了深入的互动关系，既可以进一步拉近与嘉宾的距离，也便于营造轻松欢快的节目气氛，为嘉宾的自我表露提供一个愉悦的环境。

三、张绍刚、邓超：融媒体时代网络综艺节目主持人话语的凸显

电视综艺节目主持人的话语表达同网络综艺节目主持人的话语表达存在一定的差异，这种差异一方面是节目运行模式存在不同，另一方面则是受众的需求变化存在差异。因此，针对这种差异，本节从多角度展开分析，能够更好地了解主持人话语对于节目的影响。

（一）网络综艺节目主持人话语对现场氛围的调动

不同于传统电视综艺节目主持人对于现场氛围调动的被动，网络综艺节目主持人显然在这方面拥有天然的优势。电视综艺节目主持人会根据布置好的流程和话语内容串联整个节目，在相对固定的内容基础上，以较为轻松幽默的话语表达方式来带动整个现场的氛围，相对于其他电视节目而言，综艺节目主持人的表达更加轻松娱乐，打破了过去呆板沉闷的主持模式。但是，从整体来看，电视综艺节目主持人仍然需要专业的素养，不能够语言过于拉杂，也不能够创意十分雷同。

例如浙江卫视推出的《中国好声音》，主持人华少原本的发挥空间很小，其在主持前期仅仅是起到串联和读广告的作用，并且需要承担大量的广告工作，为了调动气氛，发挥自己的主持功力，华少在40秒内读完了所有的广告，且没有卡住，他因此也得到了"中国好舌头"的称号。通过专业素养的支撑，华少将原本枯燥的读广告时间变成了"炫技"，在高要求的基础上形成了非常好的节目气氛。

网络综艺节目主持人有更加宽松的自主性去表达自己，并可以利用自己的主持话语去烘托氛围，有更大的空间发挥自己的语言能力，且为了充分调动节目现场的氛围，会有更多的语言表达来烘托氛围，诸如夸张的表达、联想性更为丰富的表达、自嘲或者"谐音梗"等。

例如，在网络综艺《吐槽大会》中，张绍刚作为节目主持人，其对于现场氛围的调动具有极佳的效果。在邀请王祖蓝和李亚男的一期节目中，张绍刚致欢迎词：

大家终于看到了，王祖蓝和他的妻子——李亚男。在生活当中，两个人可能会有不如意，两个人可能会有争吵，但是我确定，他们真的没有动过手，因为如果动手，吃亏的也是祖蓝，不过祖蓝就算是动手，你也不用担心，因为我们有一部非常重要的法律，叫《未成年人保护法》，王祖蓝真的是一个非常拼的人，他平常的工作很忙很忙，忙得根本就没有时间长个儿……

从上述话语表达来看，张绍刚以十分幽默的表达介绍王祖蓝，同时以《未成年人保护法》来调侃王祖蓝个子矮，并据此引申出王祖蓝工作忙，间接夸赞王祖蓝"火"，可以说，在这种语言表达下，节目的氛围立刻被带起来。

（二）网络综艺节目主持人话语对节目的把控

电视综艺节目的管控较为严格，主持人需要在整档节目中做好全面管控，把控既不能过于随性，也不能够过于严肃，并且整个节目的运行都设置有具体的目标，整个节目也需要具备相应的基调。主持人需要串联起每个环节，不但需要起到好的引导效果，也需要做到在结尾顺利收场。整个节目的基调要统一，思路要清晰，每个环节也要具有相应的联系，并且主持人需要通过自己的情感表达来强化艺术性和节目的效果。

例如中央电视台的综艺节目《经典咏流传》，撒贝宁作为节目主持人，对整个节目有十分重要的把控作用。他通过现场话语的表达来推动节目的走势。如在一期节目中，撒贝宁做节目主持说道："五千年文化，三千年诗韵，人生如一场修行。得意时，一日看尽长安花；艰难时，潦倒新停浊酒杯。但生命的跋涉不能回头，哪怕畏途巉岩不可攀，也要会当凌绝顶。哪怕'无人会，登临意'，也要猛志固常在。"在专业功底的支撑下，撒贝宁借助古诗词直接为节目奠定基调，借用音乐的方式突出了经典文化内涵，让现场观众立刻进入到场景中，并顺利引出了节目的后续内容，这无疑是主持人对于节目把控的代表。

在网络综艺节目中，主持人也需要通过自己的话语表达来对节目进行把控。网络综艺节目主持人需要具备准确的语言表达能力，一方面要在台本的引导下，顺畅地推动节目，通过语言的整合和表达，引导节目现场，让观众能够被代入到节目中。另一方面，在网络综艺节目推进过程中，虽然整体有一个流程作为保障，但是在节目推进中，由于内容管控的严格度不强，并且有后期剪切工作的帮助，因此节目的开展会面临一些台本中不存在的内容。面对这些内容，主持人同样也需要相应地进行把控，以此保证节目能够有效推进。

例如在网络综艺《王牌对王牌》中，贾玲发现关晓彤的腰部可以支撑自己的身体休息时觉得很神奇，并将这一发现告知了沈腾，而镜头另一边，其他嘉宾正在按照节目流程做游戏，如果放任不管，节目可能会出现播出事故。此时沙溢直接询问："你们三个在干什么？"贾玲回复道："晓彤这里可以支撑我的身体。"沙溢一针见血地说道："人家那是腰。"一句话将分割的两个现场活动合为一体，不但没有出现播出问题，反而成为一大亮点，让节目顺势推进。这说明网络综艺中可能会出现一些原本没有的节目设定内容，但是在节目主持人的话语引导下，能够成为节目的亮点。而电视节目综艺主持人面对这种情况的可能性较小，从这一点来看，网络综艺节目主持人的串联能力有其高要求的一面。

（三）网络综艺节目主持人话语风格对节目的渲染

电视综艺节目主持人在节目运行中，会切换为适合节目风格特点的语言风格，让自己同节目形成统一，同时也不会让观众产生割裂感。文化类综艺节目，会注重文化层面语言的表达，趣味性强的综艺节目，会注重轻松氛围的塑造，只有这样才能够保证综艺节目效果，增加观众的认可度。在这个过程中，分寸感、节奏感、语气、重音等都需要主持人灵活驾驭，并保证语言的特色。

网络综艺节目主持人的话语表达也需要同节目有效对接，同时，主持人也可以利用自己的语言能力去丰富节目的内容和氛围，起到更好的烘托效果。这样一来，节目主持人能够有效带动节目的运行，营造氛围，调动情绪。甚至于一个举动、一个身体语言，都能够起到这种效果。例如，《奔跑吧兄弟》综艺中，主持人邓超英语水平不佳，说了一句"We are 伐木累（family）"，暴露出英语水平差的情况，但是节目组顺势将此作为了节目口号，时不时让主持人喊出来，反而增加了节目的暖心效果。可以说，在网络综艺节目中，通过这种强化处理以及顺势而为的风格，反而让节目更加有看点。

（四）网络综艺节目主持人话语对节目突发事件的处理

一些直播的节目需要主持人从头到尾全程把控整个节目，如果出现突发事件，原本安排好的流程会被打乱。同时，节目时间也是相对固定的，如果不处理好突发事件就会对整个节目产生难以估计的影响。在这种状况下，电视综艺节目主持人的综合素养无疑需要极强，不但要具备超强的心理素质，能够处变不惊，也需要具备快速反应能力，正常维护节目的推进。

网络综艺节目突发事件往往更多，因此对主持人救场的需求也更高，但是网络综艺节目的流程相对宽松，因此主持人并不急于让节目迅速回到原有的节奏中，甚至还会顺势而为，让节目朝向另一个方向进行。在这种情况下，网络综艺节目主持人只需要把控好现场节奏，而节目的推进可以适当"放权"，达到节目满意的效果即可，只有在难以控制的局面下，节目主持人才会临时制止，或者强行将节目带回到原有的节奏内。

例如在网络综艺《脱口秀反跨年》节目中，宣传国家反诈中心 App 的陈警官直言开玩笑不算诈骗。而在之后节目的送礼环节，观众获得了迪丽热巴飞吻的奖励，观众喜出望外，没想到最后由徐志胜执行。此时观众直接大声喊叫："可以告你们诈骗吗？"此时，面对如此尴尬的场景，李诞顺势说道："陈警官说了开玩笑不算诈骗。"在这种表达下，一个尴尬的局面瞬间化解，也给了观众面子，节目氛围也更加热烈。

从上述分析来看，网络综艺节目主持人话语空间更大，约束更少，主持人可以用更为多样化以及"过火"的表达去带动氛围。同时，网络综艺节目主持人的话语注重"抛梗""接梗"，这些话语可能没有什么价值，但是在活跃氛围方面却很有效果，尤其是在当前节目娱乐性愈发强烈的状况下，追求"梗"成为很多网络综艺节目的重要途径。节目主持人也热衷于此，主持的内涵、文学功底只能是锦上添花。而对于电视综艺节目而言，由于电视节目门槛很高，因此对于节目主持人的要求也非常高。综艺节目主持人需要具备专业的播音能力，也需要有丰富的知识储备和良好的语言表达能力。在现场氛围调动方面，电视综艺节目主持人会以更为专业的手段和语言表达引导嘉宾，会严格按照节目流程和话语的设定，为节目的发展方向提供引导，从而让节目按部就班地推进，氛围的调动也会据此一点点提升。但不管怎样，电视综艺节目主持人和网络综艺节目主持人都需要具备专业的支持能力以及清晰的话语表达能力从而引导节目有效开展。

同时，在节目开展过程中，由于电视综艺节目的流程较为固定，因此为主持人提供自由发挥的空间较小，主持人需要结合节目主题和风格特色，找到适合和配套的话语表达方式，以此为节目流程的推进增光添彩。而网络综艺节目主持人在主持过程中自由发挥的空间更大，即便话题偏离了原有节目内容，也无伤大雅，甚至还会成为一大亮点。不管是对节目氛围的渲染，还是临场的应变，电视综艺节目很多都需要主持人有极其专业的知识和能力，可以运用所学知识去弥补不足，解决问题，将节目拉到正轨。

反观网络综艺节目主持人，为了渲染氛围，节目主持人可以天马行空地创造话题，在面对突发事件时，他可能会调侃一些小意外，转危为安，也能够利用一些小错误创造新的"爆点"，始终保证节目处于正确的推进轨道上。因此，对于综艺节目而言，节目主持人在主持过程中需要认清电视综艺节目和网络综艺节目不同的特质，采用不同的主持方式，在保证节目基调的基础上，进一步提升节目的效果和质量。

第十章
电视社教节目

作为一种重要的电视节目类型，电视社教类节目可以使观众开阔眼界、增长见识，为受众的生活带来便利，促进人类和社会发展，其涉足的领域方方面面，极大地丰富了人们的物质生活和精神世界。全媒体时代下，电视社教类节目主持人除了原有的属性和功能之外，还被赋予了新时代的特点，值得深思和探讨。

第一节　电视社教节目界定

一、电视社教节目的概念

关于电视社教类节目的定义，诸多学者有着不同的研究，至今仍没有一个统一的界定。综合各位学者的研究，所谓电视社教类节目就是以社会教育为宗旨的各种电视节目的总称，简称社教节目，常与新闻类、文艺类节目并称为电视节目的三大支柱。赵玉明和王福顺主编的《广播电视辞典》中提到"社教节目表现形式多种多样，既有传播信息的作用，又有供人们欣赏娱乐的作用，但它的基本社会功能是教育"。

电视社教节目，本质上是一种为了补充观众的知识储量，提高观众的科学素养而存在的电视节目类型，其特点是"以社会教育为宗旨"。从内容上看，电视社教节目又有广义社教与狭义社教两种。只要能够提升观众的知识素养，扩展观众的知识面，无论节目本身是否以教育为目的，我们都可以将其归入广义社教节目序列，例如央视著名的纪录片《舌尖上的中国》就属该类型。而狭义社教节目的科普目的则非常明确，专业性强，观众群体相对比较小或是针对特定观众群体，例如美国 Discovery 频道《流言终结者》等。

电视社教类节目以教育为名，说明教育是这类节目创办最直接的意图，它们的出现拓宽了大众接触知识的渠道，无论是人文社科知识还是自然科技知识，或是农业、军事、少儿、经济等领域的有关内容，都可以出现在信息覆盖范围极广的社教类节目之中。这类节目"具有专一性和广泛性相统一，知识性、新闻性、现实性和教育性相统一，教育规律与电视传播规律相统一的特征。电视社教类节目的任务是进行思想理论教育；进行党的方针、政策和法治教育；进行普及科学技术的教育；进行普及文化知识的教育和进行职业技能的教育"。从这一定义中足见电视社教类节目的内容覆盖面之广，在如此宽广的门类与题材之下，做到内容细分、受众精准定位就显得更为关键。电视社教类节目不仅要做到通俗易懂、老少咸宜，能够推广大众喜闻乐见且有实践价值的知识，还要精确分析受众群体与个体的情感导向，结合其年龄、性别、文化水平、爱好等多方面的因素，确立属于本节目主流受众的传播之道。

电视社教类节目内容丰富，可以兼容纪实与表现、谈话与调查、外景报道与室内表演、文艺表演与事实报道等多种表现手法。社教节目在对电视传播功能的开发和拓展中起着独特的作用，即使是国外电视台，也很重视这类节目，他们把社教节目的水平看成电视台综合实力的表现。随着社会的发展，科技的进步，电视社教类节目的内容在不断丰富，涉及文化、教育、健康、生活服务、科技、社会、法制、历史等，可谓是异彩纷呈。电视社教类节目旨在传播知识、提供服务，按节目题材可分为社会政治类、经济类、文化类、科技类、人物类和生活服务类。按节目样式可分为纪录片型节目、谈话型节目和杂志型节目，也有粗略分为对象和专题两大类的。电视社教类节目有着强大的社会教育价值、文化传播价值和艺术审美价值。

二、电视社教节目的类型

按照节目内容和功能划分，主要有：

（1）服务性主持人节目。它是与新闻性、文艺性、社会教育性节目同一层次的节目形式，与百姓生活息息相关，它的存在为群众生活的方方面面提供了直接、具体的服务。各种各样的服务性主持人节目，在功能上都有着教育性、知识性、信息性、服务性，但又都属于不同范畴的各类服务。

（2）教育性主持人节目。向观众普及法治、经济、科学技术、环保、文化历史、街道等方面知识的大都属于教育性节目。如中央电视台反映社会经济生活的《经济半小时》，表现生活、反映时代的《生活》等。

（3）教学性主持人节目。这里主要指系统性的专业知识讲座栏目，如中央电视台为不同职业、不同年龄的外语爱好者安排的《希望英语》。

（4）对象性主持人节目。对象性主持人节目一般是根据观众的年龄、职业等方面的特点为特定观众群体开办的栏目，如中央电视台分别为学龄前儿童、少年儿童设置的《七巧板》《大风车》《东方儿童》，还有适合青年观众、老年观众的《金苹果》《第二起跑线》《夕阳红》等节目，由于量身定做也深受观众的喜爱。

按照节目构成和传播形态划分，主要有：

（1）杂志型主持人节目。它把若干不同内容、不同体裁、不同形式的节目单元（也称小栏目、子栏目）加以组合，由节目主持人把它们串联成一个有机整体的节目样式。如中央电视台经济服务类栏目《生活》，由《背景》《消费驿站》《百姓》三个版块构成。

（2）专题型主持人节目。它是指与杂志型节目相对应的内容相对集中，可以形成统一主题的节目形式，节目内容反映得比较专一具体。这类节目整体性比较强，一次节目反映一个现象、一个事实的比较多。如中央电视台法制栏目《今日说法》、郑州电视台《今日开庭》等栏目都采用了这种形式，每期集中剖析一个案例，主持人约请法律专家在演播室就记者外拍的对某一案件的有关调查，做深入浅出的议论和点评。

（3）访谈型主持人节目。它以栏目主持人在演播室根据节目选题与节目嘉宾访谈作为节目形式。如：《鲁豫有约》《艺术人生》等节目，主持人根据不同的主题约请适合的嘉宾，有时还有现场观众，通过访谈的形式推动所要讲述的主题的深入和拓展。

第二节 电视社教节目主持人话语现状

一、沉浸讲述、全景还原

社教类节目是人们进行社会学习的教科书，在融媒体时代，社教类节目的网络同步使得人们随时随地都能身处"线上图书馆"，获取直观具象、新鲜有趣的知识。将故事化的叙事手法运用于社教类节目中，这一传统由来已久。《百家讲坛》《探索·发现》《走进科学》等央视老牌社教类节目，就已开始对节目故事性的探索，由主持人讲述故事牵头引起观众的好奇，构建知识传播过程中戏剧性与悬念感，主持人用话语引导观众带着对事件结果的好奇一步步追看，沉浸在倾听故事的文化体验与审美体验中。

（一）情境还原，力求真实

情境还原是我国目前社教类节目主持人最为常用的故事叙述方式，其在某种程度上借鉴了戏剧的演绎手法，借用符合年代背景的舞台陈设和专业人士的演绎，重现故事发生时的情境，这种方式强调了电视本体意义，有效延伸了观众的感官意识及所处的时空环境，主持人通过话语的生动演绎，让故事所发生的时空与观众身处的当下相互交织。

央视《开讲啦》节目2022年再次实现了节目视听效果的升级，以往嘉宾开讲时舞台背景没有明显变化，现场与电视机前的观众只能从嘉宾的语言中感受科学与人文的魅力，而升级后的《开讲啦》在舞美设计与视觉呈现上实现了突破，在专家讲述中国人的月球探索之旅时，演播厅瞬间化身为360度全景式的月球场景，神奇梦幻的情景增添了观众对中国登月计划的期待。当话题切换至贯穿古今的长城保护时，舞台也随之变为蜿蜒雄奇的长城，讲述者和倾听者仿佛共同抚摸着厚重沧桑的长城砖石，感受着千年历史的洗礼。节目组甚至将演播厅"搬"到了珠峰山脚，用虚拟情景舞台的效果，营造出沉浸式的现场体验感，让观众领会到人类活动对生态环境造成的种种影响。主持人结合热点话题、积极互动提问与数字视听效果的三位一体，让节目的教育效果直抵人心。观众在全身心投入的氛围下接受知识的洗礼，其效果远远胜过单纯地聆听故事，人们可以在视听技术手段的辅助下走进现场，从而于潜移默化中接受节目的知识教育。

（二）仪式构建，深化内容

社教类节目所传播的知识首先是经过精细筛选的，去芜存菁、去伪存真是节目实现教育目的的开端与基础，建立所述知识的权威性才能让节目的"教"与"育"成为具有社会意义的活动。如若只是在故事上卖弄噱头、故弄玄虚，没有扎实的知识内容作为支撑，这样的电视节目只会成为一场娱乐主导下的闹剧，甚至完全背离教育的本质。有了严谨的知识内容，节目的表达过程同样需要严肃性，此处的严肃并不是排斥戏剧贴近生活的表达形式，而是在于对知识本身的尊重。

央视《一堂好课》节目就很重视仪式感的构造，节目完全以课堂的形式展开，其中的每个元素都是课堂的有机组成部分。该节目的舞台不刻意追求华美大气，而是着力向真实的课堂靠拢，主舞台通过显示屏、数字效果烘托课堂气氛，道具布景、嘉宾服装也意在突显课堂的严肃感，让观众在聆听专家讲述时不由自主地屏气凝神，尊重知识权威。

另外，节目还特意设置了"班主任""学科领军人""值日班长""课代表""同学"等几个身份，将参与互动的明星嘉宾与莘莘学子编为一个班集体。其中，"学科领路人"即每期的主讲专家是节目的核心，即侧重于专家的讲授而不是嘉宾的表演，而"班主任"则要负责沟通老师与听课者，在二者的互动过程中穿针引线、营造氛围，为知识传播增添一份庄严凝重的使命意味。仪式感的营造是节目尊重知识主体性的表现，有助于将教育的目标贯穿于节目的整个叙事中，逐层深入主题内容。

（三）借助道具，生动表达

以往的电视社教类节目基本上是一张桌、一位讲述人、一群观众的公开课模式，其间穿插视频讲解，这种模式也是由当时的客观条件所决定的。演播室内与室外实景拍摄的比重不平衡，会导致观众对所讲故事的理解浮于表面，同时这也加大了观众接受知识的难度，观众需要对该门类知识有所积累，甚至能提出自己的认知，才能较好地接受节目的内容表达，更多观众由此被拒之于门槛之外。而现在的社教类节目"讲故事"的水平大幅提升，实地走访、实物展示的元素被大量运用于电视节目中，令节目具有了纪录片真实客观的特征。

央视《考古公开课》于 2019 年 10 月开播至今，节目也在不断迭代更新，主要升级的版块便是外景部分，主持人从演播室内走向了演播室外，实地考察与体验传播考古知识。在云冈石窟一期中，主持人就跟随专家学者及考察团成员亲身前往云冈石窟，驻足于这处中国佛教艺术与石窟雕塑艺术的"活化石"前，唤醒历史尘埃中的鲜活记忆，让大众感受到我国文物遗迹的博大精深。实物实景元素让社教类节目顺利走出演播厅，通过主持人绘声绘色的表达，来到观众每日正在经历的生活实体中，反衬了知识传播与亲身实践之间割舍不断的联系。

二、精选题材，贴近受众

我国电视社教类节目一直秉持全面开花、包罗万象的理念。"社教的目的，综合的题材"用来概括我国电视社教类节目在数十年积累中形成的文化网络最为贴切。社教类节目的传播网已经深入到了百姓生活的方方面面，上至天文地理，下至生活妙招，社教类节目以服务大众为责任，数十年如一日地为观众传播着内容翔实的各类知识。但关键问题在于，电视媒体所传播的知识是否真正能够起到社会教育的作用？不可否认的是，以往一些传播模式并未能够让大多数观众以认真的态度对待电视渠道输送的知识，一方面，节目质量的良莠不齐，制作班底的知识储备深浅不一，使人们怀疑知识的权威性与真实性；另一方面，节目缺乏创新意识的传播方式，难以令知识深入人心，并未将其付诸生活实践的尝试中。基于这两方面的原因，我国电视社教类节目主持人话语的故事性讲述才能占据如此重要的位置，成为节目理念更新中的重要一环。

（一）思想内核统领，情感价值先导

融媒体时代的"融"，讲求的是不同形式的传播媒介之间的深度沟通融合，在融合的过程中受众面积也会自然而然地扩大。但社教类节目强调的是教育为先、社会效益为本，并非一味参与激烈的收视率竞争，因此这类节目必须将内容定位与受众定位精细化，在求"广"的同时更要求"精"，才能确保知识的有效传播，让节目策划阶段所拟定的教育价值实现落地。

在电视社教类节目的内容定位上，大部分节目都有着自身明确的选题，

如《音乐公开课》《考古公开课》，以及《梨园春》特别节目《课本里的戏曲》等，这类节目的主题显而易见，所对应的核心群体是行业内外对这门知识感兴趣的观众。但另有一些电视社教类节目取材范围相对较广，旁征博引、贯古通今，需要一个核心话题起到精神上的引领功能，否则势必会导致受众定位的过度模糊化，难以获取来自核心观众群的支持。央视的《开学第一课》《开讲啦》两档节目开播都已超过十年，是当之无愧的社教类节目常青树，这两档节目每期均会邀请各个领域、各个行业的专业人士为青少年分享思想智慧与人生箴言。2022年《开讲啦》节目请到的主讲人有建设中国空间站的新时代航天人，有追寻古人类踪迹、再现华夏民族远古足迹的考古学家，有空军运输机驾驶员与陆军训练基地司令员等。尽管嘉宾所擅长的领域各不相同，但节目抓住爱国精神、奉献精神、钻研精神的三大思想内核，让他们从自身亲历的故事出发，引导青少年逐步了解这些看似高不可攀的行业中流动着的人性温暖，故事与情感的先行，拉近了普通中小学生、大学生与行业巨擘、人民英雄、"时代楷模"之间的距离，也让节目达成了教育的目的。看似庞杂的嘉宾阵容，却能够被节目本身思想锋芒碰撞的内核所统率，这两档节目播出多年的经验足以说明电视社教类节目的指向性明确，强调人物、素材与所叙故事之间的整体性，主持人通过精确找出诸多人物、故事之间起到统领作用的精神内核，从而给观众以精神感召。

（二）沟通受众群体，打造全民教育

"大众传播日益走向分众化，这就要求传播媒介要面对分众之后的目标受众群体进行传播，更强调针对性而非普遍性，更强调准确度而非广泛性。"在节目类型日渐细化的当下，内容定位不清、受众主体不明是电视社教类节目的大忌，过于宽泛的目标群体会导致用户黏度的消解，从而不利于电视社教类节目的品牌打造。但从节目创作者的角度出发，这并不意味着在开发市场与潜在用户群上止步不前，策划者通过对受众目标的分析与切割，可以将其划分为核心群体与边缘潜在群体两部分。

以浙江卫视一档广受好评的社教类节目《同一堂课》为例，《同一堂课》虽以小学语文课堂为节目主体，但实际上是一档老少咸宜的电视社教类节目，通过22位各界明星嘉宾的亲力亲为，让这些身处偏远地区的小学生们感受到语文之美、国学之美、汉字之美。主持人在带领观众学习《从百草园到三味书屋》《荆轲刺秦王》《背影》等经典名篇、历史故事时，还穿插着戏曲、体育、音乐等内容，所请到的嘉宾也来自各行各业，既有演员歌手，也有作家教授，跨学科互动的教授方式，正是当下最为符合素质教育要求的"大语文"理念。节目中每期两位嘉宾身处不同时空，双线推进的叙事视角增加了节目的故事张力，也证明了这种新型课堂的教育理念可以在全国不同地区、不同条件的学校中推广，体现了节目的现实意义。《同一堂课》是一档名副其实的全民社教类节目，即便是成年人也能在重温童年经典文本以及感受嘉宾与学生互动的温馨氛围中获得心灵的慰藉和知识的洗礼。

主持一档社教类节目首先需要明白的是，社教类节目并非只是针对中小学生、大学生，或者需要掌握专项技能的人群而开办，我国开办类别如此繁多的社教类节目实则是想要倡导全民收看，以此提升国民素质，培养求知求实的社会文化风气。

三、深度关怀、以人为本

电视社教类节目是一场广泛而深刻的全民教育活动，它不受时间、地点、年龄所限制，任何人都可以通过电视媒体徜徉在知识海洋中，突破了课堂教育所设置的种种门槛，也有利于促进教育资源的公平分配与全社会流动。社教类节目是人们在学校、课堂之外汲取知识的重要拟态空间。基于这一目的，这类节目自创办之初便具有人文属性，主创者要想办好一档社教类节目，理解"教育"一词的定义至关重要，主持人话语需要做到既有教育之"名"，亦有教育之"实"，即担负起传递人文关怀的重任。

（一）熔铸家国人文情怀，打造教育先行品牌

"要了解一件艺术品，一个艺术家，一群艺术家，必须正确设想他们所属的时代的精神和风俗概况。"电视艺术创作的规律也是如此，任何节目主持人话语的创作都必须扎根于时代，与历史同向，才能为人民大众所喜闻乐见。电视社教类节目以"教"为名，其教育目标的设定首先要与时代有着紧密关系，要传递当今时代人们最为需要、最为关注且对社会有着积极意义与现实价值的知识。与以往社教类节目以自然科普类节目为主不同，

我国目前的社教类节目多是人文社科类，在这样的转型要求之下，故事性的叙述越来越多地被应用在社教类节目中亦是大势所趋，节目的教育目的也与人文精神、民族精神联系日趋紧密。

《考古公开课》的主持人重点讲述考古文物的故事，更深一层的主旨则在于令观众形成华夏民族多元一体的家国情怀；《开学第一课》《开讲啦》主持人讲述的是楷模人物的人生故事，却时时不忘将个人成长与国家的繁荣强大紧密联系，邀请冬奥健儿、"八一勋章"获得者、中国载人航天工程总设计师等国家栋梁为青少年确立前进标杆；《非正式课堂》是我国首档主要面向外籍友人传播汉语与中华传统知识的节目，主持人定位明确、话语诙谐幽默。尽管形式多样，但是节目主持人话语的最终目的依然是在传播知识的过程中，唤起国人内心的民族自豪感，增强华夏儿女作为统一整体的凝聚力与认同感，将知识教育与精神教育相结合。

（二）依托融媒体环境，增强节目后续影响

当前社教类节目的更新不仅是在舞台技术上不断升格，以环幕投屏、虚拟现实、实时跟踪等电视技术刺激观众感官，而且还极为重视节目与观众间的互动，用互动来沟通文化、传递人文精神。文化不仅是知识，也是一种关系，当观众与节目创作者分别站在传播路径的两端，文化的传递链条就已形成。为了突出观众的位置，体现融媒体传播环境下观众的主体地位，许多社教类节目都运用了星素结合的模式，让普通人能够亲身参与知识的传播过程，并采用夹叙夹议的方式，摒弃以往学者持续输出、观众被动输入的关系，取而代之的是知识为观众服务的模式，让学识渊博的"名嘴"嘉宾帮助观众化繁为简，主持人用简洁独到的语言解读相关知识背景，并将其与人们的现实生活联系起来。

还有许多社教类节目开通了与观众直接互动的渠道，《一堂好课》的制作平台央视与喜马拉雅强强联合，推出线上音视频节目，建立专属于观众的留言平台，在节目的评论区收集意见、改进节目。《开讲啦》自播出以来每期均会邀请上百位来自各个大学的青年才俊现场聆听，向嘉宾现场提问解疑，名人与青年间的思想交锋是节目最大的不确定性与看点所在。该节目还多次走出演播厅，来到各大著名学府乃至走向世界，足迹遍布"海上丝绸之路"所经国家，将中国智慧、中国思考引向海外。在近两年的节目中，《开讲啦》也来到线上，开展了"撒开说"、全球"中文日"特别节目，将"座谈会"升级成了"讨论会"，进一步发挥了教育节目的品牌力量，形成效果叠加的长尾效应，助力电视社教类节目教育理念的达成。

电视社教类节目以教育为本，旨在打通观众借助大众媒体走向知识殿堂的渠道，从 2001 年央视打造的《百家讲坛》到今日社教类节目在地方卫视的全面开花，教育与娱乐更加频繁、紧密的互动共联，证实了当下中国百姓的现实需求。通过对目前许多成功节目案例的分析，可以清楚地看到我国社教类节目还需进一步聚合传播效力，利用主持人话语故事性的讲述策略全面提升节目的创意性，深化创作机制的改良创新，用具有吸引力的原创故事增加用户黏性。主持人话语的故事性将观众从倾听者变为体验者乃至亲历者，在许多题材、门类的知识教育节目中，观众身份的转变都直接关系到知识传播效果，决定了节目是否能"晓之以理，动之以情"地将信息顺利传递至彼岸。

第三节　电视社教节目主持人话语的演进

社教类节目是电视节目中对观众进行社会教育、文化教育的一种节目样式。这类节目寓教育于娱乐，寓教化于服务，寓宣传于信息、文化知识的传播之中。题材广泛，节目设置灵活，播出手法多样，是集中体现电视特色和电视台水准的一类节目。"社教类节目比较全面、系统地担当了电视传媒所具有的'新闻窗、百花园、知识库、服务台'等多种社会功能。"可见，社教类节目的内容丰富、类型多样、功能多元，主要目的是传递信息和知识，启发受众智慧。随着社教类节目类型日益丰富、形式日益灵活，这类节目的主持风格也逐渐改变，从之前的平和质朴、温文儒雅的主持风格，变得清新活泼、知性明快，这也是适应受众欣赏习惯而做出的改变。

一、电视社教类节目类型的演进

1963 年，我国第一家电视台——北京电视台在创立之初便设有"社教部"，这是最早建立的三个节目编辑部之一。至今，在中央级和各省市电视台里，仍然保留有"社教中心"或"社教部"，每年制作和播出大量的优秀社教节目。

随着中国电视事业的发展，特别是改革开放以来，电视媒体的教化功能逐渐向服务功能转变，电视媒体也由组织社会教育逐渐演进为传播社会文化；以电视讲座、纪录片、专题片、对象性栏目为主要类型的传统社教节目，逐渐演变成为专业类别细致、多媒体元素丰富、主持风格活泼的各类形式的专栏节目和服务性节目，成为信息社会大众文化体系中不可缺少的一个分支。

早期的社教节目中，专栏节目相对而言制作较为成熟。例如，在电视节目开办初期，陆续出现在当时有较大影响力的《国际知识》《卫生与健康》《少年儿童节目》等栏目。在80年代，社教节目成为较为常见的固定栏目，一批名专栏节目如《为您服务》《兄弟民族》《祖国各地》等，以其丰富的内容，广受欢迎。

进入90年代之后，社教节目的发展呈现多元化特点，由原来的大众化定位转向内容的专业化和受众的对象化定位，社教节目也从注重知识性转向提升服务性、专业性。例如，1990年，中央电视台成立"社教中心"，扩大了原来"社教部"的策划与制作能力，社教节目也进入了一个新的发展阶段。社教节目的主打品牌——专栏节目，也由凸显知识性转向突出服务性，从注重广泛性转向注重针对性，一批对象性栏目成为品牌栏目，如《夕阳红》《半边天》《生活》《大风车》《十二演播室》，等等。

2000年以后，社教节目分类更明晰，类型更加丰富，内容涵盖更广泛，涉及法律、英语、自然科学、文学等专业知识教育，以及少年儿童、情感、法制、健康等其他服务领域，如《心理访谈》《希望英语》《今日说法》《百家讲坛》《百科全说》，等等。20世纪90年代以来，社教节目为了更好地满足受众的需要，更多关注法律、科学、教育、医药卫生等与人民群众现实生活密切相关的领域，成功推出了一大批深受喜爱的专题化社教节目。

其中法制类社教节目比较典型的是中央电视台的《社会经纬》《今日说法》等。《社会经纬》节目自开播就寻求以具体案例喻示法理、以真实的人物命运折射法律的本质、以现实的生活透视法律的内涵的节目定位。《今日说法》是中央电视台每日播出的一档法制类社教节目。《社会经纬》《今日说法》都注重选取典型案例，通过曲折生动的案例，层层剥笋，以理服人，阐释法律知识具体生动，观点明晰，说理透彻。节目既得到观众在法律需求上的认可，也受到司法界等专业领域的认同。

以卫生健康为内容的社教节目比较典型的是中央电视台的《健康之路》等节目。从节目的定位和节目的形式看，《健康之路》的宗旨是从大卫生观念出发，以防病治病、强身健体为主要内容，加强针对性，兼具知识性和服务性，为观众提供具有权威性的新的医学信息和知识，为提高全民身体素质服务。它充分发挥直播节目的特点，强调节目内容的针对性和观众的参与性，利用热线电话和网络等形式，加强观众的参与和信息的反馈，经常就一些具有普遍意义的医学知识与观众进行即时、双向、互动式的信息交流，在观众、主持人、医学专家三方对相关问题进行描述、质疑、评价的过程中，讲述一些医学现象，产生了很好的社会效应，同时也扩大了栏目的影响。

在"科教兴国"战略的时代背景下，电视屏幕上还出现了一大批社教类的专题型节目，其中比较典型的有中央电视台的《走近科学》和《科技博览》等节目。《走近科学》以弘扬科学精神、宣传科学思想、提倡科学方法、传播科学知识为主旨，引发观众对科学的兴趣，引导观众走近科学。《科技博览》则强调严谨、精彩、贴近生活，力求化深奥的科学理论为通俗易懂的语言，以形象生动的方式展示现代科技，让人们在轻松有趣的气氛中领会科学的奥秘，把握科学动向。为了提高全民族的思想道德素质和科学文化水平，中央电视台于2001年7月9日推出全新的"科学·教育频道"。中央电视台社教频道的宗旨是追求教育品格、科学品质和文化品位，崇尚探索、创新，提倡社会文明。与此同时，各地方电视机构也适应社会发展的需要，加大了科教节目的力度，制作、播出了许多科学类栏目，并且有多家地方电视台开播了社教频道。社教频道的大量涌现，不仅带来了社教节目的繁荣，也必将促进科教节目整体的全面进步。

二、电视社教节目主持人话语的演变

（一）从20世纪80年代初到20世纪90年代后期——平和质朴的主持话语
1983年，中央电视台开办社教服务类节目《为您服务》，沈力担任主持人，这也是我国"主持人节目"的初步尝试。作为我国第一位电视专栏节目主持人，她平和自然、亲切流畅、温文尔雅、亲切真诚的主持风格很快就获得了亿万电视观众的喜爱，一年就收到4万多封观众来信。沈力凭借她厚实的专业储备和多年的广播电视主持经验，全方位参与《为您服务》节目的选题、构思、采访、制作，从主持稿的撰写到现场主持节目，沈力的个人气质与节目风格融为一体，不但节目深入人心，沈力的主持风格也让观众印象深刻。沈力主持《为您服务》五年后，节目由张悦主持。张悦原是中央人民广播电台的播音员，她从前辈主持实践中吸取丰富的营养，以"现代知识女性"的风格定位和务实、求新、求美并带有亲情和温馨气息的主持风格，继承和创新了节目的风格，同样获得广泛欢迎。

可以说，20世纪80年代是我国电视节目主持人刚刚起步的阶段，社教节目作为最早凸显主持人主导作用的专栏节目，以其服务社会的节目定位，在电视屏幕上开创了一种平和质朴、亲切真诚、温文尔雅的主持话语风格。

（二）20世纪90年代——清新活泼的主持话语

1996年7月1日，中央电视台开办社教服务类栏目《生活》，青春靓丽的文清担任主持人，她在《生活》的开场曲中从远处走向观众，清新可人，富有灵气。干净利落的走动方式也给人一种轻松时尚的感受。文清除了具有天生丽质的外表、精明能干的台风之外，还有她娓娓道来、热情大方的主持方式，一些法规政策、小资讯、小信息经过她的生动讲述，变得易于接受、丰富而耐看。她以清新、活泼、时尚、潇洒的主持话语风格，创新了90年代电视社教类节目的主持话语风格。之后的主持人赵琳，同样延续了这样的主持话语风格：她以一种轻快的步伐带领观众走入节目，她的语言生动亲切，形象时尚清新，将生活中的小故事、小窍门等生活知识以及世界各地的生活资讯巧妙串联，使得节目内容紧跟时代步伐，把握着时尚生活的潮流，展现了全新生活理念和健康生活方式，能起到服务生活和引领潮流的作用。"《生活》节目播出之后，引起了强烈的社会反响。全国各地：北京、天津、四川、云南、江苏、山东、内蒙古自治区等省市相继推出'生活频道'或'生活服务类节目'；与中央台的《生活》栏目相呼应，悄然形成了一股新的不可忽视的电视节目制作潮流。"

可见，随着社会经济的发展，人们的生活方式和生活节奏也有改变，《生活》节目从内容到定位开创了我国社教节目的新风格，凸显了电视节目的服务性，也改变了以往传统社教节目温文尔雅的主持风格，以一种清新、活泼、时尚、快节奏的主持方式，增强了节目的亲和力，也使社教类节目从游离于观众之外的尴尬境地又回到了观众的视线之中。

（三）现阶段——知性明快的主持风格

现阶段社教类电视栏目的多样化，造就了不同的主持话语风格，与电视事业的发展和受众心理的变化息息相关。在广播电视发展初期，受众对主持人的期待是外形漂亮、普通话标准；随着信息时代的来临，受众从传媒中获取信息的来源越来越多，单一的社教类节目类型和主持话语风格很难满足受众的需要，人们对电视有了更高的期待，开始欣赏具有个性话语风格的节目主持人。在这种环境下，必不可少地出现了一大批风格各异的优秀的社教节目主持人。例如《天天饮食》中的刘仪伟和《美女私房菜》的沈星，分别以新居家好男人和知性干练优雅的职业女性形象，在主持中传递一些生活感悟和人情世故，顺带介绍食材的来历和挑选方式等，其思想含义远远大于单纯地教人做饭做菜本身。

又如，《百科全说》栏目主持人李维嘉、谢娜、文清、朱梓骁等，邀请嘉宾参与主持节目，主持风格活跃、明快，互动性强，把社教节目做得活灵活现，有娱乐大众之趋势，真正能体现出寓教于乐。另外，受众对社教类节目的文化品位和知识含量要求越来越高，一些具有良好语言能力的专家、教授、博士纷纷走进电视屏幕，例如凤凰卫视《秋雨时分》的余秋雨、《开卷8分钟》的梁文道、《文化大观园》的王鲁湘，一批专家型、学者型成为节目主持人，保证了信源的可靠性和权威性，而且其成熟稳重的主持风格给观众带来更多值得信赖的感觉，主持人在自己的领域凸显专业性，主持风格类型更多元，节奏更快，给人知性明快之感。

三、社教节目主持风格凸显专业性

社教节目的主要目的是为受众提供社会教育和公共服务，传递文化知识和资讯信息，满足受众对知识的需求和情感的需求。随着社教节目类型的丰富，内容从注重广泛性到注重专业性转变，从注重教育性到注重服务性转变，使得主持风格也有相应的变化。主持话语风格从 80 年代平和质朴，转变为 90 年代清新活泼，再到 2000 年以后的知性明快，社教类节目的主持人依据节目的类型，更大限度发挥个性特点，塑造个性风格，以提高社教节目的吸引力，满足不同受众的个性化需求。

通过对不同时期社教节目主持话语的总结分析可以发现：社教节目的主持人有的是行业内的专家，主持节目时自信、沉稳，例如法制栏目的撒贝宁，以及文化节目的余秋雨、王鲁湘、梁文道等，主要依靠丰富的知识积累和专业背景，凸显出主持话语风格的专业性；有的则是通过把握受众的情感诉求，以带有互动性和启发性的语言表达，调动嘉宾和观众的参与感，凸显健谈、开朗、热情的主持话语，例如情感节目和女性节目主持人阿果，言语亲切、柔和，循循善诱，充满人文关怀，主持话语更具对象感和针对性；还有的主持人为了凸显社教节目的内涵，通过聪明伶俐的表现和插科打诨的幽默，将富有教育意义的内容演绎得活灵活现，例如沈星、刘仪伟、朱梓骁等，都体现出时尚、明快、青春、活泼，以及代表着个性的生活态度。

可见，节目竞争环境不同，节目类型不同，节目目标受众不同，主持话语也有各自不同的特征。轻松活泼、清新时尚、知性明快的社教节目主持话语，能突出节目的可看性和知识性，不仅能使人产生愉悦和好感，同时也能带来专业知识和资讯信息，引领文化价值观，因而能受到普遍欢迎。

总体而言，随着社教节目走向专业化、类型化、对象化，主持人对节目本身所要传达内容的可控性更强，在节目中的主导性更强，更善于突出自我的主持风格，以吸引观众的参与和关注，增加观众的信赖和支持，主持话语不再是空洞的说教或是简单的内容呈现，而是调动各种节目元素和自身的风格因素，发挥自己的专业所长，来凸显主持风格的专业化，提高观众的信赖感和忠诚度。

第四节　电视社教节目主持人话语解析

一、张越——《半边天》《张越访谈》

张越，1965 年出生于北京，1984 年以优异的成绩进入北京师范学院（现首都师范大学）中文系深造，1988 年顺利结束了大学的校园生活。之后张越当上了语文老师，由于自己对文学的狂热追求，总是把多数的精力和时间都用于自己的写作中去，并不时有作品见报；一次，一位在中央电视台工作的朋友来请她写个小品剧本，这之后，张越写的第一个小品就出现在《艺苑风景线》上了，从此，张越开始为中央电视台其他栏目甚至春晚写小品。

在一次和《半边天》节目的编导闲聊中，张越了解到《半边天》新开了子栏目《梦想成真》，这个栏目周末播出，栏目主旨是希望伸出援助之手完成一些女孩们一天的愿望，张越就参加了。镜头前，张越轻松自然的表现赢得了许多人的喜爱。随后，张越又连续四期被节目组邀请作为嘉宾主持，最后成为《半边天》的正式主持人。张越以她的才思敏捷征服了广大电视机前的观众，她出口成章、妙语连珠的话语也令人印象深刻。

（一）坦诚而又直率的提问话语

一般来说，女性在感知方面优于男性，女性的听觉能力、知觉速度、直觉能力等均较男性强。感知觉的差异使得女性在一定程度上比男性更为细致敏感，故在主持谈话节目时，女主持人常常表现出更为敏锐的观察力，更善于察言观色，捕捉事物细致入微的变化。张越在节目中呈现给受众的是一个中性的女主持人的形象，她性格率真，反应机敏，在与嘉宾访谈时既有女性温婉包容大度的一面，又有坦率而直切要害的一面，经常并不过多掩饰自己的态度和感情。

在《回家》这期节目，她采访了一个不服管教离家出走的吸毒女孩，其中的两个片段可以体现出这一特点：

片段一：

小安：走了差不多有七年吧。

张越：再没见到他们，这段时间。

小安：没有。

张越：跟他们联系吗？告诉他们我到了，我在干什么。

小安：从来没有联系过。

张越：那你可够狠的，你想到他们会担心了吗？

小安：我不敢和他们联系，就是怕我和他们联系之后他们知道我的地址再过去找我，再把我接回来。

片段二：

张越：你从小家长就管得很严是吧？

小安：对。

张越：你就特恨你家长管你？

小安：嗯。

张越：你从家里跑出去了，所以别人管你对你来说是一个你很不能忍受的事？

小安：是。

张越：所以你就不惜用那么极端的方式反抗你男朋友管？

小安：现在也是一样，直到现在我还是这样的性格。

张越：怎么会这么想呢？很多这个岁数的女孩都会这么做事吗？我自杀去，我死给你看，我喝醉了，我抽烟了，我吸毒了，我特别痛苦了，我毁了自己，我一辈子难受，我也让你难受一辈子？

小安：挺多的。

张越在这里并不掩饰自己对离家出走的少女的直观感受，用"那你可够狠的"这一句话表达她的想法，毫不避讳。在这两个片段里，张越的提问和一路追问直指人心，对于自杀而又吸毒的问题少女，张越并没有盛气凌人，也没有小心翼翼，而是坦白而又直率地提出她的疑问，真正地和嘉宾站在同样的位置，看似不近人情的"刺激"却恰恰是张越对嘉宾的尊重。而张越在采访小安时，她注意到小安脸上总是有一种隐忍的倔强，她察觉到小安表情的变化，用女性的同情和敏感，替小安表达出了自己极端的生活方式和心理想法，而小安多数是肯定张越对自己的判断。正是张越的这种直率、坦诚的话语表达才能和嘉宾碰撞出火花，体察对方真实的心灵历程。

（二）日常而又细腻的交流话语

张越在进行访谈时，和嘉宾的沟通语言较为口语化，随性自然，好似在聊天。张越的语言里较少质疑和批判，较多的是女性的同情和共鸣。即便是讲述自己的感受，也是在完全了解被访者的原则上说出个人对这些事情的想法，语言把握分寸，力求给受访者带来温暖。哪怕被访者有很多奇怪而不符合常人逻辑的想法，张越也常常第一时间给予正面同情和了解的讯号，这样的做法更加增强了嘉宾敢于讲述出自己背后的经历和真正感受的勇气和信念。

在《乳房的故事》中张越采访的是北京电视台的一位女编导，30 多岁，正是上有老下有小家庭负担最重的时候，也是干事业在单位里最吃劲的时候。所以当左侧乳房上长出一个小肿块，她也顾不上想，一拖就是半年。

张越：这是一个女人做了母亲之后的心情是吗？遇到一个灾难的时候先想想孩子会怎么样，如果孩子能成人我就无所谓了。

叶丹阳：对。我被推进手术室的时候其实时间还挺早，大概早上七点多钟吧，不过真正开始做手术却已经到了九点多，这段时间很长，没有人，全是器械，非常生硬，我就想应该有点儿音乐什么的，手术室也是可以布置得温馨一点儿，自己在那儿来来回回想这些事儿呢。

张越：（笑）你想得有道理。

张越：多留一点儿。

叶丹阳：对。

张越：少切一点儿。

叶丹阳：对。大多数的医院里面对乳腺癌的手术还是倾向于全切，因为它会切得干净，会对你愈后好，对你的生命好，但问题是，我觉得乳房对女人是非常重要的一个部分。

张越：这就是乳腺癌的可怕，其实很多女人不光是因为得癌症而恐惧，还有失去了一个性器官恐惧。

叶丹阳：对失去它的恐惧，比得癌本身更强烈。

张越：这个选择是生命和乳房的选择。

叶丹阳：是。

张越：你觉得不管什么都可以忍受，生命哪怕受一点儿折损，你也要尽可能保护乳房？

叶丹阳：对，是，我是这样想的。我想应该很多女人都会这么想的。

主持人：为什么呢？

叶丹阳：那时候我丈夫在选择术案，他毫不犹豫地说全切，他说我不在意你的这些。我当时不太愿意听到他说类似的话，我告诉他，我选择不切，绝对不是因为你，不是因为我全切之后你会不爱我，事实上我只是为了我自己。如果真的没有了它，那我会觉得我的整个人生是不完整的，缺少了很多东西。然后我跟医生说："游叔叔，你一定要把伤口给我切小一点儿，做完了以后，你一定要给我缝得整齐好看点儿。"

张越：医生一定觉得这个女人很逗，这种时候她还讨价还价？

张越在这段采访中多数采用简短的富有生活化的口语，当叶丹阳谈到自己因患乳腺癌而面临乳房切除手术时，她以理解而缓慢的语气说："你希望，少切点，多留点？"这样直白的生活化语言，使得两个生活背景、性格、职业完全各异的人，好像一瞬间就跨越了种种阻碍，达到心与心沟通的境地。

张越在采访叶丹阳对切除乳房的感受时，张越更多的是以女性的角度去理解和关心叶丹阳，引导和呵护着被访者的快乐和忧伤。她在节目中一系列的提问，言语间表达了女性的想法，传递了女性的体悟，而在这样的对谈中，嘉宾能感觉到这是一个属于自己的女性空间中的谈话。

（三）丰富而又感性的询问话语

在节目中，解说词加空镜头一方面起到背景资料的介绍作用，一方面起到了解节目组拍摄过程的作用，除此之外还能表达出节目主创人员的主观视角。《张越访谈》中的解说词都是由张越完成的。张越以女性的感性认知来观照嘉宾的故事，并不像其他节目的解说词，只是以旁观者的身份冷静和理性讲述嘉宾的背景，而是用女性特有的温婉细腻来看待人和事，多了份怜爱和温情。

如《活着》开头的一段解说词：

　　这是深圳的街头草地，周围的树是绿的，阳光非常好，空气也还清新，这对我们来说，是件非常普通的事，但是对于另一些人来说，对于一个躺在这附近某一栋楼里的那个男人来说，确实难得的奢侈。一个人曾经朝气蓬勃、野心十足地活过，做过好事，也做过坏事，赚过很多钱，也丢过很多钱，爱过别人，也被别人爱过，伤害过别人，也被别人伤害过，正当壮年的时候，突然被命运打倒，从此躺在床上，看着自己的身体一天天僵直坏死，别无选择，只能一边怀着一个隐约的希望，一边等待最后时刻的来临。那是一种什么样的人生啊。

　　这一段解说词中，张越不再是主持人，似乎是节目中的那个主人，在回忆着自己的前半生的喜怒哀乐。她用女性的感性来诉说嘉宾的困扰、挫折，和嘉宾共鸣和关照，句式整齐，既有对比又有排比，给人留下深刻印象。

二、李静——《精彩十分》《超级访问》《非常静距离》

　　李静，生于1970年，河北人。1990年大学毕业分配到张家口电视台做播音员，在这一年，李静到北京广播学院播音系进行播音员培训，接受了正规的播音语言基础性训练。1993年进入北京电视台《北京您早》做出镜记者，大量寻找新闻线索、做现场报道、自己采编、自己写解说词，既采访过曾宪梓、王光英这样的大人物，又采访过田间地头的农民，不仅了解了社会生活，增加了社会阅历，还锻炼了工作能力，特别是即兴语言表达的能力。

　　1996—1999年她担任中央电视台《欢聚一堂》《周末大回旋》《精彩十分》等多档综艺节目主持人。1997—1998年李静在北京电影学院管理系影视制片专业学习，了解影视制片的运作系统，开阔了视野，于是她毅然决然地离开了央视，决定创业。1999年，成立东方欢腾公司经营娱乐类电视节目。创业初期缺乏经营经验，坎坷颇多，后来公司日渐兴旺，推出了《超级访问》。2009年联合安徽卫视，共同打造了国内第一档深夜明星访谈节目《非常静距离》，广受观众好评。

（一）幽默而又生动的提问话语

　　在访谈节目中，如何缓解嘉宾的紧张心理，消除嘉宾的顾虑，既保留嘉宾隐私又能够揭示嘉宾不为人知的一面，成了主持人访谈的关键，也决定了主持人应该使用怎样的提问技巧引导嘉宾，完成访问。而提问语言中的幽默，从来是人际交往中的润滑剂、缓冲剂、黏合剂，它像一座桥梁，拉近了人和人之间的距离，使陌生的心灵变得亲近，以最敏捷的方式沟通感情，融洽气氛，以轻松的形式化解矛盾和尴尬，使人们能置身于既轻松有趣，又能领悟哲理的环境当中。

《非常静距离》的主持人李静总是以现代而有个性的发型，富有时尚、设计感的服饰出现在观众面前，充满了朝气和活力。李静可以在镜头前豪迈大笑，她打破了内地女主持人端庄、淑女的传统形象，以一种幽默机智、率真俏皮、亲和大度的主持风格展现在观众面前。她在录制现场给嘉宾一个"惊喜"或"突击"，嘉宾可以在一种自然轻松的状态下进行倾诉，免除了一些提前计划好的语言和刻意回避的情感。有时甚至用玩笑幽默来调动现场气氛，爽朗、豪迈、毫不做作。比如，李静采访刘德华那期，采访主题为"我不是天王"，在采访刘德华之初，就这样说道，"北京天这么冷，你看着身体还挺好啊，这不穿袜子就来了"。刘德华顿时大笑起来，在李静的调侃中，刘天王少了很多拘谨，气氛也变得更融洽。

在李静以幸福"二姐"为主题对演员张歆艺的访问中，也有所体现。

李静：有一个词儿哈，叫二姐什么的，你不介意昂，我看你微博他们老叫你二姐。

张歆艺：他们（粉丝）老叫的。

李静：你朋友也老这么叫你吗？

张歆艺：二货，他们都管我叫。

李静：所以你前一段时间在微博里告诉大家，说我有二姐夫了，说做人要勇敢，要给爱人安全感，男人不要打女人不要小气就是好男人，林大夏，二姐我终于找到二姐夫了，大家祝福我吧！这是今年年初你发的。

张歆艺：对，今年发的。

李静：你向大家来宣布你有另一半了，但是这个文字我觉得有点粗鲁，写的。

张歆艺：这是我的一个写照，简单粗暴。

李静：但是你是那么多人喜欢的年轻的女演员，一般年轻貌美的女演员不愿意承认自己的恋情，为什么你敢勇敢地承认有二姐夫的事实？

张歆艺：其实我觉得感情就是不要给自己留什么后路，瞻前顾后有什么好啊，其实你想啊，有很多很优秀的男士，活在这世界上也存在你周围，但是好像跟你没什么关系，你要的是你想要的那一份情感。

李静：他们老告诉我女人在热恋期智商三低，一是智商低，二是把所有的缺点都看成优点，你不担心有一天，随着时光的流逝，你再坐在这说的全是他的缺点吗？

（张歆艺大笑）

李静：过两天二姐夫说，我先来做档节目吧！还是你不用去想未来？

张歆艺：不想啊，对，我这个人是这样的，我不计划未来，做事我也不太给自己留后路，就是这样，二嘛！

李静：他到底有什么吸引你的地方呢？

张歆艺：我觉得每个女孩在她懵懂的时候，可能都会希望遇见一个王子，骑白马，像那个《大话西游》里面说的，我爱的人会骑着七彩的云朵来娶我之类的，但是你后来发现，爱情真的不是你计划来的，是发生的，他可能就在那一瞬间气味对了，或者在茫茫人海中，穿过几百个人你们眼神对了，就定终身了，然后他可能在生活当中没有什么优点，笨笨的，也不怎么说话，也不是你想象那样的体贴，然后有钱，然后能怎么怎么呵护你，然后你就觉得他就是，跟他在一起很舒服，他能带给你平静的快乐，就特别容易满足了，人越大越容易知足。

老舍先生认为，"幽默首要的是一种心态，是一种领悟和灵性"。这一段采访发生在张歆艺微博坦诚新恋情后，观众都非常关注这段恋情的发生和发展。在对张歆艺的采访中，李静的提问语言更生活和口语化，"年轻貌美的女演员不愿意承认自己的恋情""女人在热恋期智商三低"等，她用幽默的语言对张歆艺进行提问，就像在分享时下的一些网络段子，营造了比较轻松自然的氛围。幽默是一种增进自己与他人关系的艺术，它使主持人同嘉宾的关系充满了温暖与和谐，促进主持人与嘉宾的感情交流，使主持人更加平易近人，更加获得嘉宾的好感。李静恰到好处地用幽默而又生动的提问话语，关注嘉宾身上的情感，让嘉宾吐露心声，自然地讲述他们的故事，分享他们的快乐。

（二）温婉细腻的情感话语

在心理学中有一种暗示效应，在无对抗的条件下，用含蓄、抽象诱导的间接方法对人们的心理和行为产生影响，从而诱导人们按照一定的方式去行动或接受一定的意见，使其思想、行为与暗示者期望的目标相符合。女性的情感较为细腻，同时也富有同情心，善于理解和体贴别人。他们在采访中更多的是以情动人，用情感来引导嘉宾，激发嘉宾内心深处的想法。李静在访谈节目中，考虑问题周全，较为顾虑嘉宾的个人感受。在对嘉宾进行引导时，并不是僵硬地提问，多是迂回式地表达自己的疑问，甚至有的时候为了表示对嘉宾的尊重，减少嘉宾的顾虑，她可自爆隐私，毫不避讳地和嘉宾分享自己生活的点滴。

李静曾经采访过刘德华，作为天王，他三十多年来一直受到观众的喜爱，他不老的容颜也让很多人羡慕，他在生活中是有自己的一套养生饮食习惯。李静则从这里着手采访刘德华：

李静：我周围演艺圈的朋友特别多，他们会跟我聊起您，他们会说，哎哟，我觉得刘德华肯定特别苦，我觉得他肯定不如我们快乐，你看他又不吃东西，还那么瘦，然后还得当天王，他肯定不开心。我说，或许他不开心。因为我们不认识他，觉得他肯定特别累，其实你看他，可能也不一定。

刘德华：完全没有，因为他们没看到。有一天我去台湾地区，去做那个金马奖，那我每一天早上都吃那个麦片，每个人都觉得这样好吃吗，那是一堆然后加一些酸奶就吃了，那我真的吃了大概三十年，而且越来越喜欢吃了，但没办法，没关系，大家都会觉得他为了什么，我是为了喜欢，然后你知道安修，我去金马奖的时候，他每天早上就给我买两包，给我放在那个酒店给我吃，但是我已经带来了，我带来那个就每天吃，剩下两包结果李安修就拿过去吃，他说我没想过好吃，结果剩下两包也怕浪费，我每天早上吃，现在舍不掉了。只是饮食的方式不同而已。

李静：真的，我就觉得，我们看那个外国电影有一次演到那个男的特别累回来了，他老婆就做了一个东西就三明治之类的，卷吧卷吧给他说晚饭，那男的说，哦，亲爱的我太爱你了，我在想，要是我老公肯定得揍我一顿，真的不一样的方式。我们中国人，丈夫回来了，如果你不炒几个菜，拿一个卷给你，他肯定觉得我老婆不爱我。

　　刘德华：前两天我们在大连吃饭，我们助理都在那大鱼大肉地吃，然后我就在旁边喝汤，然后突然有一个人递给我一个香蕉，我就在这里吃香蕉，其他人就吃那个，那些朋友就看，多苦。但是我就是习惯这样了。

　　李静：你真的不苦吗？其实。

　　刘德华：我真的不苦，很享受，吃得很开心。

　　李静：是吗？

　　刘德华：我有吃肉的时候，我在家不吃肉，我家里是吃素的。

　　李静：这还分哪，家里吃素外面吃肉。

　　刘德华：因为我本来是吃素的，但是每一次到外面人家会觉得我烦，你知道？然后刘德华吃素也不能不安排啊！

　　李静：你也知道啊？

　　刘德华：所以我就跟他们说，在外面随便他们。我都可以，但是我在家都是吃素的。

　　李静：你还真挺平易近人的。

　　很多人质疑刘德华的生活，李静也很好奇，但没有直接提问，而是迂回地表达，因为大家不了解你，所以觉得你可能过得不开心，你可以解释一下。李静在表达可以理解刘德华的时候，以电影片段为例，甚至还自我调侃道"要是我老公肯定得揍我一顿"，惹得刘德华频频大笑，讲述自己最近因为饮食不同而发生的趣事。在李静的访谈语言里，很少直接提问，更多的是用婉转而细腻的语言，用身边的故事或者自己的趣事引导嘉宾投入感情，让嘉宾不自觉地放下了包袱，分享自己的生活。在《非常静距离》里，刘德华是亲切幽默的，李静向观众呈现的是生活中的刘德华，跟普通人一样，有他的悲伤和快乐，让观众感到轻松、自在。女性不仅有自己独特的内涵，同时它也具有人的特性，含有着人的丰富性，微妙性，多样性，多面性。用最和谐、最流畅、最具感染力的语言，关怀嘉宾、感染观众，激发他们的情感，是社教节目的女性主持人更擅长的话语交流方式。

（三）活跃而敏捷的应变话语

　　访谈节目是在正常的谈话状态下，以面对面的人际传播方式，通过广播电视媒介进行的大众传播活动。因此，访谈节目在发挥大众传播优势的同时，融入了人际传播的特点，互动性很强。时下的访谈节目，主持人在访谈之前，都会对嘉宾做一个全面的了解，为访谈打下基础。但在真正的节目中，谈话是没有剧本，不会事先排练的，所以往往具有随性和临时性。在访谈节目中总是会有一些意料之外的情况发生，这时候节目主持人应该根据当时的情况及时做出反应。李静本身就具有女性先天的温情、典雅、细腻、思维敏捷，她在访谈节目中能够及时洞察嘉宾的变化，反应机敏，成功应变，反而为节目增加了趣味，增添了光彩。

李静在采访乐嘉的两个片段给人的印象较为深刻。

片段一：

乐嘉：蓝和红是属于完全两个相反的颜色，蓝色最大的特点就是内敛，含蓄，低调，另外非常有规则，他是不喜欢变化的，我举一个例子，比如早上起来刷牙，红色性格的人拿起牙膏一挤，刷完以后东西一扔就走掉，蓝色的人看到这种情况，他内心很痛苦，他一定是把这个牙膏从下向上，他把它撸得整齐以后，原封不动地放回原处，台面全部擦干净以后走掉，然后蓝色还不跟你说你知道吗？他希望通过我这种做法，你发现了以后，你自己明天改过来，那红色傻大姐傻乎乎的，第二天继续弄乱，蓝色继续演，演了几天以后，终于忍不住了，他说你有没有发现这段时间我们家里头发生了一些变化，他还不会直接跟你说，他一定要想方设法让你自己能够明白过来，所以对于蓝色而言含蓄内敛低调有规则沉稳这是不一样的。

李静：问题来了，这个蓝色跟红色能过到一块去吗？

乐嘉：好，这两个人表面上来讲，他们会一直吵下去，但有趣的事情是，在很多婚姻搭配当中有很多，因为（比如）我老妈和我老爸。

李静：我跟你讲，我是绝对红色的，我老公绝对蓝色，就是那个牙膏啊，我每一次都是从中间挤完了，口还不按，然后我老公用完的牙膏，是从下往上挤，就像你说的，他一直在暗示我，但是一直都没有成功，直到有一天他跟我说，你就为什么不能从下面挤，我说这有什么区别吗？他说你看那牙膏，让你拧成这样的，我说多自然啊。所以说他痛苦我不痛苦。

乐嘉：这个里面就有奥妙和规律，如果你老公是一个大蓝，你是一个典型的大红，你最后一定会被他改造过来，因为蓝色有一个最厉害的地方，如果你不改，他就会一直把脸给拉着，给你脸色看，而红色性格的人，最害怕别人不跟他说话。

李静：啊，是的！

乐嘉：你知道吗？只要别人用冷暴力对待他，他马上就没招了，他就马上说对不起，所以大蓝一定能把他大红改造过来，但是只要你的性格当中有了黄，有黄色的人就喜欢改造别人，影响别人，不喜欢被别人改造，对，所以只要有黄，他很难去影响他。

李静：没影响，他什么都找不着。

乐嘉：然后你知道，这里面还有一个奥妙，如果他的性格里面有绿，他就会变成一种情况，他暗示了你以后，发现，你不改。

李静：我不快乐。

乐嘉：你不快乐，然后你知道绿色的好处，绿色他会自己给自己找说法，他会再去超市买一支牙膏，以后你挤你的，我挤我的，他不来改变你。

李静：你怎么知道我家有两支牙膏。

片段二：

李静：好的主持人遇到好的对手是多么不容易啊！

乐嘉：你对每个人都这么说吗？

李静：也没有，也就一周说三次吧。

（下面一片笑声。）

李静在听完乐嘉对蓝色和红色性格的解析后，快速反应，提出新的问题"那么问题来了，这个蓝色跟红色能过到一块去吗？"紧接着李静结合私人生活和乐嘉聊起来，在乐嘉对绿色性格的解析后，李静及时地总结"你怎么知道我家有两支牙膏"，引得台下一阵笑声。

乐嘉是培训师、演讲家也是主持人，他有着很强的逻辑思维能力和语言表达能力。李静和乐嘉的访问，有种棋逢对手的兴奋，李静在说到"好的主持人遇到好的对手是多么不容易啊！"时，乐嘉直接地反问"你对每个人都这么说吗？"李静显然没有预料到乐嘉会这么回答，但也巧妙地应对，用幽默的语言回答"也没有，也就一周说三次吧"（《非常静距离》一周录三期节目）。

古人云：泰山崩于前而色不变。好的主持状态应是感情充沛，理智清醒，积极、自信、兴奋、从容，能够随机应变，出口成章。李静以其女性的勇敢和机智，在交谈中处变不惊，及时应变语言，化解尴尬，反而最终使其成为节目的亮点。

三、融媒体时代电视社教节目主持人话语的竞争力

社教节目是我国广播电视中历史悠久且颇具活力和生命力的一类节目，具有提供教育和服务的重要功能。融媒体背景下，用户接受方式的碎片化使得视频节目传播呈现出篇幅短小、节奏加快的特点，需要社教节目主持人积极发挥其独特传播优势和媒介特点。本节着眼于融媒体社教节目，从节目内容和主持本体出发，探讨全媒体环境下社教节目主持的竞争力，认为主持话语传播的清晰性、体验性、亲切感和综艺化是社教节目主持的传播优势和媒介特点，是社教节目主持在新媒介环境下不可替代的竞争优势。

（一）清晰性——专业内容的精确话语

讲解、传播的清晰性是主持人在社教节目中的重要功能，也是其在全媒体环境下保持竞争力的首要元素。"教学"是社教类节目发挥教育功能的一种重要形式。通过主持人或者专家语言的讲解和亲身演示，再辅以影像、图片、实物、道具等展示，可以使知识、技能、文化的传播更加形象、生动，容易被人接受。虽然广播电视中的教学不像真正的课堂教学那样有严密的教学流程和严肃的课堂秩序，其表现形式更为轻松、灵活、生动，但内容传播的清晰性毫无疑问是受众在接受节目时的首要要求。社教主持传播的清晰性应以良好的播音主持专业基本功作为保证。主持人语音标准、吐字清晰，语言功力扎实，方能使信息在传播时不出现低级的偏误，使信息传播顺畅有力。

社教主持传播的清晰性离不开主持人良好的专业素养。这里的专业素养不仅指节目主持人作为传媒人的职业素养，更包含对节目中所涉及社会教育类专业内容的熟悉和了解程度。从一定程度上讲，社教类节目的主持人必须是"跨界"的，即在"主持"专业能力和专业素养之外，还需具备其他专业的知识背景，才能在节目主持中准确无误地进行内容呈现和与专家进行平等探讨。"跨界"已然成为优秀社教类节目主持人的基本要求。如有法律专业背景的撒贝宁在《今日说法》中的表现游刃有余；北京生活频道的火旺在美食节目中熟练的烹饪行话，显示了他对"吃"的内行，成为

观众靠谱的美食向导；北京交通广播《一路畅通》的主持人对北京的路网和常态路况、限行政策等了如指掌，成为广大司机的活地图；情感类节目主持人青音同时也是心理治疗师，她每天的"晚安心灵语音"带给听众心灵的温暖……这些"专家型"的主持人，以他们对某个专业和行业的深度了解和有效驾驭，成功地塑造了节目的专业品质和可靠形象。

社教类节目主持话语的清晰性还建立在主持人对特定传播对象和传播语境的熟悉上。社教类节目中的讲解和演示应该适应特定对象的知识水平和接受特点，如少儿类对象节目的主持应该放慢语速，语气亲切，语调生动，带动性强，在重点内容处多次反复强调，手工教学的演示动作可以放慢或者多次重复等，这样才能使儿童在观看节目时有效获取信息，有兴趣地观赏节目。由于大众传播具有宜"博"不宜"深"的特点，社教节目应为"科普"而不是"科研"，社教主持应该适应服务对象的接受特点，讲解深入浅出，通俗易懂，以亲切的风格和平实的品位，为受众打造专业、实用的视听作品。

（二）体验性——"我在现场"的真实话语

"体验"主持是社教类节目主持的一种重要形态。节目主持人走出演播室，以主持人或记者、体验者等身份，化身为观众的"导游"，到广阔的社会天地中去亲身观察、发现，体验不同行业、不同地域、不同民族的生产和生活风情，揭示不同的生活方式，挖掘历史文化故事。更为直观的参与感和更为真实的现场感使得这种节目形态和主持样式在近些年来颇受追捧。主持人在节目中代替观众进行体验，不仅要亲身参与到各种环境中，对新奇的食物、罕见的劳作等进行全感官的接触，还要用语言表达自己的感受，有时还要适度夸张，营造、渲染或轻松或紧张的节目气氛。在这种主持样态中，主持人要勇于参与、敢于体验、乐于学习、长于感受、善于表达，还要善于营造与专业人士在言语和行为上的互动情景，这也是使节目出彩的卖点、亮点和看点。

顺畅、舒适的沟通、精准的提问、到位的解释等是"体验型"主持人的基本功，也是这类主持样态的优势。体验性主持能带给观众更多的现场感、参与感和真实感。相较于传统的演播室主持方式，体验性主持一般在真实的环境和场景中展开，主持人在节目中所体验的项目，往往也是观众初次所见，对于他们而言具有较强的新鲜感，从而也具有更强的代入感和冲击力，能更有效地把观众带入节目的情境中，增强他们的参与感。"体验"主持是社教节目人格化的象征，这也是社教主持话语的传播优势之一。

（三）亲切感——内外统一的和谐话语

亲切指的是主持风格的平实、亲民，具有较强的贴近性。亲切感虽然是广播电视节目的普遍要求，但是就社教类节目主持来讲，亲切感尤为重要。社教节目的内容题材决定了其主持风格的亲切感。社教类节目的内容与百姓衣、食、住、行等生活密切相关。主持人用生活化的语言、亲切的状态、平实的风格进行传播，才更符合社教类节目内容的气质。平实、亲切的主持风格使社教类节目的风格内外统一。

平实、亲切的主持风格使各类社教类节目具有不同的特点和要求。如美食等生活类节目中的"教"与"做"应该注意语言表达的生活化，体现亲切性；少儿类对象性节目的主持应语气亲切，放慢语速，语调生动，带动性强，在重点内容处多次反复强调，手工教学的演示动作可以放慢速度；老年类对象性节目的主持则应该用声松弛、自然，避免过于尖厉和吵闹的声音，吐字清晰、慢速，语言表达沉稳、语气亲切等。有些生活类节目的主持人会走进居民家中，对一些主妇以"大姐""阿姨"等相称，语言表达采用生活中常用的通俗化口语，而不是书面语，甚至在交谈的过程中还会把手搭在热心观众的肩上等，这些主持的方式和风格，都显示了以"教"为主的社教类节目生活化、平民化的风格，充满着生活气息和人情味儿。

从主持定位上看，社教类节目的主持人尤其是生活类节目的主持人应多把自己定位为受众的朋友、哥们儿和邻家伙伴等熟悉的角色，如北京电视台《食全食美》的主持人张东在节目中的称谓为"东子"，这样的称呼就像观众的朋友、街坊、邻居之间的称谓，听来没有距离，具有较强的亲切感。

从主持人形象方面看，社教类节目的主持人着装也应以亲切随意，接近生活为原则。如美食类节目中的主持人一般都扎着围裙，健康类节目的主持人会穿着医生的白大褂等，使观众直观地感受到节目内容倾向，对主持形象有所认知，增强了节目的专业性和亲切感。

（四）综艺化——主持形象的创新话语

随着视听媒体制作技术的提高和创作观念的丰富，越来越多的社教节目呈现出"综艺化"的特征，即节目的内容和主题为社教或服务题材，而节目的功能和形式则采用综艺样态，呈现娱乐特征。如中央电视台的《交换空间》和河北电视台的《家政女皇》等，分别融入了对抗性元素和戏剧化元素，成为综艺化特征明显的生活类节目。

在"综艺化"特征较强的社教类节目中，主持人除了具备常规社教类节目的解释、演示等技能，呈现亲切、平实的主持风格，更要具备综艺节目主持人的多种素质，比如幽默的特质，快速的现场反应，善于激发和渲染节目气氛，个性化的主持形象等。这类节目的主持要求和风格已经偏于综艺娱乐，观众的收视驱动与收视体验也与综艺节目类似，给社教节目增添了新色彩。综艺化是社教主持应对受众休闲娱乐需求和全媒体传播时期节目竞争的创新尝试。

北京卫视的《养生堂》凭借其话题的贴近性、嘉宾的权威性和风格的亲切感，在同类节目中脱颖而出。而该栏目的主持人悦悦主持风格清新、亲和、平易、低调，被观众称为"温润如邻家小妹"，颇受观众喜欢。2015年12月份播出的《名医夫妻养生经》节目，以一对老中医夫妇的爱情故事和养生妙方为主题，通过中医专家讲述亲身经历，传播健康养生知识。节目现场摆设了玫瑰花和两位老中医的亲近照片以及养生物品等道具，显现出社教节目综艺化呈现的特点。在这期节目中，主持人悦悦表达真实、亲切、自然、洒脱，体现了节目的真实性和人际性，使得节目现场的气氛亲切、融洽，有人情味儿。悦悦亲切、自然的主持风格体现了《养生堂》栏目的亲民风格，很好地发挥了电视媒体的健康传播服务功能，使观众在欣赏节目过程中得到了亲切关怀和舒适体验，值得其他社教生活类节目主持人借鉴。

社教类节目具有更为强烈的实用性、服务性和贴近性。社教类节目主持是受众日常生活中的最亲切的陪伴，把握好传播内容的清晰性，适当增加传播形式的体验性，充分发挥社教主持先天的亲切感，适应节目内容进行合理的综艺化处理，就有可能在融媒体社教视频竞争中脱颖而出。

参考文献

一、著作类

[1] 胡春阳. 话语分析: 传播研究的新路径 [M]. 上海: 上海人民出版社, 2007.

[2] 施拉姆, 波特. 传播学概论 [M]. 陈亮, 周立方, 李启译. 北京: 新华出版社, 1984.

[3] 郭庆光. 传播学教程 [M]. 北京: 中国人民大学出版社, 1999.

[4] 陆晔, 赵民. 当代广播电视概论 [M]. 上海: 复旦大学出版社, 2002.

[5] 戴元光. 传播学研究理论与方法 [M]. 上海: 复旦大学出版社, 2003.

[6] 李悦娥, 范宏雅. 话语分析 [M]. 上海: 上海外语教育出版社, 2002.

[7] 刘虹. 会话结构分析 [M]. 北京: 北京大学出版社, 2004.

[8] 王群, 曹可凡. 谈话节目主持概论 [M]. 北京: 中国传媒大学出版社, 2007.

[9] 苗棣, 王怡林. 脱口成"秀": 电视谈话节目的理念与技巧 [M]. 北京: 中国广播电视出版社, 2006.

[10] 翁佳. 名牌电视访谈节目研究报告 [M]. 北京: 中国经济出版社, 2006.

[11] 王婷. 电视谈话节目创作散论 [M]. 北京: 中国经济出版社, 2005.

[12] 郝朴宁. 话语空间 [M]. 北京: 中国社会科学出版社, 2005.

[13] 陈虹. 节目主持人传播 [M]. 上海: 复旦大学出版社, 2007.

[14] 俞虹. 节目主持人通论 (修订版) [M]. 北京: 中国广播电视出版社, 2004.

[15] 张启忠. 访谈节目编导教程 [M]. 北京: 中国传媒大学出版社, 2008.

[16] 代树兰. 电视访谈话语研究 [M]. 北京: 中国社会科学出版社, 2009.

[17] 黄国文. 语篇分析的理论与实践: 广告语篇研究 [M]. 上海: 上海外语教育出版社, 2001.

[18] 黄国文. 语篇分析概要 [M]. 长沙: 湖南教育出版社, 1988.

［19］胡壮麟，朱永生，张德禄，等．系统功能语言学概论［M］．北京：北京大学出版社，2005．

［20］何兆熊．新编语用学概要［M］．上海：上海外语教育出版社，2000．

［21］刘森林．语用策略［M］．北京：社会科学文献出版社，2007．

二、论文类

［1］施斌．电视"故事"类栏目解析［J］．社会科学战线，2009（8）．

［2］施斌．《传奇故事》与电视"故事"热［J］．新闻传播，2008（12）．

［3］孔朝蓬．平民电视竞歌节目的定位与生存［J］．中国广播电视学刊，2009（9）．

［4］孔朝蓬．谈话语境与谈话节目语言运用策略［J］．吉林艺术学院学报，2007（4）．

［5］王俊秋．权谋文化传统与"清宫戏"的盛行［J］．中国文学研究，2008（3）．

［6］刘坚．新闻本体研究的理论调整［J］．社会科学战线，2008（5）．

［7］刘坚．语境控制理论的跨文化传播意义［J］．东北师大学报，2007（4）．

［8］王晓燕．中国的会话修补研究综观［J］．云梦学刊，2007（5）．

［9］朱永生．话语分析五十年：回顾与展望［J］．外国语（上海外国语大学学报），2003（3）．

［10］徐赳赳．话语分析在中国［J］．外语教学与研究，1997（4）．

［11］徐赳赳．话语分析二十年［J］．外语教学与研究，1995（1）．

［12］Teun A. Van Dijk.话语分析：一门新的交叉学科［J］．国外语言学，1990（2）．

［13］陈汝东．论话语研究的现状与趋势［J］．浙江大学学报，2008（6）．

［14］成晓光．作为研究方法的话语分析：评《话语分析》［J］．外语教学与研究，2006（2）．

［15］苗兴伟．"话语转向"时代的语篇分析［J］．中国海洋大学学报，2004（6）．

［16］杜金榜．试论语篇分析的理论与方法［J］．外语学刊，2008（1）．

［17］赵为学．新闻传播学研究中话语分析的应用：现状、局限与前景［J］．上海大学学报，2008（4）．

［18］孙卫华．论构成媒介文本分析的方法体系［J］．当代传播，2009（1）．

［19］詹庆生．中国电视谈话节目研究综述［J］．电视研究，2005（6）．

[20] 黄晓芳. 从电视谈话节目的兴起看传播观念的更新 [J]. 电视研究, 2000 (2).

[21] 徐雷. 电视谈话节目的传播特质及元素分析 [J]. 南京邮电学院学报, 2004 (1).

[22] 毕一鸣. 谈话节目中的"场效应"和"场控制":论谈话节目主持人的调控作用 [J]. 现代传播, 2004 (4).

[23] 李忱. 对话:传播的本质回归 [J]. 现代传播, 2004 (3).

[24] 朱羽君, 殷东. 大众话语空间:电视谈话节目 [J]. 现代传播, 2001 (2).

[25] 黄国文, 廖海青. 电视谈话节目的言语功能及互动模式 [J]. 外语研究, 2008 (4).

[26] 盛永生. 电视谈话节目主持话语的基本话目分析 [J]. 暨南学报, 2004 (4).

[27] 邓凤民. 试论电视谈话节目中的话题转换 [J]. 延边大学学报, 2005 (2).

[28] 余赞. 浅析电视谈话节目的互动话语结构 [J]. 黄石教育学院学报, 2005 (2).

[29] 薛艳. 电视谈话节目主持话语中的话轮转换 [J]. 湖北经济学院学报(人文社会科学版), 2007 (2).

[30] 匡小荣. 口语交谈中的基本运用单位 [J]. 汉语学习, 2006 (2).

[31] 匡小荣. 口语交谈中的自启话语与他启话语 [J]. 修辞学习, 2006 (5).

[32] 廖美珍. 中国法庭互动话语 formulation 现象研究 [J]. 外语研究, 2006 (2).

[33] 廖美珍. 从问答行为看中国法庭审判现状 [J]. 语言文字应用, 2002 (4).

[34] 廖美珍. 目的原则与法庭互动话语合作问题研究 [J]. 外语学刊, 2004 (5).

后 记

本书站位于广播电视艺术学研究电视节目主持人的语言传播，重点探讨电视节目主持人的话语规律及其艺术。综观全书，我们选取了新兴的话语分析研究路径，以电视节目语篇文本作实证研究，是本书的求新尝试。传统上对媒介语言艺术的研究，大多是从纯粹的语言学角度出发，局限于对话语符号做表层直观评价，局限于从修辞视角解读语言表达技巧。我们认为：破译传播语言这种复杂的社会现象，需要多学科汇通推进研究；电视节目这种典型化的语言传播节目，尤其需要深入破解其传受互动的话语符号。而新兴的话语分析理论及方法，特别切合电视节目主持人的话语研究。

我们选取了国内典型电视节目的话语录音转写文本作为研究实体对象，主要运用了话语分析的理论及其综合性的研究方法，以电视节目主持人话语语篇文本做了实证性的研究。本书讨论了电视节目主持人的话语角色，解析了电视节目语篇的话语结构，探索了主持人宏观上建构语篇和微观上操控话轮的规律及艺术，试图揭示电视节目主持人的语言传播规律。

梳理全书研究内容，可概括如下：第一章电视节目主持人话语概说是全文的铺垫。为引导全文，第一章主要从电视节目主持人的缘起、定义及主持人话语界定三个方面阐述了电视节目主持人的内涵和外延，凸显出主持人话语是电视节目的核心元素，彰显主持人话语在这种电视语言节目中的天然地位。第二章至第六章引入话语分析的理论及其综合性的研究方法，以我国典型优秀电视节目会话的语篇文本为实证，讨论电视节目主持人的话语角色，解析电视节目语篇话语结构，解读主持人宏观上语篇运行和微观上话轮操控的话语规律及艺术，从而揭示电视节目主持人的语言传播规律，为业界实践提供理性思考。实现了对电视节目主持人从话语角色、话语构成、话语运行规律及艺术等话语特征上的尝试性研究，以及对当下电视节目主持人话语面对的挑战和困境做出了一定思考。第七章至第十章，主要运用话语分析的理论及其综合性的研究方法，以我国典型优秀电视节目（电视新闻节目、电视谈话节目、电视综艺节目、电视社教节目）的会话语篇文本为实证，重点解析了电视谈话节目主持人在整体语篇构建上和具体话轮操控上的两级话语单位运行之规律，试图以此探索电视节目主持人的话语传播及其艺术。

在编写本书的过程中发现，对于现存的电视节目主持人话语样态的了解程度还有待加强。比如，对电视节目语篇的话语结构五级单位的描写，还处于粗线条的宏观框架勾勒，对内部各级单位的结构样态及其主持人的操控，都还应该去做进一步细致描写。再比如，对主持人话轮操控艺术的探索，目前的研究范围也是狭窄的，还应该扩展到多层面、立体化，还可以进一步探讨主持人的接续话轮、修补话轮等。